Gramática fundamental del español

Gramática fundamental del español abarca una amplia gama de temas relacionados con la morfología, la sintaxis y la escritura del español. Usando ejemplos contextualizados y atendiendo a la dimensión cognitiva, esta gramática presenta diferentes maneras de entender numerosos aspectos básicos del uso y el significado de la gramática, incluyendo:

- frases, cláusulas y oraciones
- clases de palabras y tipos de oraciones
- gramática de la palabra
- construcción y análisis de oraciones
- gramática y escritura

Esta obra incluye información gramatical sobre las variedades más generales del español. También proporciona un amplio conjunto de ejercicios, las soluciones a los ejercicios y un índice de materias y términos gramaticales. Esta gramática es una lectura clave para los estudiantes de español y de estudios hispánicos entre los niveles intermedio-bajo y avanzado-alto de ACTFL o bien entre los niveles B1 y C2, si se sigue el CEFR.

Francisco Moreno-Fernández es doctor en lingüística hispánica por la Universidad Complutense de Madrid. En la actualidad, es catedrático Humboldt en la Universidad de Heidelberg y catedrático de lengua española en la Universidad de Alcalá. Ha sido director de varios centros del Instituto Cervantes. Sus investigaciones se centran en sociolingüística, dialectología y lingüística aplicada.

Inmaculada Penadés-Martínez es doctora en filología hispánica por la Universidad de Valencia. Actualmente, es catedrática honorífica de lingüística general en la Universidad de Alcalá. Sus investigaciones se centran en gramática, lexicología, fraseología y lingüística aplicada.

Clara Ureña-Tormo es graduada en estudios ingleses por la Universidad de Valencia, máster en formación de profesores de español por la Universidad de Alcalá y doctora por la misma Universidad dentro del programa en Estudios lingüísticos, literarios y teatrales. Es especialista en lingüística cognitiva, lingüística contrastiva y fraseología.

Routledge Introductions to Spanish Language and Linguistics

Series Editor: Carol Klee, University of Minnesota, USA

These accessible and user-friendly textbooks introduce advanced undergraduate and postgraduate students of Spanish to the key areas within Spanish language and linguistics.

Introducción a la lingüística hispánica actual: teoría y práctica
Javier Muñoz-Basols, Nina Moreno, Inma Taboada, Manel Lacorte

Lingüística hispánica actual: guía didáctica y materiales de apoyo
Javier Muñoz-Basols y Manel Lacorte

Manual de fonética y fonología españolas
J. Halvor Clegg and Willis C. Fails

Pragmática del español: contexto, uso y variación
J. César Félix-Brasdefer

Gramática española: Variación social
Kim Potowski y Naomi Shin

Variedades de la lengua española
Francisco Moreno-Fernández

Gramática fundamental del español
Francisco Moreno-Fernández, Inmaculada Penadés-Martínez y Clara Ureña-Tormo

For more information about this series, please visit: www.routledge.com/ Routledge-Introductions-to-Spanish-Language-and-Linguistics/book-series/ RISLL

Gramática fundamental del español

Francisco Moreno-Fernández,
Inmaculada Penadés-Martínez
y Clara Ureña-Tormo

Series Editor: Carol Klee
List Advisor: Javier Muñoz-Basols

LONDON AND NEW YORK

First published 2020
by Routledge
2 Park Square, Milton Park, Abingdon, Oxon OX14 4RN

and by Routledge
52 Vanderbilt Avenue, New York, NY 10017

Routledge is an imprint of the Taylor & Francis Group, an informa business

British Library Cataloguing-in-Publication Data
A catalogue record for this book is available from the British Library

Library of Congress Cataloging-in-Publication Data
Names: Moreno Fernández, Francisco, author. | Penadés Martínez, Inmaculada, author. | Ureña Tormo, Clara, author.
Title: Gramática fundamental del español / Francisco Moreno-Fernández, Inmaculada Penadés-Martínez, Clara Ureña-Tormo.
Description: New York : Routledge, 2020. | Series: Routledge introductions to Spanish language and linguistics | Includes bibliographical references and index.
Identifiers: LCCN 2019038844 (print) | LCCN 2019038845 (ebook)
Subjects: LCSH: Spanish language—Grammar.
Classification: LCC PC4112 .M64 2020 (print) | LCC PC4112 (ebook) | DDC 468.2/4—dc23
LC record available at https://lccn.loc.gov/2019038844
LC ebook record available at https://lccn.loc.gov/2019038845

ISBN: 978-1-138-35960-4 (hbk)
ISBN: 978-1-138-35961-1 (pbk)
ISBN: 978-0-429-43362-7 (ebk)

Typeset in Goudy and Helvetica
by Apex CoVantage, LLC

Visit the eResources: www.routledge.com/9781138359611

Índice

Prólogo

Gramática fundamental del español es un libro de texto que describe y explica la lengua española en un nivel básico, enfatizando la diferencia entre forma, significado y función de la palabra, la oración y la estructura del texto. Mientras los cursos tradicionales de gramática suelen dedicar una gran parte de su contenido a proporcionar reglas y prescripciones, diciendo lo que debe y no debe decirse o escribirse, esta gramática presenta las bases para abordar análisis gramaticales y descripciones de la lengua española tal y como se usa en contextos reales, y así lo reflejan los ejemplos utilizados. El punto de vista aquí adoptado es el de una gramática basada en el uso a la que se incorporan argumentos de carácter cognitivo, por considerar fundamental la vinculación de los significados con sus formas.

El propósito de este libro es explicar la gramática del español de un modo sencillo. Desde este enfoque, los lectores encontrarán diferentes formas de entender los aspectos básicos de la gramática, a veces desde una perspectiva más descriptiva, a veces desde una perspectiva más formal, pero teniendo en cuenta argumentos cognitivos y el uso contextualizado. Así pues, los objetivos de esta gramática se cumplen en diferentes niveles. En un nivel general, los objetivos son hacer que el lector reflexione sobre la lengua, entienda cómo el uso construye el significado y analice las estructuras más importantes del español. En un nivel más específico, el objetivo es explicar la gramática española para que el lector pueda hacer uso de ella y explicar cómo funciona. La idea es presentar la gramática española de manera que los lectores entiendan y evalúen su propio uso hablado y escrito.

Estas páginas cubren una amplia variedad de temas relacionados con la gramática básica del español. Explican las clases de palabras y las estructuras sintácticas básicas de la lengua, así como sus construcciones formales y funcionales fundamentales. Presentan elementos básicos del uso y de los significados gramaticales y analizan las oraciones de un modo comprensible. Aunque esta gramática presta atención a la lengua escrita en prácticamente todos sus capítulos, se dedica una sección especial a cuestiones de retórica y de puntuación. La estructura general de este libro incluye las siguientes partes:

PARTE I: Introducción
PARTE II: Gramática de la oración
PARTE III: Gramática de la oración compuesta
PARTE IV: Gramática de la palabra
PARTE V: Gramática y escritura

Cada capítulo de estas partes se inicia con un breve resumen y finaliza con una propuesta de reflexiones, debates y actividades de clase. Además, los capítulos incluyen ejercicios que permiten comprender mejor y practicar cada uno de los aspectos explicados.

Esta *Gramática fundamental del español* está especialmente pensada para estudiantes y profesores que necesiten abordar el análisis gramatical del español en su uso hablado y escrito. Se trata de un libro para aprender o enseñar gramática española y para entender sus formas, significados y funciones básicos. Al mismo tiempo, es un libro que relaciona la gramática con la escritura y la composición, por lo que contribuye a desarrollar la comprensión de la lengua en diferentes niveles. Este libro puede ser extremadamente útil para una gran variedad de estudiantes, especialmente para aquellos que ya son competentes en español y están pensando inscribirse en un curso intermedio de español. Además, podría ser texto principal en muchos programas universitarios que incluyen asignaturas llamadas "Introducción a la gramática española" o "Gramática española".

Esta gramática permite pensar de manera crítica y analítica sobre la lengua, en lugar de centrarse en la memorización de reglas y listados. El desarrollo de cada uno de sus capítulos hace posible:

- analizar y practicar las estructuras gramaticales estudiadas en cada caso;
- determinar el uso, la función y el significado de cada componente gramatical;
- comprender las dificultades de la lengua;
- describir y explicar elementos particulares del español de manera accesible para un público general;
- conocer las principales pautas para componer textos escritos en español;
- dominar las habilidades analíticas que forman parte de la competencia de los profesores.

Finalmente, este libro aspira a disfrutar de atractivo internacional, ya que prácticamente todos los programas universitarios de español en el mundo incluyen al menos una asignatura sobre gramática española. Este campo ha sido ampliamente investigado en todos los países de habla hispana, pero también en países con una larga tradición de hispanismo, como Francia, Reino Unido, Alemania, Italia, Japón o Estados Unidos.

Parte I

Introducción

Capítulo 1

El estudio de la gramática

Resumen

Este capítulo presenta una introducción general a distintas cuestiones relativas a la gramática y a la lengua española, objeto de análisis gramatical en este libro. Los apartados que forman el capítulo son los siguientes:

Perspectivas en el estudio de la gramática: estructural, generativa, funcional, cognitiva
Adquisición y aprendizaje de la gramática
La corrección gramatical
Gramática del español y variación
Gramática del español y cambio lingüístico
El español como lengua internacional

La lectura y comprensión de este capítulo permitirán:

- Conocer el concepto de 'gramática' y algunas de las distinciones que se establecen en él.
- Aproximarse a distintas perspectivas en el estudio de la gramática.
- Conocer los conceptos de 'adquisición' y 'aprendizaje', y saber diferenciarlos.
- Reflexionar sobre la corrección lingüística.
- Conocer cómo la variación y el cambio lingüístico afectan a la gramática.
- Conocer la dimensión del español como lengua internacional.

1.1 Perspectivas en el estudio de la gramática

En el término **gramática** se distinguen, al menos, dos sentidos. En un primer sentido, la gramática es una disciplina que forma parte de la lingüística, ciencia que establece teorías sobre el lenguaje y las lenguas. Como disciplina, la gramática estudia las clases en que se agrupan las palabras, la estructura de las palabras, las formas en que estas se combinan y los significados originados por tales combinaciones. En un segundo sentido, la gramática se concibe como el medio o instrumento del que disponen los hablantes de una lengua para construir enunciados y para interpretarlos; dicho de otra manera, la gramática permite que creemos e interpretemos los enunciados mediante los que pensamos y nos comunicamos.

La disciplina de la gramática presenta varias divisiones según los objetivos que persigue su estudio o según los enfoques, las perspectivas, que se adoptan al llevarlo a cabo. Uno de los objetivos que se plantean al estudiar la gramática de un idioma es hacer comprensible su descripción a estudiantes, nativos o no nativos, adecuando las explicaciones sobre la lengua analizada a sus necesidades. Ese es el ámbito que corresponde a la **gramática didáctica** o **pedagógica**. Esta *Gramática fundamental del español* es una gramática didáctica porque está dirigida a estudiantes de español. Por otra parte, si el objetivo de una gramática es describir las unidades gramaticales, sus combinaciones y el valor, la función o el significado de tales combinaciones, la gramática en cuestión se enmarca en el ámbito de la **gramática descriptiva**. Esta *Gramática fundamental* es también una gramática descriptiva de la lengua española, pues muestra la estructura, la morfología de las palabras, unidades básicas de las lenguas, y su combinación en grupos de palabras y en oraciones, lo que da lugar a distintas estructuras sintácticas con funciones o valores propios. Además, esta gramática sigue parcialmente un modelo **basado en el uso**, no solo porque trata de reflejar el uso real de la lengua, sino porque intenta que los numerosos ejemplos, ejercicios y actividades propuestos contribuyan a adquirir un conocimiento de manera ascendente y progresiva.

La variedad de perspectivas bajo las que se enfoca el estudio de la gramática determina la existencia de obras gramaticales que se encuadran en la gramática estructural, en la gramática generativa, en la gramática funcional o en la gramática cognitiva.

La **gramática estructural** presenta las siguientes características:

- La tarea básica consiste en describir las lenguas para determinar los constituyentes inmediatos en que se organizan las cadenas lingüísticas. Para ello, se separan los constituyentes que forman un enunciado, de mayor a menor, con lo que se llega a las unidades de la oración, del sintagma, del morfema y del fonema.
- Los constituyentes no se combinan linealmente, sino en forma de estratos, de manera que un constituyente de un nivel inferior forma parte de un constituyente del nivel superior; por ejemplo, un artículo y un nombre, unidades de un nivel inferior, son parte de un sintagma o grupo de palabras, unidad de un nivel superior, que a su vez es constituyente de una oración, unidad superior.
- El concepto de 'distribución' es fundamental para el estudio de las lenguas. Por **distribución** de una unidad se entiende el conjunto de lugares, de posiciones o de entornos en los que la unidad puede aparecer.[1] La importancia de esta noción radica en el hecho de que las unidades se diferencian por su distribución; es decir, las palabras de la clase del artículo, por ejemplo, se diferencian de las palabras de la clase de los determinantes demostrativos por su distinta distribución, por las distintas posiciones que ocupan en la cadena hablada. Así, en español, un artículo y un determinante demostrativo se colocan delante de un nombre, pero el artículo no puede aparecer después, cosa que sí ocurre con un determinante demostrativo: *la mujer / esta mujer / la mujer esta*, pero no **mujer la*; artículo y determinantes demostrativos tienen distinta distribución.

Estas características se han podido observar principalmente en la gramática estadounidense. En Europa, esta perspectiva estructural no se corresponde con una sola manera de analizar las lenguas, sino que engloba un conjunto de diversos métodos de análisis lingüístico para los que son puntos básicos:

- Describir la lengua, no establecer normas obligatorias y preceptos ineludibles de cómo se debe hablar y escribir; por eso es fundamental explicar cómo los hablantes usan la lengua.
- Dar prioridad a mostrar cómo es y cómo funciona la lengua en la actualidad, frente a la descripción de cómo ha evolucionado a lo largo de los siglos de su existencia.
- Concebir las lenguas como estructuras, como sistemas, como conjuntos de unidades pertenecientes a diferentes niveles.

- Considerar que los niveles que constituyen una lengua están formados por unidades. Así, el nivel fonológico está integrado por fonemas; el morfológico, por morfemas; el léxico, por palabras; el nivel inferior a la oración, por sintagmas o grupos de palabras; el nivel de la oración, por oraciones. El texto sería el nivel superior de análisis.
- Considerar que las unidades lingüísticas tienen una forma y una función que permiten relacionarlas y oponerlas entre sí.

En las obras gramaticales que siguen la perspectiva de la **gramática generativa**, son fundamentales los siguientes puntos:

- Partir de la constatación de que el hablante-oyente de una lengua es capaz de producir y comprender oraciones que no son similares a otras previamente oídas. Esta capacidad creativa del ser humano se debe a la **competencia**, al conocimiento que el hablante-oyente tiene de su lengua. La competencia se contrapone a la **actuación**, entendida como el uso real de la lengua en situaciones concretas.
- Intentar especificar lo que el hablante sabe efectivamente; es decir, caracterizar y describir el conocimiento que tenemos de la lengua.
- Concebir la gramática como un conjunto de mecanismos que permiten producir e interpretar un número indefinidamente extenso de oraciones, asignándoles descripciones que dan cuenta de los elementos de las oraciones y de su organización.

Como en el caso de la gramática estructural europea, la perspectiva funcional en el estudio de la gramática tampoco ha dado origen a un único procedimiento o método de análisis gramatical de las lenguas. Son varias las metodologías que pueden encuadrarse bajo la denominación de **gramática funcional**. No obstante, hay una serie de puntos que compartirían:

- Las lenguas son instrumentos de comunicación entre los seres humanos. Dicho de otro modo, la lengua es un sistema de medios de expresión ajustados a un fin, que es la comunicación. Por ejemplo, el español dispone de este sistema de medios de expresión: los demostrativos *este / ese / aquel*; según su intención comunicativa, el hablante, dirá:
  - *Este es el libro que me prestaste.*
  - *¿Ese es el libro que me prestaste?*
  - *¿Aquel es el libro que me prestaste?*
- La comunicación se basa en el hecho de que a cada forma de una lengua le corresponde un significado o una función.
- Existe relación entre la combinación de las unidades lingüísticas (su sintaxis) y su significado (su semántica). Por ejemplo, en español, los verbos que comparten el significado correspondiente a 'expresar o comunicar por medio de palabras o de otro modo', presentan una misma combinatoria o sintaxis, que, de manera abstracta, puede representarse como Sujeto + Verbo + Objeto Directo + Objeto Indirecto y, de manera concreta, se manifiesta en enunciados como:
  - *Juan le **dijo** a papá que llegaría mañana a las cuatro.*
  - *La mujer **comunicó** a la policía que llegaría en el tren de las 08:30 h.*
  - *El padre le **advirtió** a su hijo que no toleraría más retrasos.*

- Dado que la lengua es un instrumento para la interacción comunicativa entre los seres humanos, la comprensión plena de la lengua no es posible si su estudio no abarca también sus condiciones de uso. Es decir, no es posible estudiar la gramática de una lengua de manera autónoma, sin referirse a las intenciones de los hablantes o al entorno sociocultural en el que se desarrolla la comunicación.

Por su parte, la **gramática cognitiva** presenta, entre otras, las siguientes características:

- Intenta ofrecer explicaciones psicológicas y biológicas de la estructura de la lengua que respondan a su uso real en contextos naturales de interacción social.
- Considera que la lengua es un conjunto organizado de unidades simbólicas, unidades que asocian una estructura fónica y una estructura semántica. De este modo, las expresiones lingüísticas son estructuras simbólicas en las que se empareja un significado con su forma.
- Establece que el análisis gramatical y el semántico son indisociables, no constituyen módulos o niveles de análisis independientes. Esta idea se deduce de la relación entre formas y significados de las unidades simbólicas.
- Parte de la idea de que, además de ser simbólicas, las unidades lingüísticas están motivadas, reflejan los modos en que el hablante percibe la realidad a la que se refieren las unidades.
- Asigna un significado abstracto y esquemático a las clases de unidades:
  - La clase de los nominales (nombres, grupos nominales, por ejemplo) da importancia a las cosas, a las entidades.
  - La clase de los relacionales (por ejemplo, verbos, preposiciones) concede importancia a la relación entre entidades. Por su parte, las relaciones pueden corresponder:
    - a procesos, es el caso de los verbos, en los que es fundamental el tiempo,
    - a relaciones en las que no intervienen los procesos y en las que no tiene importancia el tiempo; en este grupo se incluyen adjetivos, algunas preposiciones y adverbios.
- Da una importancia fundamental al concepto de 'construcción', entendido como una estructura simbólica compleja cuyos componentes son versiones esquematizadas de elementos lingüísticos concretos. Por ejemplo, la construcción *nombre + adjetivo* es una esquematización de combinaciones como *silla barata*, *novela policíaca* o *lapicero amarillo*. Incluso un nombre en plural, como *flores*, es analizado como un conjunto de estructuras simbólicas:
  - por una parte, la estructura simbólica plural -s, con un contenido semántico (una masa de cosas) y una forma /s/,
  - por otra parte, la estructura simbólica formada por el contenido semántico [FLOR] y una forma [flor].
  - Las dos estructuras dan lugar a la estructura simbólica o a la construcción [[FLORES] / [flores]], donde hay un emparejamiento del contenido semántico [FLOR] más el contenido semántico conjunto de flores con la forma [flores].

1.2 Adquisición y aprendizaje de la gramática

En principio, la distinción entre adquisición y aprendizaje puede relacionarse con la diferencia existente entre lengua materna y lengua extranjera. Así, el proceso de **adquisición** desarrollado por una persona la conduce a conocer su lengua materna y el proceso de **aprendizaje** la lleva al conocimiento de una segunda lengua o lengua extranjera. El resultado de ambos procesos consistiría en que la lengua materna se adquiere y la lengua extranjera se aprende. A los dos procesos se les ha asignado una serie de características. Algunas de ellas son:

- La adquisición de la lengua materna tiene un carácter natural, frente al aprendizaje de la lengua extranjera, que tiene un carácter artificial.
- La adquisición se produce de manera inconsciente, no implica dificultades y tiene lugar sin la intervención voluntaria de la persona que adquiere la lengua materna o en otras lenguas previamente adquiridas. Por su parte, el aprendizaje constituye una actividad consciente, en ocasiones compleja y que exige la voluntad de aprender por parte de la persona.
- La adquisición de la lengua materna se produce de manera similar en todas las personas. Por el contrario, el aprendizaje de la lengua extranjera no es uniforme, sino que está condicionado por diversos factores como:

  ○ la edad de los aprendientes,
  ○ la motivación que conduce al aprendizaje,
  ○ la situación o el contexto en el que se produce el aprendizaje,
  ○ los procedimientos cognitivos en que se fundamenta el aprendizaje.

Estas diferencias entre adquisición y aprendizaje no deben entenderse de una manera estricta. Una prueba es la existencia del término **adquisición de segundas lenguas**. La explicación de que la dicotomía adquisición/aprendizaje no es excluyente está en el reconocimiento de que, en el aprendizaje de la lengua extranjera, el aprendiz no parte de cero, sino que se apoya en el conocimiento previo, en la competencia que ya tiene de su lengua materna. De este modo, el uso de la lengua extranjera, la producción de enunciados en ella está basada en la adquisición. Esto implica que, al enfrentarse a una lengua extranjera, la persona posee la información que, de manera inconsciente, le proporciona la competencia lingüística en su lengua materna. No obstante, ese conocimiento inconsciente no es suficiente, sino que es necesario aprender distintos aspectos de la lengua extranjera, entre ellos, por ejemplo, la pronunciación, el léxico o la gramática. Aprenderlos significa, por una parte, llegar a tener un conocimiento consciente de ellos y, por otra parte, interiorizarlos, adquirirlos mediante el estudio, la práctica y el uso contextualizado. Esta *Gramática fundamental del español* constituye una obra útil para llevar a cabo prácticas sobre esta lengua, familiarizarse con la construcción adecuada de enunciados y estudiar sus peculiaridades morfológicas y sintácticas básicas.

1.3 La corrección gramatical

En los siglos pasados la gramática era concebida como el arte de hablar y escribir correctamente un idioma. Así pues, la función de indicar qué era correcto o incorrecto en el uso de una lengua le correspondía a la gramática. Junto a ella, el diccionario y la ortografía también cumplían la misión de señalar lo que era aceptable y lo que era inaceptable en la pronunciación, la escritura, el léxico y la construcción de oraciones. Estos juicios sobre la lengua se emitían con la finalidad de preservar su pureza.

En la actualidad, esta función correctora de la gramática, del diccionario y de la ortografía se ha transformado en una labor orientativa, en relación con los usos más adecuados a cada contexto; es decir, proporciona juicios y comentarios sobre las normas de uso del español. Hay que tener en cuenta que no existe una única norma del español, sino distintas normas, al menos las que son propias de cada una de las zonas en las que se habla esta lengua. No obstante, todas ellas comparten una amplia base común.

La **norma** es el conjunto de preferencias lingüísticas vigentes en una comunidad de hablantes, adoptadas por consenso implícito entre sus miembros y convertidas en modelos de buen uso. La norma surge del uso comúnmente aceptado y se impone, no por decisión o capricho de ninguna autoridad lingüística, sino porque la existencia de un código compartido preserva la eficacia de la lengua como instrumento de comunicación.

Siguiendo este criterio general, la Asociación de Academias de la Lengua Española, en sus obras de referencia, especialmente en las gramáticas, intenta evitar la utilización de los adjetivos *correcto* e *incorrecto*, que suelen interpretarse de manera estricta. Se emplean, en cambio, expresiones como: *Se desaconseja por desusado . . .; No es normal hoy y debe evitarse . . .; No es propio del habla culta . . .; Es la forma mayoritaria y preferible, aunque también se usa . . .* Las Academias de la Lengua, en su tarea de describir la gramática del español, conjugan, pues, los criterios de vigencia actual en el uso de la lengua, extensión de las construcciones gramaticales en las distintas comunidades de lengua española y frecuencia en el uso general culto.

Una orientación similar ha guiado la redacción de esta *Gramática fundamental del español*, que describe las construcciones gramaticales comparándolas, en ciertos casos, con las agramaticales, las que no se ajustan a las reglas de la gramática; atiende al uso culto y, a la vez, al uso más general o frecuente; y recoge la lengua hablada en distintos espacios hispanohablantes.

1.4 Gramática del español y variación

La amplitud del territorio donde se habla la legua española, los acontecimientos históricos de cada zona y la diversidad social de sus hablantes explican bien por qué el español no se utiliza de forma homogénea en todas las comunidades que lo tienen como instrumento de comunicación. La lengua española presenta, pues, **variaciones** y **variedades** debidas a factores externos, como la geografía, la historia o la sociología.

Ninguna lengua natural es totalmente homogénea ni estable. Esto quiere decir que todas las lenguas naturales son variables e incluyen variaciones debidas a causas lingüísticas internas muy variadas, tales como las características de los contextos lingüísticos, las funciones que cumplen los distintos elementos de la lengua, las posiciones que ocupan dentro de la cadena hablada, la intención comunicativa de los hablantes y otras muchas. La lengua y los elementos que la componen, desde los más pequeños a los más extensos, también están sujetos a variaciones que hacen que no tengan las mismas formas en todas las comunidades que hacen uso de ella. Cuando se habla de variación en la gramática o de **variación gramatical**, se hace referencia tanto a la posibilidad de utilizar formas distintas para expresar contenidos diferentes (por ejemplo: *Ella llegó temprano / Ella llegaba temprano*), como a la posibilidad de utilizar formas distintas para expresar unos mismos contenidos: por ejemplo, el uso de *amara* o *amase*, como formas del imperfecto de subjuntivo en español, o el uso de la forma *vendré* o de la perífrasis *voy a venir* para la expresión de futuro.

Cuando la variación gramatical se produce mediante el uso de formas diferentes que parecen expresar una misma realidad, surge una gran dificultad: la imposibilidad de conocer plenamente las intenciones comunicativas de los hablantes. Así, no podemos tener la certeza de cuál era la intención del hablante al usar una oración activa o una oración pasiva: por ejemplo, *La presidenta dio la orden / La orden fue dada por la presidenta*. En casos como estos, los hablantes pueden utilizar las variantes como equivalentes en el discurso, pero es muy complicado demostrar externamente tal equivalencia de significado. Por el contrario, resultan aparentemente más fáciles de interpretar como casos de variación propiamente dicha aquellos en que la alternancia de formas no implica diferencias de significado, como ocurre en los siguientes ejemplos:

—¿Viste a Pedro por la calle? —Sí, lo / le vi.
Ella subió rápido la escalera / Ella subió rápida la escalera.
Dicen que tienen hambre / Ellos dicen que tienen hambre.
Me gusta la casa suya / Me gusta su casa.

En esta Gramática fundamental del español se van a explicar algunos de los procesos de variación más importantes de la lengua. En muchos casos, estas variaciones se producen según los países hispanohablantes, aunque en general no se encuentran problemas importantes de intercomprensión. Finalmente, los casos de variación gramatical pueden desembocar en cambios dentro de la lengua, aunque no siempre tiene que ser así.

1.5 Gramática del español y cambio lingüístico

Las lenguas naturales no son sistemas estables e inmóviles, sino inestables y cambiantes. Todas las lenguas del mundo experimentan cambios con el paso del tiempo y muchos de estos cambios se originan en los procesos de variación que las lenguas experimentan en cualquier época. La gramática, como instrumento para construir enunciados, también cambia, aunque lo haga más lentamente que el léxico, por ejemplo.

Los cambios gramaticales pueden estar condicionados por factores externos a la lengua, como la geografía o la sociología, y por factores internos. Entre estos últimos, se puede destacar la frecuencia de uso, la tendencia a crear series de elementos similares o el deseo de expresar nuevos significados. De este modo, el futuro amaré procede de una construcción sintáctica (amar he) que, con el tiempo y por su frecuencia, ha creado una forma única; asimismo, el pronombre le, con valor de objeto indirecto en su origen, ha pasado a utilizarse también como objeto directo con distintos valores, como el de la cortesía: Tengo el gusto de invitarle (lo / la) a mi fiesta de cumpleaños.

En general, las gramáticas tienden a simplificarse con el paso del tiempo, especialmente cuando se trata de lenguas de gran extensión geográfica y habladas en comunidades muy diversas.

1.6 El español como lengua internacional

El español es una lengua hablada por una comunidad de hablantes de grandes dimensiones: se adquiere como lengua nativa en más de 20 países y en otros muchos se adquiere o aprende como lengua segunda o extranjera. Por este motivo, puede afirmarse que el español es una de las lenguas internacionales más importantes del mundo. Su relevancia es muy llamativa en todo el continente americano, no solo por el peso demográfico de la América hispanohablante, sino por la importancia histórica y social del español en los países que no la consideran oficial, nacional o vehicular, como los Estados Unidos o Brasil.

Precisamente por tener un carácter internacional, el español experimenta numerosos y diferentes procesos de variación que nos permiten diferenciar a los hablantes procedentes de unos países o de otros, por razones de léxico o de fonética, así como de gramática. Estas variantes o variedades del español en su geografía funcionan además como señas de identidad propias de cada territorio. Con todo, las diferencias existentes entre unas áreas y otras no son lo suficientemente importantes como para impedir la comunicación entre hablantes de cualquier región o con hablantes que la usan como lengua extranjera. Esas diferencias, como ocurre en cualquier otra lengua, son mayores en la comunicación familiar, en contextos informales o entre hablantes con menor nivel educativo, pero son poco relevantes en la comunicación pública y culta. Las diferencias, por otro lado, se hacen más evidentes en el uso de determinadas unidades léxicas o de algunos sonidos.

Las lenguas internacionales llegan a serlo, en lo que al uso se refiere, por su capacidad de adaptación a numerosos entornos y por ofrecer un equilibrio entre simplicidad y eficacia comunicativa. El español se encuentra entre esas lenguas y la gramática sirve de sustento a su cohesión interna. Esta *Gramática fundamental del español* presenta las características básicas de la lengua, atendiendo a su uso y buscando la máxima claridad para los estudiantes de español y para todos los interesados por la forma en que la lengua se configura y manifiesta.

NOTA

1. De ahí el nombre de **distribucionalismo** con el que también se conoce esta gramática estructural.

Parte II

Gramática de la oración

Capítulo 2

Palabras y grupos de palabras

Resumen

Este capítulo presenta una introducción general a las clases principales de palabras, a los grupos que forman las palabras y a la oración que se construye con ellos. Las clases y los grupos de palabras están caracterizados y ejemplificados. Los apartados que componen el capítulo son los siguientes:

Clases de palabras
Nombres y verbos
Adjetivos y adverbios
Palabras relacionales
El grupo nominal
El grupo verbal
La oración

La lectura y comprensión de este capítulo permitirán:

- Reconocer las clases principales de palabras.
- Conocer las características de los nombres.
- Conocer las características de los verbos.
- Conocer las características de los adjetivos.
- Conocer las características de los adverbios.
- Conocer las características de las preposiciones.
- Conocer las características de las conjunciones.
- Establecer la concordancia entre el nombre y el adjetivo.
- Reconocer los tipos fundamentales de grupos de palabras.
- Reconocer los elementos de la oración.

2.1 Clases de palabras

Usamos las palabras para hablar de lo que nos rodea, para hablar del mundo. Con las palabras nos referimos, por ejemplo, a las personas y a las cualidades de las personas, a las acciones que las personas realizan y a las circunstancias que acompañan a las acciones:

- La palabra *profesor* se refiere a la persona que enseña una materia.
- La palabra *joven* se refiere a la cualidad de las personas que están en el periodo de la juventud.

- La palabra *explicar* designa la acción que realiza una persona de enseñar en un centro educativo.
- La palabra *claramente* designa la manera inteligible, fácil, de realizar una acción.

Las palabras de una lengua se distribuyen, se clasifican, según la forma que tienen, la función que desempeñan y lo que representan en la mente de los hablantes. Existen cuatro clases principales de palabras: nombres, verbos, adjetivos y adverbios.

Hay, además, otras clases: determinantes (§ 6.1.), pronombres (capítulo 12), preposiciones (§ 6.3.), conjunciones (§ 8.3.; § 9.1.; § 9.4.), que se diferencian de las primeras por estar constituidas por un número reducido de palabras, frente al amplio número de palabras incluidas en las cuatro clases principales, y por representar no el mundo, sino nociones abstractas como 'determinación', 'relación' o 'coordinación', entre otras.

2.2 Nombres y verbos

2.2.1 El nombre

El **nombre**, llamado también **sustantivo**, constituye una clase de palabras caracterizada del siguiente modo:

- Desde el punto de vista de la forma (§ 11.1.), el nombre tiene género (*sillón* es masculino y *mesa*, femenino) y número (*departamento* está en singular y *departamentos*, en plural). Por otra parte, puede ser resultado de una derivación (*aterrizaje* < *aterrizar*) (§ 10.4.) o una composición (*lavaplatos* < *lava – platos*) (§ 10.5.).[1]
- Desde el punto de vista de la función, el nombre forma grupos nominales que desempeñan funciones sintácticas como las de sujeto u objeto directo (§ 3.1.; § 3.4.).
- Desde el punto de vista semántico, los nombres representan en la mente del hablante:

  - entidades o seres (*niño*, *gato*, *casa*),
  - grupos (*familia*, *vecindario*),
  - cualidades (*altura*, *belleza*),
  - sentimientos (*cariño*, *odio*),
  - sucesos (*desgracia*, *llegada*),
  - lugares (*rincón*, *refugio*),
  - tiempo (*día*, *semana*), etc.

Ejercicio

1. Indica en qué grupo se incluyen estos nombres desde el punto de vista semántico. Puedes consultar el diccionario, donde se explica el significado de los nombres, lo que permite conocer el grupo en el que se pueden incluir desde el punto de vista semántico.

   originalidad
   profesorado
   gimnasio
   teléfono
   ejército
   longitud
   paraíso

regalo
amistad
año

2.2.2 El verbo

Las palabras que se incluyen en la clase del verbo presentan las siguientes características:

- Desde el punto de vista de la forma (§ 11.3.), el verbo muestra cambios, modificaciones o variaciones de persona, número, tiempo, aspecto y modo:
  - Persona: 1.ª (*llego*), 2.ª (*llegas*) y 3.ª (*llega*). Esta variación permite diferenciar en el verbo las formas personales, como las anteriores, de las formas no personales: infinitivo (*llegar*), gerundio (*llegando*) y participio (*llegado*).
  - Número: singular (*llego*) y plural (*llegamos*).
  - Tiempo: presente (*llego*), pasado (*llegué*) y futuro (*llegaré*).
  - Aspecto: perfectivo (*llegué*) e imperfectivo (*llegaba*).
  - Modo: indicativo (*llego*) y subjuntivo (*llegue*).
- Desde el punto de vista de la función, el verbo cumple la función de predicado (§ 3.1.).
- Desde el punto de vista semántico, los verbos se agrupan:
  - por el tipo de suceso que designan:
    - acciones (*caminar, coser, estudiar*),
    - estados (*estar, encontrarse*) o
    - procesos (*adelgazar, florecer, madurar*);
  - por las nociones que expresan:
    - percepción (*ver, oír*),
    - voluntad (*desear, querer*),
    - pensamiento (*pensar, meditar*),
    - movimiento (*ir, salir*),
    - lengua (*decir, explicar*), etc.

Ejercicio

2. Indica el grupo al que pertenecen estos verbos de acuerdo con la noción que expresan. Si lo necesitas, consulta el diccionario, pues reflexionando sobre el significado de los verbos puedes deducir la noción que expresan.

informar
correr
considerar
escuchar
preferir
llegar
creer
preguntar
tocar
pasear

2.3 Adjetivos y adverbios

2.3.1 El adjetivo

Las palabras de la clase de los adjetivos tienen las siguientes características:

- Desde el punto de vista morfológico (§ 11.2.), los adjetivos presentan variaciones de género y número. Las variaciones, igual que las que tienen los nombres y los verbos, se denominan **flexión**; de este modo, el adjetivo tiene flexión de género y número: *pequeño* (masculino singular) / *pequeña* (femenino singular) / *pequeños* (masculino plural) / *pequeñas* (femenino plural). El género y el número del adjetivo deben ser los mismos que los del nombre al que acompaña. Esta característica formal se llama **concordancia**: repetición de las marcas flexivas de género y número del nombre en el adjetivo:

  - Concordancia en masculino singular: *muchacho alto*.
  - Concordancia en femenino singular: *muchacha alta*.
  - Concordancia en masculino plural: *muchachos altos*.
  - Concordancia en femenino plural: *muchachas altas*.

- Desde el punto de vista sintáctico, los adjetivos funcionan como modificadores de los nombres y como atributos (§ 3.2.). No es lo mismo decir *chica* que *chica guapa*, *mesa* que *mesa grande*; en los dos casos, los adjetivos *guapa* y *grande* desempeñan la función de modificadores de los nombres *chica* y *mesa*.

- Desde el punto de vista semántico, los adjetivos expresan distintas nociones:

  - cualidades o propiedades de los referentes del nombre al que modifican: *habitación luminosa*, *patio estrecho*, *cuarto oscuro*;
  - relaciones del referente del nombre con algo externo a él: *informe económico* (relacionado con la economía), *informe sanitario* (relacionado con la sanidad), *informe político* (relacionado con la política);
  - relativas al tiempo: *periodo anual*, *plazo semanal*, *actividad diaria*;
  - relativas al lugar: *espectáculo callejero*, *transporte terrestre*, *superficie lunar*.

Ejercicio

3. Indica las nociones que expresan estos adjetivos (cualidad, relación, tiempo o lugar). Si lo necesitas, puedes consultar su significado en el diccionario.

   lujoso
   mensual
   radiofónico
   espacial
   oficial
   limpio
   trimestral
   periodístico
   perezoso
   alejado

2.3.2 El adverbio

En la clase del adverbio se incluyen palabras de forma y significado muy variados. Por ejemplo, *siempre, estupendamente* y *aquí* son adverbios, aunque no se relacionan ni por su forma ni por su significado. El primero, *siempre*, indica 'tiempo'; *estupendamente*, 'modo'; y *aquí*, 'lugar'. Aun así, las palabras que pertenecen a la clase del adverbio muestran también las siguientes características:

- Desde el punto de vista morfológico (§ 11.4.), los adverbios no tienen modificaciones o variaciones; es decir, carecen de marcas de flexión, y por eso se dice que son palabras invariables. El adverbio *buenamente* se presenta siempre bajo la misma forma. No obstante, hay adverbios (*cerca*) que modifican su forma para expresar su significado en grado máximo (*cerquísima*) o con matizaciones de distinto tipo (*cerquita*).
- Desde el punto de vista sintáctico, los adverbios cumplen las funciones de modificadores y de atributos (§ 3.2.2.). Las palabras de esta clase pueden modificar a palabras de otras clases e incluso a grupos de palabras y a enunciados:
  - verbos: *Usted* **baila maravillosamente**;
  - adjetivos: *El traje te queda* **algo grande**;
  - adverbios: *El otoño todavía queda* **muy lejos**;
  - grupos nominales: *Falta* **más pan integral**;
  - grupos adjetivales: *Siempre he sido* **poco afortunada con la lotería**;
  - grupos adverbiales: *Distinguió una figura situada* **algo detrás de los espectadores**;
  - enunciados: **Posiblemente la nueva versión de Windows llegará en julio**.

  En los ejemplos anteriores, excepto en el último, el adverbio precisa:
  - la acción representada por el verbo *baila*;
  - la propiedad expresada por el adjetivo *grande*;
  - la distancia designada por el adverbio *lejos*;
  - el referente del grupo nominal *pan integral*;
  - la propiedad designada por el grupo adjetival *afortunada con la lotería*;
  - el lugar expresado por el grupo adverbial *detrás de los espectadores*.
  - Por su parte, el adverbio *Posiblemente* modifica a todo el enunciado *la nueva versión de Windows llegará en julio* informando sobre la creencia del hablante acerca de que sucederá lo expresado en él.

- Desde el punto de vista semántico, es decir, según el significado representado, los adverbios se distribuyen en distintas clases:
  - de cantidad: *más, menos, mucho* (*muy*), *poco*;
  - de lugar: *detrás, delante, cerca, lejos*;
  - de tiempo: *siempre, ahora, entonces, hoy*;
  - de modo o manera: *estupendamente, buenamente, maravillosamente, bien*;
  - de afirmación: *sí, efectivamente*;
  - de negación: *no, tampoco*;
  - de duda: *quizá*(*s*), *igual*.

Ejercicio

4. En estas oraciones, señala a qué palabra o grupo de palabras modifica el adverbio que aparece destacado en negrita:

> *Este año habrá **más** días festivos.*
> *Me parece que está enferma, el martes **tampoco** vino.*
> ***Seguramente** prefiere quedarse en casa esta noche.*
> *Nunca ha sido **muy** competente en su trabajo.*
> *La gente debería situarse **más** cerca.*
> *Se ha mostrado **sorprendentemente** generoso.*
> *El restaurante donde cenamos está **bastante** lejos del estadio.*
> *Se espera que el próximo trimestre se produzcan **menos** accidentes de tráfico.*
> ***Nunca** te he deseado el mal.*
> *El número de desempleados ha disminuido **considerablemente**.*

2.4 Palabras relacionales

Existen otras dos clases de palabras que incluyen aquellas cuya función es relacionar; esto es, introducir elementos relacionándolos con los anteriores. Cumplen esta función las palabras de las clases de las preposiciones y las conjunciones. Ambas tienen las siguientes características:

- El conjunto de las preposiciones y las conjunciones es más reducido que los formados por nombres, verbos, adjetivos y adverbios. Estos cuatro constituyen clases que incluyen un gran número de palabras.
- Las preposiciones y las conjunciones son, generalmente, átonas; es decir, no tienen ninguna sílaba tónica, lo que significa que todas sus sílabas se pronuncian con una intensidad menor que la de las sílabas tónicas de los nombres o los verbos, por ejemplo. En consecuencia, para pronunciar las preposiciones, hay que apoyarse en la palabra siguiente que contenga una sílaba tónica o una sílaba pronunciada con mayor intensidad:

  - [ve•ré] [a•mis•a•mí•gos] [en•veráno].[2]

- Las preposiciones y las conjunciones se caracterizan, asimismo, por ser palabras invariables.

2.4.1 La preposición

La clase de las preposiciones está formada, actualmente, por las siguientes palabras: *a, ante, bajo, con, contra, de, desde, durante, en, entre, hacia, hasta, mediante, para, por, según,*[3] *sin, so, sobre, tras, versus* y *vía.*

Además de las características fonética y morfológica ya señaladas (ser átonas e invariables), las preposiciones se caracterizan también:

- Desde el punto de vista sintáctico, por relacionar elementos de la oración. Su función es introducir un complemento, denominado **término**. La preposición y el complemento que introduce forman un grupo preposicional que completa a una palabra o a un grupo de palabras. Los grupos preposicionales siguientes completan a:

  - un nombre: *harina **de trigo** / **de maíz** / **de garbanzo**;*
  - un verbo: *agarré **de la mano** / **del brazo** / **de la cintura**;*

○ un adjetivo: *difícil de leer / de comprender / de traducir*;
○ un adverbio: *lejos de la ciudad / de la playa / del monte*;
○ un grupo nominal: *el marido de mi tía / de mi hermana / de mi sobrina*;
○ un grupo verbal: *hablaban frecuentemente de política / de deportes / de religión*.

En los ejemplos anteriores, se comprueba también que el término de la preposición, el complemento introducido por ella, es un nombre (*trigo*), un verbo (*leer*) o un grupo nominal (*la ciudad*). Además, el término de una preposición puede ser:

○ un pronombre: *iré con ella*;
○ un adjetivo: *presume de listo*;
○ un adverbio: *ven hacia aquí*.

● Desde el punto de vista semántico, por diferenciarse según tengan:

○ un significado propio: *sin* significa 'carencia o falta de algo': *chaqueta sin bolsillos*;
○ un significado que se deduce del contexto: *con* puede significar 'instrumento', 'modo' o 'compañía': *Se cortó con el cuchillo / Me miraba con atención / Vino con su familia*;
○ un significado gramatical o funcional: la preposición *a* con un objeto directo de persona (§ 3.4.) es una marca gramatical de la función objeto directo cumplida por el grupo de palabras que sigue a la preposición: *Saludó a los directivos*.

Ejercicio

5. En estos enunciados, señala:

a) a qué palabra o grupo de palabras completa el grupo preposicional destacado en negrita;
b) a qué clase de palabra o a qué grupo de palabras pertenece el término de la preposición:

Soñaba insistentemente con una vida mejor.
Esto que me cuentas resulta difícil de imaginar.
Los autores aparecen ordenados según el año de su nacimiento.
Prefiere vivir sin él.
Nos ha hablado con la misma arrogancia de siempre.
Muchos países iniciaron pronto el camino hacia la democracia.
La ciudad se dedicaba a la obtención de azúcar de caña.
Al final perdió las ganas de luchar.
Tenía fama de sabio.
Hace esto por Martina.

2.4.2 La conjunción

Las conjunciones se caracterizan, desde el punto de vista sintáctico, por establecer relaciones entre:

● palabras: *Necesito papel y lápiz*;
● grupos de palabras: *Mi padre o mi madre me ayuda a hacer los deberes*;
● oraciones: *Decía cosas extrañas, pero yo no le hacía caso.*

La vinculación o conexión que establecen las conjunciones sirve para clasificarlas en dos grupos:

● Coordinantes: cuando entre los elementos enlazados no existe relación de dependencia, no hay una relación jerárquica entre ellos, de manera que tienen la misma función (§ 8.3.). Ocurre así con los elementos coordinados en los tres ejemplos anteriores:

  ○ *Necesito* **papel y lápiz**: los dos nombres coordinados funcionan como objeto directo.
  ○ **Mi padre o mi madre** *me ayuda a hacer los deberes*: los dos grupos nominales coordinados desempeñan la función de sujeto.
  ○ **Decía cosas extrañas, pero yo no le hacía caso**: las dos oraciones, entre las que no existe una relación de dependencia, contraponen los dos sucesos expresados: una persona dice algo y el hablante no atiende a lo que esa persona dice.

● Subordinantes: conjunciones que unen una oración subordinada a otra de la que depende, la principal (§ 9.4.):

  ○ *Me han dicho los médicos* **que** *pronto podré hacer vida normal.*
  ○ *Ya puedo salir* **porque** *he terminado la tarea.*
  ○ *En agosto hizo tanto calor* **que** *pasé todo el mes en la playa.*

En el primer ejemplo, la conjunción *que* introduce la oración subordinada (*pronto podré hacer vida normal*) que funciona como objeto directo del verbo *han dicho*. En el segundo, la conjunción *porque* introduce la causa (*he terminado la tarea*) que justifica que ocurra lo expresado en la oración principal (*Ya puedo salir*). En el tercero, la conjunción *que* introduce el efecto, la consecuencia (*pasé todo el mes en la playa*) del suceso expresado en la oración principal (*En agosto hizo tanto calor*).

2.5 El grupo nominal

Las palabras de una clase pueden agruparse y combinarse con palabras de otras clases para formar un **grupo de palabras**, una combinación de palabras que constituye una unidad y desempeña una función sintáctica.

Uno de estos grupos es el **grupo nominal**, llamado también **sintagma nominal**. La denominación **grupo nominal** ya da una pista acerca de que el elemento principal, el núcleo, es un nombre; por lo tanto, el grupo nominal se define como el grupo de palabras cuyo núcleo es un nombre. Generalmente, el nombre admite determinantes y modificadores que también forman parte del grupo nominal y cuya función es permitir que el nombre se refiera a una realidad concreta, identificada y precisada.

El nombre *novela* representa una realidad en la mente del hablante, pero con el nombre solo la realidad designada no queda concretada, ni identificada ni precisada. En cambio, diciendo *mi última novela*, la realidad representada por *novela* está identificada como una novela del hablante por el posesivo *mi*. Además, el adjetivo precisa que es la última escrita. No obstante, en ocasiones el grupo nominal está formado por una sola palabra que, necesariamente, es un nombre: *Prefiero tomar* **café**.

El grupo nominal desempeña distintas funciones sintácticas. Aunque se estudiarán más adelante (§ 6.1.; § 6.4.), hay que tener en cuenta ahora que esas funciones pueden ser, entre otras, la de:

- Sujeto: **Mi última novela** *recoge dos historias reales.*
- Objeto directo: *Antonio Muñoz Molina presenta* **su última novela**, Berta Isla.
- Atributo: Berta Isla *es* **tu última novela**.
- Complemento predicativo: *La crítica califica* Invisible *como* **su mejor novela**.

Ejercicio

6. Señala los grupos nominales de estas oraciones:

   La nueva secretaria se reunió ayer con nosotros.
   Olvidó comprar queso.
   Tendrán el mismo tiempo libre.
   Lo consideraban un buen presidente.
   Celebraron animadamente la victoria final.
   Ha protagonizado varias películas.
   El primer partido no fue fácil.
   Trabajar así no da dinero.
   Sigue pensando en cerrar todo el edificio.
   Las familias de clase media vivían cómodamente.

2.6 El grupo verbal

La característica fundamental del **grupo verbal**, denominado, asimismo, **sintagma verbal**, es tener un verbo como núcleo: *María* **estudia**. El verbo puede presentarse bajo:

- una forma simple: *María* **estudia**;
- una forma compuesta: *María* **ha estudiado**;
- una forma perifrástica: *María* **está estudiando**.

Generalmente, el grupo verbal incluye otros elementos además del núcleo. El verbo suele ir acompañado de palabras o grupos de palabras que lo modifican o complementan por desempeñar distintas funciones sintácticas:

- objeto directo: *El inquilino ha entregado* **las llaves**;
- objeto indirecto: *El inquilino ha entregado las llaves* **al casero**;
- complemento circunstancial de tiempo: *El inquilino ha entregado* **ya** *las llaves al casero.*

La función sintáctica que cumple el grupo verbal es la de predicado.

Ejercicio

7. En estas oraciones, señala el verbo y la palabra o grupo de palabras que modifican o complementan al verbo:

   El jurado anota las ideas más originales.
   El fotógrafo de la agencia ha llegado puntual.
   Los expertos confirman el poder curativo de la planta.
   El cuestionario se difundió entre los participantes.

Denunciaron el último artículo del periodista.
Muchas de estas asociaciones están luchando por un mundo más justo.
La edición electrónica de la revista recibe muchas visitas.
Las empresas del sector turístico ofrecerán nuevos puestos de trabajo.
Están buscando soluciones demasiado complejas.
El gobierno ha perdido la confianza de la ciudadanía.

2.7 La oración

Desde el punto de vista gramatical, la **oración** (O) es una unidad formada por un grupo o sintagma nominal (SN) en función de sujeto más un grupo o sintagma verbal (SV) en función de predicado: O = SN + SV. Puede representarse de este modo:

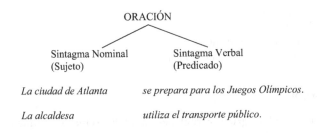

ORACIÓN

Sintagma Nominal   Sintagma Verbal
(Sujeto)   (Predicado)

La ciudad de Atlanta   *se prepara para los Juegos Olímpicos.*

La alcaldesa   *utiliza el transporte público.*

Figura 2.1

Sin embargo, en español, al contrario que en otras lenguas, es posible omitir el sujeto de una oración. En este caso, se considera que el sujeto está elíptico, implícito o que es un sujeto tácito; es decir, no tiene expresión fónica ni aparece en la oración: **Mi hijo** *habla inglés bastante bien desde los 10 años* / Ø *Habla inglés bastante bien desde los 10 años.*[4] La omisión del sujeto se explica porque, en general, en la construcción de oraciones se elimina lo que es obvio o lo que se repite:

Mi hijo *ha estudiado en un colegio británico.* **Mi hijo** *habla inglés bastante bien desde los 10 años.* ~ **Mi hijo** *ha estudiado en un colegio británico.* Ø *Habla inglés bastante bien desde los 10 años.*

El ejemplo muestra que el sujeto tácito se puede recuperar a partir del texto anterior. También es posible recuperarlo porque se deduce de la terminación del verbo:

Ø *Hablo inglés* ~ **Yo** *hablo inglés.*
Ø *Hablas inglés* ~ **Tú** *hablas inglés.*

De este capítulo se desprende una serie de ideas generales:

- Las palabras, unidades básicas de las lenguas, se combinan formando grupos, llamados también **sintagmas** o **frases**.
- Los grupos de palabras (grupo nominal, grupo verbal) son sintácticos porque desempeñan funciones sintácticas (sujeto, predicado, objeto directo, objeto indirecto, etc.).

- La combinación de un grupo nominal más un grupo verbal da lugar a una oración.
- La oración es la combinación fundamental para comunicarse.

Ejercicios

8. Señala el sintagma nominal en función de sujeto y el sintagma verbal en función de predicado de estas oraciones:

> *Este restaurante sirve comida orgánica a buen precio.*
> *Los ciudadanos deben cumplir con sus obligaciones.*
> *Decidieron realizar un test de compatibilidad.*
> *El nuevo programa tiene ventajas realmente interesantes.*
> *Las personas sensibles son más reflexivas y creativas.*
> *Defienden los valores constitucionales de la libertad, la igualdad y la solidaridad.*
> *Los platos a base de pasta facilitan la digestión.*
> *La educación de los jóvenes es un aspecto fundamental para el futuro del país.*
> *Evite alimentos muy calientes y picantes.*
> *Logró alcanzar un gran reconocimiento en el sector.*

9. Señala con el signo Ø los sujetos tácitos del texto y recupéralos indicando el sujeto explícito en cada caso:

> *Me sentía afortunado de tener a Antonio y a Javier en el equipo. Eran dos jugadores con excelentes habilidades y habían conseguido grandes victorias en el fútbol. Sabía que con ellos nuestro equipo acabaría bien la temporada.*

Cuestiones para reflexionar y debatir

1. Observa las dos oraciones que aparecen a continuación. En los dos casos la palabra *casa* funciona como el núcleo del grupo nominal, pero ¿en cuál de esas oraciones la casa de la que se habla queda concretada, identificada y precisada? ¿Cómo se consigue este efecto? Comparte tu respuesta con los compañeros.

> *Alquilo casa.*
> *Alquilo mi antigua casa familiar.*

2. El significado de algunas preposiciones se deduce del contexto. Por ejemplo, la preposición *con* puede significar 'instrumento', 'modo' o 'compañía', dependiendo de la oración en la que se inserta. Lee el fragmento siguiente y comenta con tus compañeros si, en ese contexto, la preposición que va en negrita tiene alguno de los significados anteriores. Si crees que adquiere un sentido distinto, ¿cuál es?

> *La Revolución Francesa estalló **con** Luis XVI y finalizó con el golpe de estado de Napoleón Bonaparte en 1799.*

Actividades de clase

1. Con sus compañeros de clase, describan el lugar donde se encuentren. Incluyan tres adjetivos que expresen cualidad, dos adjetivos que expresen lugar y un adjetivo que exprese relación. Fíjense en la concordancia en género y número de los grupos nominales.

2. Lee estos dos enunciados, fíjate en las conjunciones destacadas en negrita y comenta con tus compañeros qué diferencias sintácticas hay entre ellos.

> *Estudió muchísimo,* **pero** *no aprobó el examen.*
> *Rechazó el trabajo* **porque** *las condiciones eran muy injustas.*

3. Por parejas, lean el texto que figura a continuación y realicen las siguientes tareas:

   a) Señalen con el signo Ø los sujetos tácitos del texto y recupérenlos indicando el sujeto explícito.

   b) Reflexionen sobre las razones por las que se han omitido los sujetos.

   c) Reflexionen sobre si es posible omitir los sujetos *Él* y *ella.*

> *Beata y su marido habían llegado a la región, procedentes de su país, a principios de los noventa y se habían integrado enseguida en el valle. Él regentaba la gasolinera y el pequeño taller mecánico, y ella trabajaba en la venta. Vivían encima del taller de la gasolinera.*

NOTAS

1. La derivación y la composición son, respectivamente, procesos de formación y creación de palabras.
2. En este ejemplo, se ha utilizado una tilde para representar las sílabas tónicas. El punto centrado (•) indica la separación de sílabas dentro de las palabras. Los corchetes separan todas las sílabas que se pronuncian formando un grupo alrededor de una sílaba tónica. La preposición *a* se apoya en la sílaba [mí] del nombre *amigos* y la preposición *en* tiene su apoyo en la sílaba [rá] de la palabra *verano.*
3. Esta es la única preposición tónica, pues la segunda sílaba se pronuncia con mayor intensidad que la primera.
4. El signo Ø representa el sujeto tácito o no expresado.

Capítulo 3

Esquemas oracionales y enunciados

Resumen

Este capítulo presenta una introducción general a los esquemas oracionales (clases de oraciones) y a los enunciados, con sus diferentes tipos. Todos los tipos de esquemas y enunciados aparecen definidos y ejemplificados. Los apartados que componen el capítulo son los siguientes:

Sujeto y predicado
Esquemas copulativos: *ser* y *estar*
Esquemas intransitivos
Esquemas transitivos
El enunciado y sus tipos
Esquemas oracionales y puntuación

La lectura y comprensión de este capítulo permitirán:

- Reconocer los tipos fundamentales de esquemas oracionales.
- Establecer la concordancia entre el sujeto y el predicado.
- Conocer los usos fundamentales de los verbos *ser* y *estar*.
- Conocer las diferencias entre los verbos copulativos y los verbos semicopulativos.
- Distinguir entre objeto directo, objeto indirecto y complemento de régimen.
- Usar la preposición *a* para el objeto directo.
- Reconocer los tipos fundamentales de enunciados.
- Usar adecuadamente la puntuación relativa a los esquemas oracionales.

3.1 Sujeto y predicado

La combinación de palabras fundamental para la comunicación se llama **oración**. Una oración puede expresar o comunicar un evento, algo que ocurre, algo que pasa:

El anciano miró al niño con una inmensa ternura.

Una oración está formada por la unión de un **sujeto** y un **predicado**.

ORACIÓN

Sujeto   Predicado

Figura 3.1

El sujeto y el predicado son papeles o funciones que cumplen las palabras que los forman. En el ejemplo anterior, las funciones de sujeto y predicado están desempeñadas por estos dos grupos de palabras:

Sujeto	Predicado
El anciano	*miró al niño con una inmensa ternura.*

Sujeto es la palabra o el grupo de palabras, referidos a una persona, a un animal, a una cosa, a un acontecimiento, etc., de los que se dice algo en la oración. **Predicado** es la parte de la oración en la que se dice algo del sujeto. En ella, se predica algo del sujeto y por eso se llama **predicado**.

Sujeto	Predicado
Marta	*viajó a Irlanda a primeros de julio.*
El perro	*ha estado ladrando toda la noche.*
La puerta	*está abierta.*
El concierto	*será el próximo sábado 4 de noviembre.*

La función de sujeto de una oración puede ser desempeñada por un nombre o **sustantivo**, por un **grupo nominal** o por un **pronombre**:

Sujeto	Predicado
Juan	*ha tenido un accidente.*
El presidente del club	*dice que el partido se jugará.*
Nosotros	*iremos a recogerte.*

La función de sujeto también puede ser desempeñada por un adjetivo u otra palabra que estén sustantivados; es decir, que cumplan las mismas funciones que los sustantivos o nombres (§ 6.1.1.). Asimismo, la función de sujeto puede ser desempeñada por una oración:

Sujeto	Predicado
Lo bueno	*se recuerda siempre.*
El beber en exceso	*es nocivo para la salud.*
Que nos haya eliminado un equipo inferior	*es imperdonable.*

La función de predicado de una oración corresponde a un verbo o a un grupo verbal donde el verbo es el elemento nuclear:

Sujeto	Predicado
El chico	*lloraba.*
La profesora	*estaba en el aula.*
Yo	*tengo cansancio y duermo a todas horas.*

El elemento central de una oración es el verbo. Existen distintas **clases de oraciones** o **esquemas oracionales** según la clase de verbo que se use y según los participantes que el verbo exija. Los esquemas oracionales son estructuras en las que se articulan y combinan los elementos que componen una oración y pueden ser de diversos tipos:

- **Esquemas copulativos.** En *Esta mujer es mi mejor amiga*, el verbo *ser* se combina con un grupo nominal en función de sujeto (*Esta mujer*) y con otro que funciona como atributo (*mi mejor amiga*). Con los verbos *ser* y *estar* se construyen esquemas oracionales copulativos.
- **Esquemas intransitivos.** En *El guía caminaba muy rápido*, el verbo *caminar* exige un sujeto (*El guía*) y, opcionalmente, puede ir acompañado de algún modificador (*muy rápido*) que ofrece información sobre las circunstancias en que se realiza la acción de caminar; en este caso, *muy rápido* informa sobre el modo de caminar. Con el verbo *caminar* y otros verbos de movimiento se forman esquemas oracionales intransitivos.
- **Esquemas transitivos.** En *La víctima llevaba pantalones largos*, el verbo *llevar* exige dos elementos: un sujeto (*La víctima*) y un objeto directo (*pantalones largos*). El verbo *llevar* es uno de los muchos verbos a los que les corresponde un esquema oracional transitivo.

La relación que se establece entre el sujeto y el predicado en una oración se manifiesta formalmente mediante la concordancia. Se llama **concordancia** a la coincidencia que debe haber entre el sujeto y el verbo en cuanto al **número** (singular o plural) y la **persona** (1.ª, 2.ª o 3.ª). En los ejemplos siguientes, en los que la función de sujeto corresponde a un pronombre, puede observarse claramente la concordancia entre el sujeto y el predicado de la oración por medio de las marcas de persona y de número.

1.ª persona del singular: **Yo** *bajaré a desayunar a las 7.*
2.ª persona del singular: **Tú** *bajarás a desayunar a las 7.*
3.ª persona del singular: **Él / Ella** *bajará a desayunar a las 7.*
1.ª persona del plural: **Nosotros / Nosotras** *bajaremos a desayunar a las 7.*
2.ª persona del plural: **Ustedes** *bajarán a desayunar a las 7.*[1]
2.ª persona del plural: **Vosotros / Vosotras** *bajaréis a desayunar a las 7.*
3.ª persona del plural: **Ellos / Ellas** *bajarán a desayunar a las 7.*

El cambio de persona en el pronombre coincide con el cambio de persona en el verbo (manifestado en el morfema: *-ré, -rás, -rá*) y la modificación de número en el pronombre se da también en el verbo y se manifiesta en el morfema (*-ré, -remos*). El pronombre y el verbo presentan, pues, el mismo número y la misma persona. La característica de la concordancia permite saber cuál es el sujeto de una oración, ya que el número del sujeto se reproduce en el verbo:

Sujeto	Predicado
El café	me **gusta** mucho.
Las golosinas	me **gustan** mucho.
La mujer	**agarró** el vaso.
Las mujeres	**agarraron** el vaso.

En relación con la concordancia, hay que tener en cuenta algunos casos específicos:

- Cuando el nombre que funciona como sujeto está en singular, se refiere a una parte de un conjunto o a un conjunto y va acompañado por un grupo preposicional, el verbo puede ir en singular, concordando con el nombre sujeto, o en plural, concordando con el núcleo del grupo preposicional:
  - *La **mitad** de los españoles no **lee** libros ~ La mitad de los **españoles** no **leen** libros.*
  - *Un **grupo** de mujeres **asiste** a las clases ~ Un grupo de **mujeres** **asisten** a las clases.*

- Cuando el sujeto está formado por grupos nominales unidos por la conjunción y, concuerda con el verbo en plural:

  ○ *La cama y el armario son* amplios.

- Cuando el sujeto está formado por grupos nominales unidos por la conjunción y pospuestos al verbo, la concordancia puede ser en singular o en plural:

  ○ *Falta interés y voluntad* para apoyar a estos trabajadores ~ *Faltan interés y voluntad* para apoyar a estos trabajadores.

- Cuando el sujeto está formado por grupos nominales unidos por la conjunción o, cuando expresa indiferencia, o por la conjunción ni, la concordancia puede ser en singular o en plural:

  ○ ¿*Será mi hijo o mi hija* capaz de cuidar un gato? ~ ¿*Serán mi hijo o mi hija* capaces de cuidar un gato?
  ○ No *queda ni tiempo ni ganas* para hacer ejercicio ~ Ya no *quedan ni tiempo ni fuerzas* para seguir adelante.

- Si la función de sujeto la desempeña un grupo nominal en plural y referido a personas, el verbo puede ir en 1.ª o 2.ª persona del plural para indicar que el hablante o el oyente se incluyen en la referencia del sujeto:

  ○ *Los profesores de universidad somos* también investigadores. (El emisor se incluye en la clase de los profesores).
  ○ *Los norteamericanos habéis sido* los mejores embajadores del baloncesto. (El emisor no es norteamericano, sí lo es el destinatario).

- Cuando en el sujeto aparecen coordinados un pronombre personal de 1.ª persona y otro de 2.ª o 3.ª, el verbo presenta la forma de 1.ª persona del plural:

  ○ *Tú y yo hemos terminado* para siempre ~ *Ella y yo tuvimos* una mala relación.[2]

- Cuando en el sujeto aparecen coordinados un pronombre personal de 2.ª persona y un nombre o un pronombre de 3.ª persona, el verbo aparece en 2.ª persona del plural:

  ○ *Tú y tu vecino cortasteis* la carretera en señal de protesta ~ *Tú y él estáis* equivocados.[3]

Ejercicio

1. Identifica el tipo de esquemas (copulativo, transitivo o intransitivo) que corresponde a las siguientes oraciones:

   > Esos señores están muy ancianos para bajar las escaleras.
   > Este muchacho fue mi compañero de aventuras.
   > La niña usaba pantalones cortos.
   > La profesora se paseaba sin parar.
   > Las nubes se desplazan muy rápido.
   > Los chicos vieron las calles principales de la ciudad.
   > Me encanta la música de Mozart.
   > En el concierto combinó ritmos tropicales y música electrónica.
   > Mi abuelo ya no estaba ilusionado por nada.

3.2 Esquemas copulativos: *ser* y *estar*

Existen lenguas con un solo verbo copulativo, como el inglés, que tiene únicamente el verbo *to be*. Frente a ellas, el español cuenta con dos verbos copulativos: *ser* y *estar*. Con estos verbos se construyen esquemas oracionales **copulativos** o **atributivos**:[4]

SUJETO   VERBO COPULATIVO   ATRIBUTO

Para construir un esquema copulativo, el verbo copulativo debe combinarse con un sujeto y un **atributo**. Mediante la función de atributo se predica algo del referente del sujeto.

3.2.1 *Ser*

Cuando se utiliza el verbo *ser*, el atributo identifica, clasifica o asigna al referente del sujeto una propiedad. En estos casos, el verbo copulativo (VC) tiene un contenido léxico reducido:

Sujeto   VC   Atributo
Ese hombre   *es*   *mi hermano.*
(El referente de *Ese hombre* queda identificado como hermano del hablante).
La ranchera   *es*   *un coche familiar.*
(El referente de *La ranchera* se incluye en la clase de los coches).
Sus manos   *son*   *delicadas.*
(El referente de *Sus manos* tiene asignada la propiedad de delicadas).

En los ejemplos anteriores, la función de atributo está desempeñada por un grupo nominal y por un adjetivo, pero hay otras posibilidades para formar un atributo. A continuación, se recogen las que existen:

- Un nombre: *Robert Redford es* **actor**.
- Un pronombre: *La única sala iluminada es* **esta**.
- Un adjetivo: *Carmen es* **alegre**.
- Un grupo preposicional: *La botella es* **de plástico**.
- Una cláusula: *El público es* **quien debe aceptar o rechazar la obra**.

3.2.2 *Estar*

Cuando se usa el verbo *estar*, el atributo sitúa el referente del sujeto en un estado eventual; es decir, en un estado que ha sucedido, pero podría no haber ocurrido. Así pues, en este caso, el atributo no identifica, no clasifica ni asigna una propiedad al referente del sujeto, sino que expresa un estado posible:

Sujeto   VC   Atributo
La sopa   *está*   *salada.*
(El referente de *La sopa* se encuentra salado o con demasiada sal).

En los esquemas oracionales copulativos con el verbo *estar*, la función de atributo es cumplida por un adjetivo, como se observa en el ejemplo anterior, o por un adverbio:

El presidente del Gobierno está **estupendamente**.

3.2.3 *Ser / estar*

El problema en el uso de *ser* y *estar* se plantea cuando un hablante no nativo tiene que elegir entre uno y otro, especialmente si en su lengua materna solo existe un verbo copulativo. Hay, no obstante, algunos datos que pueden ayudar para una adecuada elección:

- Los atributos que corresponden a un pronombre y a una cláusula forman un esquema copulativo con el verbo *ser* más el nombre o el grupo nominal que funciona como sujeto. El verbo *estar* no se combina con un pronombre o una oración en función de atributo:

  ○ *El responsable* **soy yo** / **El responsable* **estoy yo**.

- Cuando el atributo es un nombre, el esquema oracional se construye con el verbo *ser*, pero es posible utilizar asimismo *estar* con nombres que designan profesiones precedidos por la preposición *de*:

  ○ *Eduardo Martín* **es investigador** *del Instituto Tecnológico de California.*
  ○ *Raúl Vilela* **está de investigador** *contratado en el Centro Oceanográfico de Murcia.*

  En estos casos, si el hablante utiliza *ser*, su intención es incluir al referente del sujeto en la clase de los investigadores o definirlo como investigador. Si el hablante usa *estar*, desea subrayar la situación eventual, transitoria, en que se encuentra el referente del sujeto.

- Cuando el atributo es un adjetivo que sitúa al referente del sujeto en un determinado estado, el verbo copulativo que se utiliza es *estar*. Si el hablante quiere clasificar al referente, utiliza *ser*. En este caso, se usa un determinante para indicar que el atributo pertenece a la clase de los nombres:

  ○ *Mi mujer* **está enferma** *del corazón* / *Su hermana Isabel* **es una enferma** *crónica.*
  ○ No son posibles, por lo tanto, las combinaciones **Mi mujer* **es enferma** *del corazón* / **Su hermana Isabel* **está una enferma** *crónica.*

Más compleja es la distinción *ser / estar* cuando el atributo corresponde a un adjetivo, aunque pueden servir de ayuda estas observaciones:

- Hay adjetivos que solo pueden combinarse con el verbo *ser* en la función de atributo:

  ○ *La indemnización dependerá de si el viaje* **es nacional** *o* **internacional***.*

  Estos adjetivos se llaman **relacionales**, porque asignan propiedades al referente del nombre por su relación con algo externo a él: *aéreo, anual, cinematográfico, español, manual, ocular, teatral, universitario.* En el ejemplo anterior, la propiedad de *nacional* o *internacional* se asigna a *viaje* por la posibilidad de que el viaje se haga dentro de los límites de una nación o se desarrolle entre distintas naciones. Una particularidad de los adjetivos relacionales es que no admiten cuantificación, lo que implica la imposibilidad de decir **El viaje* **es muy nacional***.* Con los adjetivos relacionales se asignan propiedades, no estados, a los referentes del sujeto y por eso se construyen con *ser*.

- Algunos adjetivos en función de atributo solo pueden formar un esquema copulativo en combinación con *estar*: *lleno, solo, vacío.* Estos adjetivos son **calificativos** y expresan un estado eventual del referente del sujeto:

  ○ *Las dos primas* **estaban solas** *cuando ocurrió el accidente.*

La soledad no se percibe como una propiedad absoluta del referente del sujeto, sino como un estado sometido a la posibilidad de un cambio; por eso el verbo de este esquema copulativo es *estar*.

- Existe un numeroso grupo de adjetivos que pueden formar esquemas atributivos con *ser* o con *estar*: *alegre, alto, azul, blando, feo, triste*. En estos casos, la interpretación que debe darse es distinta. Si el hablante dice *Ana María* **es alegre**, está indicando que la manera de ser alegre es una propiedad del referente de *Ana María*. En cambio, con *Ana María* **está alegre** transmite que 'alegre' es un estado eventual, temporal, en el que se encuentra el referente del sujeto.

- Hay adjetivos que, teniendo la misma forma, pueden tener dos significados:

  ○ *bueno*.
  'Que se porta bien o no causa problemas' / 'Que está sano'.

  ○ *crudo*.
  'Que es muy frío y duro' / 'Que no ha sido cocinado o no ha llegado a un punto adecuado'.

  ○ *fresco*.
  'Que tiene una temperatura fría' / 'Que no está cansado'.

  ○ *listo*.
  'Que tiene inteligencia; que piensa y comprende las cosas con facilidad' / 'Que está dispuesto o preparado para algo'.

- Para expresar el primero de estos significados el adjetivo se combina con *ser*, para comunicar el segundo el adjetivo se construye con *estar*:

  ○ *En el norte el aire* **es fresco**.

  "**Estoy fresco**, *me encuentro en buena forma*", *reconoció el deportista ante la prensa*.

La distinción entre ser / estar debe acompañar a la diferencia de significado en estos adjetivos. En el primer ejemplo, la propiedad de 'fresco' se asigna al referente del sujeto (*el aire*) de manera absoluta, en el segundo ejemplo se asigna al deportista un estado físico concreto.

En los esquemas oracionales copulativos, además de la concordancia entre el sujeto y el verbo, existe concordancia entre el sujeto y el atributo. Las palabras que funcionan como sujeto y atributo deben coincidir en género y en número si en el atributo hay un nombre, un pronombre o un adjetivo como elemento nuclear:

Sujeto	VC	Atributo
María	*es*	*una buena vecina*.
Los productos ecológicos	*son*	*aquellos* que se producen de manera natural.
El político	*era*	*honesto* y se avergonzó de los escándalos.

En el primer ejemplo y en el tercero, el verbo *ser* está en singular igual que el sujeto y el atributo, y en tercera persona, la que corresponde al sujeto. En el segundo ejemplo, sujeto, verbo y atributo concuerdan en plural porque el sujeto tiene ese número, además de concordar en persona el sujeto y el verbo. Sin embargo, hay casos en que el sujeto está en singular y el verbo y el atributo van en plural:

- Cuando el atributo es un nombre en plural, es habitual concordar en plural el verbo y el atributo, aunque el sujeto esté en singular: **La pasión** *de mi vida* **son mis hijos y mi pareja.**
- Cuando el sujeto es un pronombre neutro y el atributo es un nombre en plural: **Eso son bobadas.**
- Cuando el sujeto es una cláusula de relativo y el atributo está formado por un nombre en plural: **Lo que a él le gusta ver son los documentales.**
- Cuando el sujeto es un nombre de cantidad: **El precio son 133 pesos.** En este caso, la concordancia se puede establecer también en singular: **El precio es 133 euros.** Igual ocurre si el nombre de cantidad es el atributo: *Costa Moreras* **son un grupo** *que mezcla* rock[5] *y pop ~ Costa Moreras* **es un grupo** *que mezcla* rock *y pop.*

3.2.4 Predicativos

Dentro de los esquemas oracionales copulativos pueden incluirse también esquemas formados con otros verbos que se comportan de manera análoga a *ser* y *estar*. Estos esquemas se construyen con un sujeto y un atributo o con un sujeto y un complemento del sujeto denominado **complemento predicativo.** El verbo más semejante a *ser* y *estar* es *parecer*, con el que también se forman oraciones que incluyen las funciones de sujeto y atributo:

Sujeto	VC	Atributo
Los jugadores	*parecían*	*seguros de la victoria.*

En español, el verbo *parecer* se usa cuando no se tiene una seguridad completa respecto a lo que se afirma, cuando lo que se dice se presenta como una simple impresión. La comparación de estas dos oraciones aclara la diferencia:

Tu casa es un palacio / *Tu casa parece un palacio.*

En la primera, una oración copulativa construida con el verbo *ser*, la casa de referencia es clasificada como una construcción grande y lujosa. En la segunda, la inclusión de la casa en la clase de los palacios no se presenta de manera segura, sino como la opinión del hablante, del oyente o de una tercera persona.

Cuando la relación se establece entre *estar* y *parecer*, se observa lo mismo. El atributo construido con el copulativo *estar* permite caracterizar al sujeto situándolo en un determinado estado: *La casa está vacía*. Si se utiliza el verbo *parecer*, lo afirmado se presenta como una impresión: *La casa parece vacía*, impresión que se origina en el hablante, en el oyente o en una tercera persona.

Además de *ser*, *estar* y *parecer*, existen otros verbos, llamados **semicopulativos** o **pseudocopulativos**, que se combinan, asimismo, con un sujeto y con otra palabra o grupo de palabras cuya función es atribuir una propiedad o un estado al referente del sujeto. Se trata del denominado **complemento predicativo.** Este complemento es análogo al atributo, pero se distingue por construirse con verbos diferentes de *ser*, *estar* y *parecer*. Estos tres verbos se llaman **copulativos** por su escaso contenido léxico y por servir de unión entre el atributo y el sujeto. En cambio, los verbos semicopulativos son verbos de significado pleno, pero modificado por el complemento predicativo con el que se combinan:

El luchador se volvió **loco** *y le gritó al árbitro.*
Su novio se volvió **celoso** *y la vigilaba.*

En los dos ejemplos anteriores, *volverse* significa 'cambiar de aspecto o estado; transformarse', pero al significado del verbo se añade el de los adjetivos *loco* y *celoso*, que funcionan como complementos predicativos de los sujetos *El luchador* y *Su novio*.

Existen varias clases de verbos semicopulativos:

- Los verbos de cambio: *hacerse, ponerse, volverse:*[6]
  Lope de Vega se hizo sacerdote a los 51 años.
- Los verbos de permanencia, persistencia o continuidad:
  Los dos jugadores se han mantenido firmes en su decisión.
  Mis hijas permanecen calladas para no interrumpirme.
- Los verbos de manifestación o presencia:
  Los negociadores se mostraron satisfechos del resultado de las conversaciones.

En los ejemplos anteriores, el complemento predicativo concuerda en género y número con el sujeto de la oración.

Ejercicios

2. En las siguientes oraciones, anota si el verbo adecuado es *ser* o *estar*:

   Aquel hombre . . . jardinero en el parque público.
   El jugador . . . decidido a cambiar de equipo.
   Eso . . . estupideces tuyas.
   La profesora siempre . . . consciente de los problemas de la clase.
   La sopa de marisco . . . salada.
   Los mejores estudiantes . . . mejor preparados para la vida.
   Mi abuela . . . una loca de los solitarios.
   Mi vecino . . . de jardinero en el parque público.

3. Identifica en las siguientes oraciones cuáles son los complementos predicativos, si es que aparecen en ellas.

   En invierno, los días son cortos y las noches, largas.
   Esa mesa parecía sólida.
   Las chicas más serias resultaron las más atrevidas.
   Las circunstancias eran adversas, pero se mostraron favorables para la empresa.
   Los animales más grandes se mantuvieron tranquilos durante la tormenta.
   Los boletos del espectáculo le parecieron demasiado caros.
   Los muchachos más humildes se pusieron locos de contento.
   No te pongas eufórico por una pequeña subida de sueldo.

3.3 Esquemas intransitivos

Los esquemas oracionales intransitivos se forman con verbos intransitivos. **Verbo intransitivo** es el que no tiene **objeto directo** (§ 3.4.), de manera que, en los esquemas oracionales intransitivos, no hay ninguna palabra ni grupo de palabras que desempeñe la función de objeto directo. Estos son ejemplos de esquemas oracionales intransitivos:

Sujeto	Predicado
Los aviones	*vuelan.*
Yo	*estornudo.*

Como se observa, el esquema está formado solamente por un sujeto y un predicado, que corresponde a un verbo intransitivo. También es posible encontrar el predicado en posición inicial.

Predicado	Sujeto
Faltan	*el pan y la leche.*
Ocurrió	*un suceso extraño.*

No obstante, en el predicado de los esquemas oracionales intransitivos pueden aparecer grupos de palabras que tienen una función distinta a la de objeto directo. Es posible, pues, formar un esquema oracional intransitivo con un sujeto, un verbo intransitivo como núcleo del predicado y un **objeto indirecto** (OI):

Sujeto	Verbo intr.	OI
Su muerte	*entristeció*	*a todo el mundo.*

El **objeto indirecto** es el complemento del verbo que designa la persona, el animal o la cosa a la que corresponden distintas funciones semánticas, como la de destinatario, beneficiado, perjudicado o poseedor. En el ejemplo anterior, la función semántica del objeto indirecto es la de **experimentador** o **experimentante**, pues el referente de *a todo el mundo* experimenta la reacción anímica expresada por el verbo *entristeció*. Los grupos preposicionales en función de objeto indirecto se construyen siempre con la preposición *a*.

Otro tipo de esquema oracional intransitivo está formado por un sujeto, un verbo intransitivo y un **complemento de lugar** (CL) cuya función semántica, tal como su nombre indica, es expresar el lugar en el que se sitúa lo expresado por el verbo:

Sujeto	Verbo intr.	CL
Algunos pintores españoles	*vivieron*	*en París.*

También se forman esquemas oracionales intransitivos con verbos que exigen combinarse con el llamado **complemento de régimen preposicional** o simplemente **complemento de régimen** (CR). Esta función es la que desempeña un grupo preposicional seleccionado por el verbo. El verbo selecciona una determinada preposición que introduce el grupo preposicional. En los siguientes ejemplos, *hablar* selecciona la preposición *de*, introductora del grupo nominal *la tía Clara* y del pronombre *ti*:

Sujeto	Verbo intr.	CR
Los hermanos	*hablaron*	*de la tía Clara.*
Alicia	*habló*	*de ti.*

El complemento de régimen sirve para precisar la significación del verbo. En las oraciones anteriores, *de la tía Clara* y *de ti* permiten especificar el asunto de que se habló.

El complemento de régimen también puede estar formado por un nombre, un verbo en infinitivo o una cláusula. A continuación, están recogidas las distintas posibilidades:

Sujeto	Verbo intr.	CR
(Yo)	**Me acordé**	**de Miguel.**

(Nosotros)	No **quisimos recurrir**	**a la violencia.**
Felipe	**se reía**	**de ella.**
(Él / Ella)	**Insistió**	**en invitarnos.**

Es importante tener en cuenta que hay verbos que cambian de significado según lleven o no un complemento de régimen:

acordar / acordarse de
Han acordado limitar los contratos / Los directores se han acordado de usted.

adelantar / adelantarse a
Adelantaba las manos para no chocar / Se adelantaba a los deseos de todos.

contar / contar con
Le cuento lo que pasó ayer / Cuento con él para el nuevo proyecto.

dedicar / dedicarse a
Dedica mucha atención a su hijo / La empresa se dedica a producir videos.

fiar / fiarse de
Estoy segura de que el panadero me fiará / No se fiará de nadie nunca más.

En los esquemas oracionales intransitivos puede aparecer un complemento predicativo (CP) del sujeto, aunque no es un elemento obligatorio para la formación del esquema:

Sujeto	Verbo intrans.	CP	
González	llegó	cansado	del viaje.
Los pasajeros	viajaban	sentados	en el techo del tren.
Mis amigas y yo	cenamos	juntas	los viernes.

Por otra parte, los verbos *ser* y *estar*, además de ser copulativos y formar esquemas oracionales copulativos o atributivos, se usan como verbos predicativos; es decir, como verbos plenos con significado léxico, dando lugar a esquemas oracionales intransitivos. En este caso, *ser* y *estar* no unen un sujeto y un atributo, sino que actúan como los verbos intransitivos que tienen un complemento. Además, *ser* significa 'existir; ocurrir; tener lugar' y *estar*, 'encontrarse':

*El desfile será **el domingo por la tarde.***
*Estamos **a 8 de enero.***
(Con complemento de tiempo).

*La charla que das hoy es **en el primer piso.***
*Gran parte de las instituciones europeas están **en Bruselas.***
(Con complemento de lugar).

*La discusión fue **con su compañero de equipo.***
*Está **con nosotros** un exfutbolista del Atlético de Madrid.*
(Con complemento de compañía).

Ejercicio

4. En las siguientes oraciones, indica qué tipo de complemento (de régimen preposicional, de lugar o de tiempo) aparece junto al verbo. En la oración que tiene dos verbos, analiza el complemento del verbo que está en negrita.

> *Cuando éramos jóvenes, nos **reíamos** de todo.*
> *Devuelve a la biblioteca los libros que **están** sobre la mesa.*
> *La policía tuvo que recurrir a la fuerza.*
> *No **se acordaron** de cerrar la puerta.*
> *Nunca me he quejado de mis problemas personales.*
> *Se pasaron el viaje **hablando** de sus hijos.*
> *Siempre nos ha gustado **pasear** de noche.*

3.4 Esquemas transitivos

Frente a los esquemas oracionales intransitivos, los transitivos tienen como núcleo del predicado un **verbo transitivo**. Un verbo transitivo es el que puede construirse con un **objeto directo** (OD). De este modo, un **esquema oracional transitivo** se forma con estos elementos:

Sujeto	Verbo transativo	OD
Esther	*rompió*	*un jarrón chino.*

Objeto directo, pues, es otra de las funciones que pueden darse en una oración. El **objeto directo** suele definirse como el complemento del verbo cuyo referente es la persona, el animal o la cosa que padece la acción expresada por el verbo y realizada por el referente del sujeto. En el ejemplo anterior, el verbo de acción *romper* exige combinarse con un sujeto, *Esther*, cuyo referente es la persona, el agente, que realiza la acción de romper, y con un objeto directo, *un jarrón chino*, que designa la cosa que padece la acción.

Puede ocurrir, sin embargo, que el verbo de un esquema oracional transitivo no exprese acción. En ese caso, el objeto directo no se refiere al paciente de la acción, como en este ejemplo:

Sujeto	Verbo transitivo	OD
Nuestro hijo	*comprendía*	*las explicaciones del guía.*

El verbo *comprender* es transitivo, pero no es un verbo de acción, sino de percepción intelectual, de manera que ni el sujeto (*Nuestro hijo*) es un agente ni el objeto directo (*las explicaciones del guía*) se refiere a un paciente. El sujeto, en este caso, experimenta la percepción intelectual y el objeto directo restringe el ámbito de esta percepción, frente a otras posibilidades: *comprendía las explicaciones ~ las consecuencias ~ las razones ~ las inquietudes . . .* Esto significa que hay que tener en cuenta la clase léxica del verbo para decidir la función semántica que corresponde al objeto directo.

El **objeto directo** puede definirse, de manera general, como la función sintáctica de la palabra o grupo de palabras que contribuye a delimitar o completar el significado del verbo transitivo. La función de objeto directo puede desempeñarla un nombre, un grupo nominal y una cláusula:

Sujeto	Verbo transitivo	OD
Las tres niñas	*vieron*	*a María.*
La gente	*lee*	*mucha novela negra.*
Nosotros	*compramos*	*un sofá de cuero.*
Todos	*recordaban*	*que el equipo llevaba tiempo sin ganar.*

En el primer ejemplo se observa que el nombre en función de objeto directo va precedido por la preposición *a*. En español, a diferencia de otras lenguas, el objeto directo puede requerir esa preposición. Aunque la regla no es aplicable en todos los casos, puede afirmarse, en general, que el objeto directo lleva preposición cuando su referente es animado (como ocurre en el primer ejemplo) y está especificado, como en este otro ejemplo, en el que el referente de *un perro* está especificado por el grupo preposicional *de raza pequeña*:

Sujeto	Verbo transitivo	OD (animado y especificado)
Aquel hombre	*prefirió*	*a un perro de raza pequeña.*

En la siguiente oración, el objeto directo no lleva preposición, aunque designa un ser animado, porque el referente no está identificado para el hablante:

Sujeto	Verbo transitivo	OD (animado, no identificado)
Nosotros	*vimos*	*varias mujeres en bicicleta.*

La presencia o ausencia de la preposición *a* con el objeto directo es más compleja de lo que se deduce de la regla anterior, pues tiene relación con distintos factores:

- Los nombres propios en función de objeto directo llevan preposición:
  - *El Leicester contrató* **a Claudio Ranieri**.
- Hay verbos (*ayudar, servir*) que exigen siempre la preposición, mientras que otros (*haber, tener*) no la llevan nunca:
  - *El Padre Sandro ayudaba* **a los campesinos** / *Tengo* **dos hermanas**.
- La intención comunicativa del hablante puede determinar la presencia o ausencia de la preposición. En *Busca una profesora de baile* / *Busca* **a** *una profesora de baile*, la diferencia está en que, en el primer ejemplo, el hablante se refiere a una mujer cualquiera perteneciente a la clase designada por el nombre *profesora*. En el segundo, el hablante se refiere a una mujer determinada, a una mujer que está especificada e individualizada para él. La intención del hablante es la que influye en la presencia o la ausencia de la preposición.
- En oraciones con objeto directo referido a una persona (con la preposición *a*) y con objeto indirecto (que siempre lleva la preposición *a*), es posible omitir la que precede al objeto directo para evitar la ambigüedad que impediría saber cuál es el objeto directo y cuál el indirecto. De este modo, la siguiente oración ambigua:

Verbo transitivo	¿OD / OI?	¿OD / OI?
Presentó	**a su novio**	**a sus padres**.

Podría quedar aclarada de la siguiente forma:

Verbo transitivo	OD	OI
Presentó	*su novio*	*a sus padres.*
Presentó	*sus padres*	*a su novio.*

Los esquemas oracionales transitivos pueden construirse con un objeto directo más un objeto indirecto. Esta posibilidad permite mostrar ahora las distintas funciones semánticas que, en los esquemas oracionales transitivos, pueden corresponder al objeto indirecto:

- El objeto indirecto designa al destinatario de la acción expresada por el verbo:
  - *Ya he enviado **al Señor Pérez** (OI) el paquete (OD).*
  - *Comuniqué **al paciente** (OI) la fecha (OD) de la cita.*
- El objeto indirecto designa al beneficiado por la acción expresada por el verbo:
  - *Los voluntarios han repartido **a los asistentes** (OI) flores (OD) con los colores de la ciudad.*
- El objeto indirecto designa al perjudicado por la acción expresada por el verbo:
  - *Anularon un gol (OD) **al equipo local** (OI).*
- El objeto indirecto designa el poseedor de la cosa designada por el objeto directo:
  - *Gasol agarró el brazo (OD) **al atacante** (OI).*

Los ejemplos también muestran que el orden de aparición de los dos objetos, el directo y el indirecto, no es fijo, pues en las dos primeras oraciones el objeto indirecto precede al directo y en las dos últimas este va antes que el indirecto.

Otra cuestión que atañe a los esquemas oracionales transitivos se refiere a que el objeto directo puede presentar un complemento predicativo, una palabra o un grupo de palabras cuya función es clasificar el referente del objeto directo, asignarle una propiedad o situarlo en un estado, de manera análoga al complemento predicativo del sujeto:

Sujeto	Verbo transitivo	OD	CP del OD
La mujer	*consideraba*	*a su hijo*	*un artista.*
La policía	*consideraba*	*al sospechoso*	*muy peligroso.*
Yo	*considero*	*la relación*	*rota.*

En el primer ejemplo, el complemento predicativo incluye el referente del objeto directo (*a su hijo*) en una clase, la de los artistas; en el segundo, *peligroso* asigna una propiedad al referente de *al sospechoso*; en el tercero, el complemento predicativo *rota* señala el estado en el que se encuentra el referente de *la relación*. Los tres ejemplos también sirven para mostrar que el complemento predicativo puede ser un grupo nominal, un adjetivo y un participio. Por otra parte, puede comprobarse que el complemento predicativo concierta con el objeto directo en género y número. Y, por último, hay que tener en cuenta que, en algunos casos, el complemento predicativo va introducido por *como*, que se asimila a una preposición y tiene el sentido de 'en calidad de':

Sujeto	Verbo transitivo	OD	CP del OD
El duque	*consideraba*	*a su abuela*	*como una segunda madre.*

Además de *considerar*, se construyen con un complemento predicativo del objeto directo otros verbos como *elegir, encontrar, juzgar, nombrar, tratar* . . . :

Los franceses eligieron a España como el destino preferente.
El director encontraba el proyecto muy atractivo.
Los sindicatos juzgan la reforma incapaz de generar empleo.
El jurado nombró a Vanessa Redgrave actriz del año.
Los padres trataron a la amiga de su hija como una invitada.

Ejercicios

5. En las oraciones siguientes, señala si puede aparecer o no la preposición *a*.

El comisario nombró (. . .) el jefe de la sección.
La mamá encontraba (. . .) la novia de su hijo muy inteligente.
La niña prefería (. . .) un gato de raza siamesa.
Los electores consideraban (. . .) las reformas necesarias.
Los escritores saludaron (. . .) bastantes de sus lectores.
Los guardias trataron (. . .) el inmigrante como un delincuente.
Los muchachos vieron (. . .) varias muchachas en el parque.
Los universitarios eligieron (. . .) el Quijote como su novela favorita.

6. En las oraciones siguientes, señala cuál es el objeto directo y cuál el objeto indirecto.

Concedieron al equipo femenino la medalla de oro.
Durante la lucha, un luchador le bloqueó al otro la pierna.
La muchacha decidió presentar a su novio a sus padres.
Los repartidores entregaron a sus destinatarios todos los paquetes.
Los voluntarios han repartido a los más necesitados toda la comida.
No he podido enviarles un correo electrónico a mis compañeros.
No quiso presentar su nueva amiga a los demás compañeros.

3.5 El enunciado y sus tipos

Cuando un hablante utiliza una oración, dándole una entonación, para realizar algún tipo de acción verbal, el resultado es un **enunciado**. Así, por ejemplo, el nombre propio *Juan* y el verbo *venir*, con la entonación adecuada, pueden usarse para construir oraciones que permiten realizar distintas acciones verbales, como:

- Aseverar: *Juan viene.*
- Preguntar: *¿Juan viene?*
- Ordenar: *Juan, ven.*

En los tres ejemplos anteriores, el mensaje transmitido es el mismo: 'La venida de Juan', lo que cambia es la actitud del hablante ante el mensaje: en un caso afirma, en el otro pregunta y en el tercero ordena. Las distintas actitudes que el hablante puede adoptar ante lo que comunica se denominan **modalidades**. Hay varias modalidades, las principales son: la modalidad enunciativa o asertiva, la interrogativa, la exclamativa, la imperativa y la desiderativa. Cada una de ellas da lugar a un tipo de enunciado:

- Enunciado asertivo: *El paquete ya ha salido de España.*
- Enunciado interrogativo: *¿Cuándo saldrá de España el paquete?*
- Enunciado exclamativo: *¡Ya ha salido de España el paquete!*
- Enunciado imperativo: *Que salga hoy de España el paquete.*
- Enunciado desiderativo: *Ojalá salga hoy de España el paquete.*

3.5.1 Enunciados asertivos

Mediante un **enunciado asertivo** el hablante se compromete con la veracidad de lo expresado, de manera que el enunciado puede calificarse de verdadero o falso, igual que el mensaje transmitido. Con un enunciado asertivo, el emisor realiza el acto de afirmar o negar algo, por lo que los enunciados asertivos se clasifican en afirmativos y negativos.

"Afirmar" es expresar la verdad de algo, de modo que con un **enunciado afirmativo** el hablante indica que es verdadero el suceso transmitido en una oración:

> *Mi padre se enfadó por la pregunta.*

En el enunciado anterior, se presenta como verdadero lo ocurrido: el padre del hablante se ha enfadado por la pregunta que alguien le ha hecho.

Por otro lado, "negar" es expresar la falsedad de algo, así que con un **enunciado negativo** el hablante señala que el suceso sobre el que se informa es falso. Con *Mi padre no se enfadó por la pregunta*, se indica que la información transmitida sobre el enfado del padre del hablante no se ajusta a la realidad.

Los enunciados afirmativos no llevan ninguna marca específica. Por el contrario, para realizar el acto de negar, el enunciado debe llevar alguna palabra que marque su pertenencia a los enunciados negativos. La palabra comúnmente usada es el adverbio de negación *no*, aunque también se utilizan otras, como los adverbios *nunca* y *jamás*, el determinante *ninguno* o los pronombres *nadie* y *nada*. Con todas estas palabras se forman enunciados asertivos negativos:

> *No llamó a la psicóloga.*
> *Nunca salía a recibirnos.*
> *Jamás había probado el vino.*
> *Ninguna niña estaba dispuesta a ocuparse del perro.*
> *Nadie tenía intención de marcharse.*
> *Nada lo separaba de mí.*

3.5.2 Enunciados interrogativos

Los **enunciados interrogativos** le permiten al hablante realizar la acción de preguntar; esto es, de solicitar una información que desconoce. En los enunciados con modalidad interrogativa, el hablante no se compromete con la veracidad de lo que expresa, de manera que los enunciados interrogativos no son verdaderos ni falsos. Por otra parte, se clasifican en enunciados interrogativos totales, alternativos y parciales.

Los **enunciados interrogativos totales** son los que necesitan una respuesta afirmativa o negativa. El receptor de un enunciado interrogativo total deber responder con un *sí* o un *no*; es decir, debe dar una respuesta afirmativa o negativa:

—*¿Te aburres todo el verano sin ir a la playa?* —*Sí* / —*No.*
—*¿Estabas acostado?* —*Sí* / —*No.*

En cambio, en los **interrogativos alternativos,** las opciones que se presentan al oyente, como alternativas, son dos o más de dos, y se pide una decisión sobre estas posibilidades:

¿Vendrá al aeropuerto a recogerme mamá o papá?
¿Vamos al cine, al teatro o al restaurante?

Son **enunciados interrogativos parciales** aquellos en los que se pide información sobre algún elemento, como en los siguientes:

- Se pide información sobre la identidad del referente del sujeto: *¿Quién quiere unos huevos fritos?*
- Se solicita información sobre el referente del objeto directo: *¿Qué le has dicho?*
- Se pregunta sobre el lugar en el que se localiza el referente del sujeto: *¿Dónde está el libro?*

Las características más destacadas de los enunciados interrogativos son las siguientes:

- Una entonación particular: ascendente en los enunciados interrogativos totales; descendente en los enunciados interrogativos parciales, aunque se pronuncia con énfasis, con fuerza, el primer elemento del enunciado; y una entonación ascendente en las distintas partes de los enunciados interrogativos alternativos, excepto la parte final, que tiene una entonación descendente.
- Los signos de interrogación (¿?) en la escritura, que se utilizan para marcar el inicio y el final del enunciado interrogativo. Existe un signo de apertura del enunciado (¿) y un signo de cierre (?), y deben utilizarse obligatoriamente al comienzo y al final del enunciado (§ 13.3.2.).
- La presencia de palabras interrogativas en los enunciados interrogativos parciales: *qué, quién, dónde, cuándo,* entre otras.
- La tendencia a colocar la palabra interrogativa al principio del enunciado y el sujeto después del verbo: *¿Qué querrá pedirme esta muchacha?*

3.5.3 Enunciados exclamativos

El hablante utiliza los **enunciados exclamativos** para realizar dos acciones: expresar sus emociones ante una situación y realizar una propiedad de una persona, una cosa o una situación:

¡Ya he encontrado las llaves!
(Expresa la alegría del hablante por haber hallado un objeto perdido).

¡Qué inocentes son los niños!
(Realza la propiedad de la inocencia en el referente del sujeto (*los niños*).

Los enunciados exclamativos pueden ser también totales y parciales. Los **exclamativos totales** no contienen palabras exclamativas, como el primero de los ejemplos anteriores, o como *¡Me vas a volver loca!*, utilizado, por ejemplo, por una madre para expresar lo cansada que está del mal comportamiento de su hijo. Por su parte, los **exclamativos parciales** contienen una palabra exclamativa, como la del segundo ejemplo anterior (*Qué*) o como esta otra: *¡**Cómo** me gusta esta serie!*, enunciado exclamativo utilizado para realzar el agrado que produce una serie de televisión. Asimismo, los enunciados exclamativos pueden estar formados por una clase específica de palabras llamadas **interjecciones** (por ejemplo, *¡eh!*, *¡uf!* *¡vaya!*).

Los enunciados exclamativos también tienen una entonación característica. En el ejemplo *¡Cómo me gusta esta serie!*, el tono de voz se eleva al pronunciar *Cómo* hasta llegar a un nivel alto. A partir de ahí, el tono de las sílabas siguientes desciende progresivamente hasta acabar en un tono bajo. En la escritura, la entonación específica de los enunciados exclamativos se representa mediante los signos de exclamación (¡!), que se colocan al principio (¡) y al final (!) del enunciado (§ 13.3.2.).

3.5.4 Enunciados imperativos

Mediante los **enunciados imperativos** el hablante intenta influir sobre el oyente, de manera que actúe en determinado sentido. De este modo, con los enunciados imperativos el hablante puede realizar, entre otras, las acciones de:

- Ordenar: *Márchate inmediatamente.*
- Pedir: *Dame las tijeras, por favor.*
- Aconsejar: *Haz ejercicio.*
- Advertir: *Evite las comidas muy grasas.*
- Prohibir: *No matarás.*

Las características más destacadas de los enunciados imperativos son las siguientes:

- Utilizar preferentemente, pero no de manera exclusiva, el modo verbal imperativo: *Quita esos libros de la mesa.*
- Construirse habitualmente sin la presencia del sujeto, porque el hablante se dirige al oyente, la 2.ª persona: *Entrega (tú) el pedido.*
- Incluir en ocasiones una palabra cuya función sintáctica es la de vocativo. El **vocativo** es la función desempeñada por la palabra que se emplea para dirigirse a una persona y que aparece separada del resto del enunciado por una breve pausa, representada en la escritura por una coma: ***Manolito,** vete a clase.*
- Construirse en el modo subjuntivo, no en el imperativo, si el enunciado es negativo: *No hables con la boca llena.*
- Construirse en 3.ª persona del singular del presente de subjuntivo si el hablante se dirige al oyente de manera cortés: *Estacione en la zona indicada.*

3.5.5 Enunciados desiderativos

Con este tipo de enunciado, el hablante realiza la acción de expresar el deseo de que algo suceda: *Ojalá les guste este libro.* Estos enunciados se caracterizan por:

- Ir encabezados frecuentemente por la interjección *ojalá*, que sirve para expresar deseo (**Ojalá** *tengas mucha suerte*) o por la conjunción *que* (**Que** *todo vaya bien*); y, en ocasiones, incluso por estas dos palabras (**Ojalá que** *todos los hoteles fueran como este*).
- Llevar el verbo en subjuntivo: *Ojalá ese coche **sea** rápido.*
- Tener la entonación de los enunciados exclamativos.
- Representar la entonación en la escritura con los mismos signos (¡!), que, sin embargo, no son obligatorios en este tipo de enunciado.

Ejercicios

7. Transforma los siguientes enunciados en negativos.

> *Deme las tijeras.*
> *Se asustó y llamó a la policía.*
> *Siempre he probado el mejor champán de esta bodega.*
> *Siempre viene a recogerme a la salida del trabajo.*
> *Todo indicaba que me quedaría solo.*
> *Todos los niños querían apuntarse a la excursión.*
> *Todos tenían la intención de repetir el postre.*
> *Ven ahora.*

8. Anota tres características destacadas de los enunciados interrogativos, con ejemplos que las ilustren.

> a) . . . .
> Ejemplo:
> b) . . . .
> Ejemplo:
> c) . . . .
> Ejemplo:

3.6 Esquemas oracionales y puntuación

A continuación, se anticipan algunas recomendaciones relativas a la puntuación en los esquemas oracionales (§ 13.3.)

- La coma se usa para marcar la omisión de un verbo en un esquema oracional que forma parte de una oración compuesta:

  ○ —*¿Cómo están tus padres?* —*Mi padre está bien y mi madre,* **(está)** *como siempre, con muchos achaques.*   .

- La coma se utiliza para separar la palabra que desempeña la función de vocativo del resto del esquema oracional. El vocativo puede aparecer al inicio del esquema o estar incluido entre los elementos que lo forman:

  ○ **Juan,** *te he enviado un correo electrónico.*
  ○ *¿Has leído,* **Juan,** *el correo electrónico?*

- Entre el sujeto y el verbo no se usa coma:

  ○ *Los protagonistas de la película han agradecido las muestras de cariño recibidas,* no **Los protagonistas de la película, han agradecido las muestras de cariño recibidas.*

- Entre el verbo y el objeto directo o el indirecto no se usa coma:

  ○ *Me gasté casi 100 euros en el regalo,* no **Me gasté, casi 100 euros en el regalo.*
  ○ *Pedimos al dependiente del establecimiento que nos atendiera,* no **Pedimos, al dependiente del establecimiento que nos atendiera.*

Cuestiones para reflexionar y debatir

1. El español dispone de dos modos diferentes de hablar del sujeto: una con *ser* y la otra con *estar*. La primera para asignar una propiedad al referente de un sujeto de manera absoluta, la segunda para señalar un estado en el que aquel se encuentra. Sin embargo, hay usos en los que esta distinción no está tan clara. ¿Resultan adecuados los ejemplos siguientes? ¿Qué dificultades presentan para su explicación?

   > *Tu mamá está muy joven.*
   > *El jugador no estaba consciente de la gravedad de su fallo.*
   > *Esta casa está húmeda porque se filtra el agua.*
   > *Mi abuela no es gorda ni delgada: está bien.*

2. Los signos de apertura de interrogación y exclamación son de uso obligado en español. Sin embargo, el manejo de dispositivos electrónicos parece favorecer el uso exclusivo de los signos de cierre. ¿Sería conveniente prescindir de los signos de apertura en la escritura?

Actividades de clase

1. Escoge un artículo de un periódico y subraya, con diferente color, las oraciones construidas con esquemas copulativos, transitivos e intransitivos. Entrega la tarea a otra persona de tu curso para que la revise. Haz lo mismo con la suya.

2. Por parejas, lean atentamente estas oraciones y expliquen por qué puede o no puede aparecer la preposición *a* detrás del verbo.

   > *El defensa golpeó la pierna al atacante.*
   > *El público saludó a Rafael Nadal.*
   > *Los anfitriones ofrecieron vino a los asistentes.*
   > *Los voluntarios ayudaban a los obreros.*
   > *Mandó el correo al destinatario equivocado.*
   > *Prefiero las profesoras a los profesores.*
   > *Presentó a su nuevo empleado a los directores.*

NOTAS

1. En el español de América y de algunas áreas de España (parte de Andalucía, Canarias) se utiliza el pronombre *ustedes* para la segunda persona del plural.
2. En español, por cortesía, el pronombre *yo* siempre aparece en último lugar.
3. En estos ejemplos, también puede usarse el verbo en tercera persona, dado que el sujeto equivaldría a "ustedes": **Tú y tu vecino cortaron** *la carretera en señal de protesta ~ **Tú y él están** equivocados*. Esto ocurre en las variedades que no utilizan "vosotros".
4. La distinción entre *ser* y *estar* es todavía un problema teórico de la gramática del que aquí no se ofrece la solución, sino unas sencillas orientaciones de uso.
5. La palabra *rock* extranjerismo; es decir, un préstamo no adaptado a la grafía del español. Los extranjerismos se escriben en letra cursiva, pero cuando aparecen en un texto escrito en cursiva, se utiliza la letra redonda para resaltarlos.
6. Estos verbos de cambio pueden diferenciarse teniendo en cuenta que *hacerse* significa 'llegar a ser'; *ponerse* quiere decir 'llegar a estar'; y *volverse* expresa 'dejar de ser o estar como uno era o estaba y ser o estar de otro modo'. Así, mediante *Se hizo rico en Las Vegas* se expresa que una persona que no era rica llegó a serlo; en *Me puse nervioso viendo la película* el hablante indica que no estaba nervioso, pero llegó a estar nervioso viendo la película; y en *Se volvió loco al ver a su novia con otro* se expresa que un hombre deja de estar cuerdo y está loco desde que ve a su novia con otro hombre.

Capítulo 4

Gramática de los predicados

Resumen

Este capítulo presenta una introducción básica a los valores de las distintas formas del verbo, clase de las palabras que funcionan como predicado en la oración. Se presentan las nociones de tiempo, aspecto y modo, y se caracterizan las formas verbales. Se estudian también las formas no personales del verbo y las perífrasis verbales. Los apartados que componen el capítulo son los siguientes:

Tiempo y aspecto
Tiempos verbales
Los modos verbales
Los tiempos verbales del modo subjuntivo
Las formas no personales del verbo
Las perífrasis verbales

La lectura y compresión de este capítulo permitirán:

- Conocer las nociones de tiempo y aspecto.
- Conocer los tiempos verbales y sus valores básicos.
- Conocer la noción de modo y los tres modos del español.
- Distinguir entre las formas verbales del indicativo y del subjuntivo.
- Conocer los valores básicos del infinitivo, el gerundio y el participio.
- Conocer el concepto de perífrasis.
- Reconocer los tipos de perífrasis.

4.1 Tiempo y aspecto

Las formas del verbo expresan **tiempo**. Concretamente, las formas del verbo informan sobre la localización del suceso expresado por la oración en relación con el momento en el que se habla. Así, según la forma verbal que se utiliza, se indica que el suceso comunicado en las siguientes oraciones es anterior, posterior o simultáneo al momento del habla:

- Anterior: *Desde la terraza del hotel* **vi** *toda la ciudad.*
- Posterior: *Desde la terraza del hotel* **veré** *toda la ciudad.*
- Simultáneo: *Desde la terraza del hotel* **veo** *toda la ciudad.*

La forma de presente (*veo*) expresa la coincidencia del suceso con el momento del habla. El pretérito (*vi*) localiza el suceso en un punto del tiempo anterior al momento del habla.

El futuro (*veré*) sitúa el suceso en un punto temporal posterior al momento del habla. Estos tres tiempos están orientados a partir del momento del habla, son tiempos absolutos, no se relacionan con ningún otro tiempo. Por el contrario, los tiempos relativos se orientan en relación con otro tiempo; en esta oración *Una mujer devuelve 2000 dólares que había encontrado en la calle*, el hecho de encontrar 2000 dólares es anterior al hecho de devolverlos, como se muestra en la siguiente representación, donde '<' indica anterioridad:

había encontrado < devuelve.

Por eso la localización temporal del primer hecho (*había encontrado*) se establece tomando como referencia el segundo (*devuelve*), de manera que *había encontrado* es un tiempo relativo y *devuelve* un tiempo absoluto, un presente.[1]

Además de expresar tiempo, las formas del verbo expresan **aspecto**. El aspecto de las formas verbales informa sobre la manera de percibir un mismo suceso; así, en los siguientes enunciados el hecho de que el profesor almuerce es presentado por el hablante:

- como habitual: *El profesor **almuerza** a las 13 h y en este momento no puede atenderte.*
- en su curso o evolución: *El profesor **está almorzando** y no puede atenderte.*
- en su desarrollo, sin referirse al inicio ni al fin: *El profesor **almorzaba** cuando pregunté si podía atenderme.*
- como terminado: *El profesor **ha almorzado** y ya puede atenderte.*

Los ejemplos anteriores muestran que el aspecto verbal varía según la forma verbal empleada:

- forma simple (*almuerza*) / forma compuesta (*ha almorzado*),
- forma perfectiva (*ha almorzado*) / forma imperfectiva (*almorzaba*),
- forma perifrástica (*está almorzando*) / forma no perifrástica (*almuerza*).

En los siguientes apartados vas a estudiar las formas verbales, dicho de otro modo, los tiempos verbales del español.

4.2 Tiempos verbales

Como todas las unidades lingüísticas, los tiempos verbales tienen una forma y una función. Las formas de la conjugación verbal se estudian en el capítulo 11, mientras que en este se trata la función que cumplen los tiempos verbales de proporcionar informaciones sobre el tiempo, el aspecto y el modo.

4.2.1 El presente (*canto*)

El presente expresa la coincidencia del suceso comunicado por la oración con el momento en el que se habla. Esta coincidencia puede darse de manera puntual, para una sola ocasión, o puede extenderse en su duración. Además, el presente puede utilizarse también con el valor de otros tiempos, concretamente con valor de pretérito y de futuro. Según el contexto en el que aparezca el presente; es decir, según las palabras que lo rodeen y según la situación en la que se emite el enunciado, el presente tiene uno u otro valor. A continuación, se explican los principales valores de este tiempo:

- Presente puntual, característico de los sucesos que se presencian y ocurren al mismo tiempo que son comunicados: *El abogado* **sale** *de la casa de la acusada con una bolsa llena de papeles*. El enunciado anterior puede haber sido emitido a través de un transmisor por un detective que realiza labores de vigilancia.

- Presente continuo o durativo, correspondiente a los sucesos que coinciden con el momento del habla durante una extensión o un intervalo de tiempo indeterminado: *Elvira* **vive** *con una familia de Buenos Aires tras el incendio de su casa*. El intervalo de tiempo que expresa *vive* no es puntual, no es momentáneo, es más o menos amplio.

- Presente habitual, el que describe sucesos repetidos con alguna regularidad: **Tomo** *diariamente leche, jugos y yogur*. La aparición del adverbio *diariamente*, que significa 'cada día', indica que la acción de tomar los alimentos mencionados se repite regularmente.

- Presente gnómico, usado para enunciar verdades universales y válidas en cualquier tiempo: *El Sol* **es** *el centro de nuestro sistema planetario*. El hecho expresado no es cierto solo en el momento en el que se habla, sino que es cierto siempre. El presente gnómico es característico también de los refranes: *Quien a buen árbol* **se arrima**, *buena sombra le* **cobija**.[2]

- Presente histórico, en ejemplos como *Marie Curie* **descubre** *el radio en 1898*. Traslada el punto del habla a un momento del pasado y es característico de las biografías y de las descripciones históricas.

- Presente narrativo, recurso propio de las narraciones, describe hechos pasados que el hablante quiere mostrar como si fueran actuales: *Ayer* **va** *mi hermano a un banco y no* **puede** *sacar dinero*. Aunque las formas verbales *va* y *puede* están en presente, tienen valor de pretérito (*fue* y *pudo*); la presencia el adverbio *ayer* facilita asignarles este valor.

- Presente con valor de futuro, caracterizado por referirse a momentos posteriores al momento del habla: *El próximo mes* **viajo** *a Nueva York, ciudad famosa por su Quinta Avenida*. El presente con valor de futuro necesita alguna palabra que permita situar el suceso expresado en un momento posterior de la línea del tiempo; en el enunciado anterior la palabra *próximo* ayuda a situar la acción de viajar en un tiempo posterior al momento en el que se habla.

Ejercicio

1. Identifica el valor con el que se utiliza el presente en las oraciones siguientes:

   Después del divorcio, Marisa vive con su hermana en la casa familiar.
   Aquel día Jorge pasa toda la tarde frente a la ventana del salón.
   Mi sobrina trabaja en un centro comercial desde hace dos años.
   Los colores primarios son el rojo, el verde y el azul.
   En estos momentos los rebeldes liberan a setenta soldados retenidos.
   Todos los días de la semana va al gimnasio después del trabajo.
   Los presupuestos del estado no se aprueban hasta el mes siguiente.
   El agua hierve a 100 grados centígrados a presión atmosférica.
   Los Países Aliados y Alemania firman el Tratado de Versalles en 1919 y ponen fin a la Primera Guerra Mundial.
   Por recomendación médica bebe tres litros de agua cada día.

4.2.2 El pretérito perfecto compuesto (*he cantado*)

El valor fundamental de este tiempo es el de expresar un suceso pretérito, pasado, que tiene lugar en un intervalo de tiempo que se inicia, lógicamente, en el pasado, pero se prolonga hasta el momento del habla. En el enunciado *El club siempre **ha buscado** a los mejores jugadores del mundo*, la acción de buscar, aunque comienza en un tiempo anterior al momento del habla, sigue ocurriendo en el momento de la emisión del enunciado.

Los valores de este tiempo varían según la zona geográfica del español. No obstante, hay determinados valores compartidos por todas las áreas geográficas y algunos otros que se dan en gran parte de España y en varias áreas de América. Algunos de estos valores son:

- Pretérito perfecto compuesto continuo. Este valor es común a todas las áreas del español y corresponde al uso de este tiempo para expresar un suceso que no cesa en el presente. Cuando el hablante dice **He sufrido** *insomnio durante muchos años*, está indicando que sigue sufriendo insomnio en el momento en el que habla.

- Pretérito perfecto compuesto de sucesos recientes.[3] Los sucesos expresados mediante esta forma verbal se enmarcan en un tiempo que comprende también el momento del habla. El periodo temporal al que corresponde el momento del habla es el día de hoy, la semana actual, el mes actual, el año actual, etc., por eso los sucesos son percibidos por el hablante como recientes. Se dice *Este año **he visitado** la capital de Perú*, aunque la visita haya tenido lugar en enero, por ejemplo, y el hablante emita el enunciado en noviembre del mismo año.

- Pretérito perfecto compuesto con valor de pretérito perfecto simple.[4] Corresponde a ejemplos como *Hace dos años ha llegado la luz a escuelas rurales*, en el que *ha llegado* debe entenderse en el sentido de *llegó*, el pretérito perfecto simple.

4.2.3 El pretérito perfecto simple (*canté*)

Este tiempo localiza un suceso en un punto de la línea temporal anterior al momento del habla y lo presenta como ya acabado: *Trabajé de fotógrafo para pagar las clases de guitarra, **Llegaron** a las dos y media de la madrugada, El verano pasado **estuvimos** en Cancún*. Las acciones descritas con *Trabajé* y *Llegaron*, y el estado expresado con *estuvimos* están situados antes del momento en el que se habla, por lo que hay que entenderlos como acabados: el hablante no trabaja como fotógrafo en el momento de emitir el enunciado, la llegada se produjo exactamente a esa hora de la madrugada y la estancia en Cancún ya finalizó.

El pretérito perfecto simple y el pretérito perfecto compuesto coinciden en que ambos se refieren a un suceso anterior o pretérito. La diferencia entre ambos estriba en que los sucesos expresados en pretérito perfecto compuesto se incluyen en un periodo de tiempo que se prolonga hasta el momento del habla, mientras que los hechos a los que se refiere el pretérito perfecto simple han ocurrido y han acabado en un periodo de tiempo que no abarca el momento del habla: **Ha dirigido** *una película de guerra* / **Dirigió** *una película de guerra*. En la primera oración, *Ha dirigido* se refiere a una acción ocurrida en algún momento de un intervalo de tiempo que se inicia en el pasado e incluye el momento en el que el hablante la emite. En la segunda oración, la acción expresada por *Dirigió* ha ocurrido en un intervalo de tiempo que está localizado completamente en el pasado.

El punto de vista del hablante, la manera en la que quiere referirse a los sucesos expresados, determina el uso de uno u otro tiempo. Por eso el pretérito perfecto simple expresa también el valor atribuido al pretérito perfecto compuesto, de manera que, aunque el suceso

expresado se prolonga hasta el momento del habla, es muy común decir: *Esta mañana desa-*
yuné un zumo de naranja y una tostada con mantequilla y mermelada de higo, en vez de *Esta*
mañana he desayunado un zumo de naranja y una tostada con mantequilla y mermelada de higo.[5]

Ejercicio

2. Identifica el valor con el que se utilizan el pretérito perfecto compuesto y el pretérito
   perfecto simple en las oraciones siguientes:

   > *Este año ha llovido bastante menos que el anterior.*
   > *Ayer cenamos estupendamente en el restaurante de mi cuñado.*
   > *Esta semana telefoneé a Carolina para contarle la noticia.*
   > *He tenido mucha suerte en la entrevista.*
   > *He esperado esta oportunidad durante muchísimo tiempo.*
   > *Mi padre ha vendido el coche el martes pasado.*
   > *Hace unas semanas ha empezado el curso de cocina en el instituto.*
   > *El verano pasado estuvimos en Bogotá por vacaciones.*
   > *Ha trabajado en la misma empresa durante más de quince años.*
   > *El año pasado cerraron el laboratorio por falta de fondos.*

4.2.4 El pretérito imperfecto (*cantaba*)

Este tiempo presenta un suceso en un momento anterior al momento del habla, rasgo por
el que coincide con el pretérito perfecto simple. La diferencia entre los dos tiempos está
en que el pretérito imperfecto localiza el suceso en su desarrollo interno sin referirse a su
comienzo ni a su final; expresa, por tanto, aspecto imperfectivo: *Faulkner leía el* Quijote *todos*
los años / *Yo leí el* Quijote *de joven*. En la primera oración, el hablante no indica nada sobre el
inicio ni el fin de la acción de leer, que, además, se presenta como habitual por la aparición
del complemento de tiempo *todos los años*. Por el contrario, en la segunda oración, el uso
del pretérito perfecto simple *leí* indica que la acción realizada por el hablante es anterior al
momento del habla y, además, ha sido completada, acabada.

El valor que tiene el pretérito imperfecto favorece su uso en descripciones de personas,
objetos y lugares, por ejemplo. Así ocurre con los imperfectos del siguiente fragmento frente
al pretérito perfecto simple del último enunciado:

> *Solimán* **era** *un hombre alto, esbelto y pálido.* **Usaba** *un voluminoso turbante blanco y* **vestía**
> *amplias ropas brillantes.* **Era** *piadoso, serio. Al frente de sus ejércitos* **llevó a cabo** *13 victo-*
> *riosas campañas.*

Además de los valores descriptivo y habitual, el pretérito imperfecto tiene otros que lo
relacionan con distintos tiempos verbales:

- Imperfecto lúdico, característico de la lengua de los niños cuando juegan a imaginar
  distintas situaciones:

  o —*Vamos a jugar a papás y a mamás.* —*Vale, tú* **eras** *médico y yo abogada, y me* **querías** *mucho.*

  El presente *vamos a jugar* localiza un marco temporal que coincide con el momento del
  habla y del que se alejan las situaciones evocadas mediante los imperfectos *eras* y *querías*
  por ser irreales.

- Imperfecto de cortesía, utilizado por hablantes que están solicitando algo, de manera cortés, en el momento del habla, por lo que debe interpretarse como un presente:

  ○ —¿De qué **quería** (quiere) usted hablarme? —**Quería** (quiero) hablarle de Julia y de mí.

- Imperfecto narrativo, propio de la lengua literaria o periodística y caracterizado por expresar sucesos pasados y completados, por lo que puede sustituirse por el pretérito perfecto simple:

  ○ El diseñador David Delfín **fallecía** (falleció) en Madrid el pasado 4 de junio, a la edad de 46 años, tras luchar durante más de un año contra un cáncer.

Ejercicio

3. Identifica el valor con el que se utiliza el pretérito imperfecto en las oraciones siguientes:

   El terrorista salía de prisión tras trece años de condena.
   Era una ciudad sucia y no tenía ningún atractivo.
   Disculpe, quería saber el precio de este abrigo, es precioso.
   De pequeña iba a ver los partidos del Valencia con mi padre.
   El mar estaba tranquilo y el agua era cristalina.
   Cada día, después de diez horas de intenso trabajo, llegaba a casa cansadísima.
   Rubén era un chico encantador, sencillo e inteligente.
   —¿Jugamos a ser princesas de Disney. —Vale, yo era Blancanieves y tú, Cenicienta.
   Quería devolver este par de zapatos, me están grandes.
   Finalmente, la ONU aprobaba el acuerdo.

4.2.5 El futuro simple (*cantaré*)

Con este tiempo se expresa un suceso situado en un momento posterior al momento del habla: *En julio y agosto* **cambiaremos** *de empresa y* **trabajaremos** *de 8 a 15 h.* Por otra parte, con el futuro imperfecto se construyen enunciados que expresan:

- Órdenes: **Honrarás** a tu padre y a tu madre.
- Advertencias: *Si te caes, te* **harás** daño.
- Amenazas: *Cállate o te* **romperé** la cara.
- Conjeturas o suposiciones: **Será** ya hora de irse a casa.

Ejercicio

4. Identifica el valor con el que se utiliza el futuro simple en las oraciones siguientes:

   Si llegas más tarde de las once, encontrarás la puerta cerrada.
   Tendrá un par de años más que tú.
   Te sentarás a mi lado y no te moverás en toda la tarde.
   Viajaremos en clase turista a pesar de los inconvenientes.
   Si no te acuestas más temprano, te levantarás muy cansada.
   Pídeme perdón o te arrepentirás toda la vida.
   Comeremos en el mejor restaurante de la capital.
   O pagáis el alquiler u os echaré del piso.
   Serán más de las nueve, ya está oscureciendo.
   Le pedirás disculpas inmediatamente.
   El mes que viene celebraremos nuestro primer aniversario de boda.

4.2.6 El condicional simple (*cantaría*)

La forma verbal del condicional simple localiza un suceso en una situación no actual que puede ser pretérita o hipotética, es decir, posible. En el enunciado *Le comunicó que **llegaría** al trabajo a media mañana porque le habían robado el automóvil*, la acción de llegar es posterior a la de comunicar, que es pretérita, de manera que el condicional simple expresa un futuro del pasado. Por su parte, en *Yo **iría** inmediatamente a comisaría a poner una denuncia*, la acción de ir se presenta como un hecho posible, como una suposición que podría llegar a realizarse, lo que le proporciona al condicional simple el carácter de no actual.

Este tiempo puede expresar otros valores:

- Condicional de atenuación, cuando equivale al presente en contextos que denotan alejamiento o distanciamiento, como ocurre con este consejo para envejecer mejor: ***Sería*** *(Es) conveniente salir a tomar el sol durante al menos 15–20 minutos al día*, o con esta sugerencia hecha a posibles clientes por el huésped de un hotel: *Los días en que se realizan excursiones **sería** (es) conveniente salir desayunados*.
- Condicional de cortesía. Cuando el presente puede resultar demasiado descortés, se evita utilizando el imperfecto o el condicional simple: ***Desearía*** *ver la carta con precios incluidos* ~ ***Deseaba*** *ver la carta con precios incluidos* ~ ***Deseo*** *ver la carta con precios incluidos*.
- Condicional de conjetura, valor análogo al futuro imperfecto que expresa conjeturas o suposiciones. La diferencia entre ambos consiste en que el condicional simple se refiere al pasado y el futuro imperfecto, al presente:
  - *Roma **tendría** en esa época un millón de habitantes* ~ *Roma probablemente **tenía** en esa época un millón de habitantes*.
  - *En California, si no hablan inglés, **hablarán** en español* ~ *En California, si no hablan inglés, probablemente **hablan** en español*.

Ejercicio

5. Identifica el valor con el que se utiliza el condicional simple en las oraciones siguientes:

   > *Seguramente las calles estarían llenas de gente aquellos días de fiesta.*
   > *Querría solicitar información sobre los viajes organizados.*
   > *Me avisó de que se retrasaría unos minutos.*
   > *¿Tú los invitarías a la boda?*
   > *Buscarían un albergue porque los hoteles no tendrían capacidad suficiente para tantos turistas.*
   > *Le sugeriría que practicara deporte más a menudo.*
   > *¿Sería tan amable de indicarme dónde está la salida?*
   > *Comentaban que el jefe vendría a visitarnos por la tarde.*
   > *Yo iniciaría una huelga indefinida a partir de septiembre.*
   > *Sería conveniente reducir el número de alumnos por clase.*

4.2.7 El pretérito pluscuamperfecto (*había cantado*), el futuro compuesto (*habré cantado*) y el condicional compuesto (*habría cantado*)[6]

Estos tres tiempos son relativos, es decir, se orientan en relación con otro tiempo:

- El pretérito pluscuamperfecto designa un suceso pasado y concluido, anterior a otro momento igualmente pasado, el pretérito perfecto simple en el enunciado *Me desperté* *porque el camión **se había parado**.* La ordenación temporal de los sucesos puede representarse del siguiente modo, donde '<' indica anterioridad:

○ *se paró el camión < me desperté* < momento del habla.

- El futuro perfecto expresa un suceso futuro anterior a otro suceso también futuro, es decir, posterior al momento del habla: *Cuando cierren el local, ya **se habrá ido** todo el mundo.* La ordenación cronológica de los sucesos puede representarse del siguiente modo, donde '>' indica posterioridad:

○ momento del habla > *se irá todo el mundo* > *cerrarán el local*.

- El condicional compuesto indica un suceso posterior a un suceso anterior al momento del habla, pero anterior a otro suceso del que depende: *Nos aseguraron que, cuando cerraran el local, ya **se habría ido** todo el mundo.* La complejidad de los momentos temporales de este enunciado puede representarse así:

○ *hecho de irse todo el mundo > hecho de asegurar; hecho de asegurar < momento del habla; hecho de irse todo el mundo < cierre del local.*

De lo explicado en este apartado sobre los tiempos verbales se deduce que, para interpretar su valor, es fundamental percibir la intención del hablante, que puede adoptar diferentes perspectivas para localizar cronológicamente un suceso, de ahí que un mismo tiempo verbal tenga diferentes valores y distintos tiempos verbales sirvan para la misma localización temporal de un suceso:

- Perspectiva simultánea al momento del habla: *Yo **toco** la guitarra y él, el saxofón.*
- Perspectiva anterior al momento del habla: *Ayer **toco** la guitarra en mi primer concierto y obtengo un gran éxito.*
- Perspectiva posterior al momento del habla: *Mañana **toco** la guitarra en un concierto.*
- Perspectiva que abarca el momento del habla: *Esta mañana **toqué** la guitarra en el conservatorio.*
- Perspectiva que no abarca el momento del habla: ***Toqué** la guitarra durante cuatro o cinco años.*
- Perspectiva simultánea al momento del habla: ***Quiero** desayuno incluido.*
- Perspectiva simultánea al momento del habla (con valor de cortesía): ***Quería** desayuno incluido.*
- Perspectiva simultánea al momento del habla (con valor de cortesía): ***Querría** desayuno incluido.*

4.3 Los modos verbales

Además de expresar tiempo y aspecto, las formas verbales del español expresan **modo**. El modo verbal informa sobre la actitud del hablante ante lo que dice, sobre el punto de vista del hablante en relación con el contenido que describe. En general, el hablante presenta los sucesos comunicados como conocidos, imaginados, ciertos, deseados, negados, afirmados, etc. El modo del verbo (en general, del predicado) es una de las maneras de presentar los sucesos. Así, por ejemplo, en los siguientes enunciados se informa sobre el mismo suceso desde diferentes actitudes que el hablante puede adoptar, lo que se manifiesta en el uso de formas verbales pertenecientes a distintos modos:

- Suceso afirmado – modo indicativo: ***Llegaste** a tiempo para despedirte de tus abuelos.*
- Suceso deseado – modo subjuntivo: *Ojalá **llegues** a tiempo para despedirte de tus abuelos.*

- Suceso imaginado – modo subjuntivo: *Si **llegaras** a tiempo, te despedirías de tus abuelos.*
- Suceso ordenado – modo imperativo: ***Llega** a tiempo para despedirte de tus abuelos.*

La conjugación verbal del español dispone de tres modos: indicativo, subjuntivo e imperativo (§ 11.3.). Resulta complejo establecer caracterizaciones del indicativo y del subjuntivo que sean realmente útiles para los estudiantes que inician el aprendizaje del español, porque el uso de uno y otro modo está relacionado con factores de distintos tipos, como los siguientes:

- Las características semánticas de los verbos de los que depende una oración subordinada. Por ejemplo, *desear* o *esperar* exigen el modo subjuntivo en la oración subordinada que depende de ellos: *Deseo que **se encuentre** bien* ~ *Espero que **se encuentre** bien*. No ocurre lo mismo con la oración subordinada a los verbos *creer* o *pensar*, en este caso el modo es el indicativo: *Creo que **se encuentra** bien* ~ *Pienso que **se encuentra** bien*.
- La aparición o no aparición del adverbio de negación *no*: ***No** veo que **vaya a ser*** (subjuntivo) *el último Mundial de Messi* / *Veo que **va a ser*** (indicativo) *el último Mundial de Messi.*
- La presencia de un adjetivo superlativo: *Es **la mejor** profesora de piano que **puedes*** (indicativo) *encontrar* / *Es **la mejor** profesora de piano que **puedas*** (subjuntivo) *encontrar*. El modo indicativo describe una realidad. El subjuntivo enfatiza la afirmación indicando que, de todo el conjunto de profesores, la profesora es la mejor que el oyente encontrará.
- El tipo de oraciones. Por ejemplo, las coordinadas adversativas llevan indicativo: *Emily Browning iba a ser Bella, pero no aceptó el papel*, mientras que las subordinadas sustantivas en función de sujeto van en subjuntivo: *Que **siga** la próxima temporada en el club es una decisión suya.*

Aunque al tratar distintas clases de oraciones se hará referencia al modo verbal con el que se construyen, hay que tener en cuenta estas características que suelen indicarse de los tres modos.

El indicativo, generalmente:

- Es el modo de las oraciones no subordinadas: ***Procuramos** salir por acá por el barrio y no **usamos** el auto para nada.*
- Es el modo que tiene más tiempos verbales.
- Es el modo más empleado.
- Se utiliza para indicar hechos: *El domingo **tuve** un poco de fiebre.*

El subjuntivo:

- Se relaciona con el mundo mental del hablante, por eso informa sobre la manera que este tiene de vivir los hechos: *Ojalá **vengas** también el año que viene*, es un enunciado en el que el hablante expone un deseo.
- Puede ser el modo de las oraciones subordinadas (§ 9.6.): *Como **dejes** una cartera en el coche, te lo abren.*

El imperativo:

- Es el modo usado preferentemente en los enunciados imperativos (§ 3.5.4.): ***Deja** ya de hacer fotos y **lárgate** de aquí.*

- Es un modo muy limitado porque tiene pocas formas verbales (§ 3.5.4.; § 11.3.) y porque su aparición se reduce a enunciados con los que se trata de influir sobre la conducta del interlocutor, enunciados con los que:

  ○ se ordena (**Cruza** la calle por el paso de peatones),
  ○ se pide (**Pásame** la sal),
  ○ se aconseja (**Ve** en metro, estacionar allí no es fácil),
  ○ se ruega (**Ven**, **siéntate**, por favor),
  ○ se exhorta (**Protejan** a las personas con discapacidades) o
  ○ se advierte (**Compra** leche uperizada, se conserva durante más tiempo).

Ejercicio

6. Explica por qué los verbos destacados en las oraciones siguientes aparecen en modo indicativo o en modo subjuntivo, según corresponda. Para ello, ayúdate de las explicaciones anteriores:

> Mi padre cree que en España se **vive** mejor.
> Espero que **mejore** muy pronto.
> Ayer **llovió** durante toda la tarde.
> Que ella **acepte** tus disculpas no depende de mí.
> Le gustaban los dos vestidos, pero, finalmente, **se decidió** por el verde.
> Ojalá no **terminaran** las vacaciones.
> No creo que **se reconcilie** con su expareja.
> **Se declara** amante de los animales.
> Si **hablara** alemán, me mudaría a Berlín.
> Pensamos que no **somos** los favoritos.

4.4 Los tiempos verbales del modo subjuntivo

El modo subjuntivo tiene menos formas verbales que el indicativo. En la lengua oral, este modo cuenta con cuatro tiempos, frente a los nueve del indicativo.

4.4.1 El presente (*cante*)

Este tiempo puede referirse al presente o al futuro. El valor concreto de cada enunciado puede depender de los complementos de tiempo: *La madre duda de que su hija **llegue hoy** a México* / *La madre duda de que su hija **llegue mañana** a México*. En la primera oración el adverbio *hoy* indica que *llegue* se refiere a una situación actual; en la segunda, el adverbio *mañana* permite saber que el valor del presente de subjuntivo es futuro.

4.4.2 El pretérito perfecto compuesto (*haya cantado*)

Esta forma verbal del subjuntivo se refiere a un tiempo pasado, igual que el perfecto compuesto de indicativo *he cantado*, o a un tiempo futuro, por lo que equivale al futuro compuesto de indicativo *habré cantado*: *No creo que **haya acabado ya** la crisis económica, sobre todo la de las familias* / *No creo que **el próximo año haya acabado** la crisis económica, sobre todo la de las familias*. También en este caso, los complementos temporales (el adverbio *ya* y el grupo nominal *el próximo año*) proporcionan la pista para asignarle al pretérito perfecto compuesto el valor de pasado que llega hasta el momento del habla, en el primer enunciado, o el valor de futuro, en el segundo.

4.4.3 El pretérito imperfecto (*cantara* o *cantase*)

Las dos formas *cantara* o *cantase* del pretérito imperfecto de subjuntivo expresan los valores temporales de las formas *canté*, *cantaba* y *cantaría* del modo indicativo Así,

- en el enunciado Mi *novia no quiso que **trabajara** más allí*, el pretérito imperfecto *trabajara* designa una acción puntual completada en el pasado, como hace *canté* (*No **trabajé** más allí porque mi novia no quiso que trabajara más allí*);
- en el enunciado Mi *novia no quería que **trabajara** más allí*, la forma verbal de subjuntivo se refiere a una acción pasada de la que no se indica que esté completada, valor que corresponde en indicativo al pretérito imperfecto *cantaba* (***Trabajaba** allí, pero mi novia no quería que trabajara más allí*);
- en el enunciado Mi *novia no querría que **trabajara** más allí*, el pretérito imperfecto de subjuntivo se refiere a una acción que se presenta como un hecho posible, como una suposición que podría llegar a realizarse, lo que le proporciona el valor no actual del condicional simple *cantaría* (***Trabajaría** más allí, pero ni novia no querría que trabajara más allí*).

Por otra parte, en la lengua periodística, el imperfecto de subjuntivo se utiliza con el valor del pretérito perfecto simple de indicativo o del pluscuamperfecto de indicativo. Se trata de un uso ejemplificado en los siguientes fragmentos:

> *Cuando llegó el 1 de enero de 2000 y las máquinas se comportaron como cualquier otro día, casi fue una decepción. Alguno estaba tan asustado como el primer primate que **presenciara** (presenció) un eclipse.*
> <https://elestadomental.com/diario/poetica-de-los-lugares-abandonados?page=2>

> *La Policía baraja la hipótesis de un episodio de violencia machista en la explosión y posterior incendio en una vivienda en Chapela, Redondela, en el que fallecieron una mujer y el hombre que **fuera** (había sido) su pareja.*
> <http://cadenaser.com/emisora/2017/02/20/radio_pontevedra/1487625876_181679.html>

4.4.4 El pretérito pluscuamperfecto (*hubiera* o *hubiese cantado*)

Este tiempo, que también tiene dos formas, corresponde a los tiempos de indicativo *había cantado* y *habría cantado*. De este modo,

- puede referirse a una acción anterior a otra acción pasada, como ocurre con el pluscuamperfecto de indicativo: *Si **hubieras venido** a mi boda, me habría alegrado mucho*;
- puede referirse a un suceso posterior a otro suceso que es anterior respecto al momento del habla, valor poco frecuente: *Se hubieran ido todos y **nos hubiéramos quedado** sin personal suficiente, como dijo el encargado.*

4.5 Las formas no personales del verbo

Además de las formas verbales estudiadas en los apartados anteriores, la conjugación verbal del español incluye el infinitivo (*cantar*), el gerundio (*cantando*) y el participio (*cantado*), llamadas **formas no personales** del verbo porque no tienen flexión de persona, frente a las anteriores. También carecen de flexión de tiempo y de modo. Sí tienen aspecto, pues el participio tiene valor perfectivo y el gerundio, durativo. Las características formales del infinitivo, del gerundio y del participio se presentan en el capítulo 11. En este se tratan algunos valores de estas formas.

4.5.1 El infinitivo (*cantar / haber cantado*)

El infinitivo cuenta con una forma simple: *cantar*, y una forma compuesta: *haber cantado*, que indica que el suceso expresado es anterior al momento del habla, como se comprueba en *Después de haber viajado tanto, ¿cómo ve el mercado del arte en el extranjero?*, la acción de viajar es anterior al hecho de ver.

Habitualmente, se considera que el infinitivo tiene características verbales y nominales:

- Se comporta como los verbos porque lleva sujeto y complementos: *Al ver ella la tremenda cantidad de estrellas la primera noche, se sorprendió*. En el enunciado anterior, el infinitivo *ver* tiene sujeto (*ella*), objeto directo (*la tremenda cantidad*) y complemento de tiempo (*la primera noche*).
- En cambio, en *Los conciertos callejeros animan el alegre caminar de los visitantes y vecinos*, el infinitivo *caminar* presenta características de los nombres porque es el núcleo de un grupo nominal que funciona como objeto directo de *animan* y está construido con el determinante *el*, el modificador *alegre* y el complemento *de los visitantes y vecinos*.

Algunos valores del infinitivo son:

- En una oración independiente, constituye la respuesta a una pregunta:
  - ○ —*¿Qué haces en un día normal?* —*Trabajar*.
- Precedido de la preposición *a*, forma un enunciado imperativo que expresa una orden o un mandato: *A callar*.
- Con el adverbio de negación *no*, el infinitivo se utiliza también en enunciados imperativos que contienen una advertencia de aplicación general: *En un letrero pegado a la pared se leía: No estacionar*.

Las Academias de la Lengua Española consideran incorrectos o no recomiendan algunos usos del infinitivo habituales en situaciones en las que la lengua se utiliza de una manera informal (§ 11.3.):

- En vez del infinitivo de mandato **Sentaros** *a comer*, es preferible el imperativo: **Sentaos** *a comer*.
- Con verbos como *decir, señalar, informar*, etc., debe evitarse el siguiente uso del infinitivo: *Por último, **decir** que la recaudación ha sido de más de 1200 euros*. Es preferible, por ejemplo: *Por último, **quisiera decir** que la recaudación ha sido de más de 1200 euros*.

Ejercicio

7. Indica el valor de los infinitivos que aparecen destacados en negrita:

   ○ —*¿Qué vas a hacer después del entrenamiento?* —**Descansar**.

   El libro ¡A **dormir**! *de Estivill Sancho ofrece las claves para solucionar el insomnio infantil.*
   Acostarse *temprano y* **levantarse** *tarde es malo para el corazón.*
   Luchar *contra los incendios forestales es una labor de todos.*
   El programa de televisión Fama, ¡a **bailar**! *ha tenido mucho éxito esta temporada.*
   Alguien quitó del ascensor la señal de prohibición que indicaba: No **utilizar** *en caso de* emergencia.

   ○ —*¿Y tú? ¿Qué haces en tu tiempo libre?* —*Pues* **hacer** *algo de deporte y* **viajar**.

4.5.2 El gerundio (*cantando / habiendo cantado*)

Esta forma no personal del verbo dispone también de una forma simple: *cantando*, y una forma compuesta: *habiendo cantado*. Como verbo que es, el gerundio admite sujeto y complementos:

> *Arreglaron el problema* **comprando** *ella* (sujeto) *una plaza de aparcamiento en la misma finca.*
> *Algunos estudios afirman que las familias que comen* **viendo** *la televisión* (objeto directo) *toman menos frutas y verduras.*
> *Apoyó a Dalí* **adquiriéndole** (objeto indirecto) *obras de su etapa madrileña.*
> **Estudiando** *dos horas diarias* (complemento de tiempo) *no aprobarás las oposiciones.*

El gerundio presenta un suceso en su duración, en su desarrollo, por eso es una forma verbal de aspecto imperfectivo, y si se trata del gerundio simple, el suceso expresado se interpreta como simultáneo al suceso del verbo principal: *Corría* **escuchando** *música*. No obstante, el gerundio simple puede expresar también anterioridad a otro suceso: *Aportamos la mejor solución analizando previamente las necesidades de cada cliente.* Sin embargo, se considera incorrecto el uso del gerundio para representar un suceso posterior al del verbo principal: **Enfermó de viruela, faltando por eso una semana al trabajo*. Por su parte, el gerundio compuesto, propio de la lengua escrita y del estilo formal, indica anterioridad al suceso expresado por el verbo principal: *Virginia Cleo Andrews murió* (verbo principal) *en 1986* **habiendo escrito** (acción anterior a morir) *7 libros de los que se vendieron 30 millones de copias.*
El gerundio desempeña distintas funciones:[7]

- Forma parte de perífrasis verbales (§ 4.6.2.): **Sigo yendo** *al gimnasio por las tardes.*
- Es complemento predicativo con verbos de percepción: *El día de la boda todos vimos a la novia* **llorando** *de emoción*, donde el gerundio *llorando* es el complemento predicativo del objeto directo de *vimos*: *la novia*.
- Es complemento circunstancial del verbo principal: **Saliendo** *del hotel a la derecha encontrarás los mejores sitios para comer*, donde el gerundio funciona como complemento de lugar del verbo *encontrarás*.
- Constituye la respuesta a una pregunta en una oración independiente, igual que el infinitivo:

   ○ —*¿Qué haces con ese cuchillo?* —*Cortando jamón.*

- Proporciona viveza o expresividad a lo dicho cuando se utiliza en enunciados independientes: *Otra vez jugando a las maquinitas.*

Ejercicio

8. Indica la función de los gerundios que aparecen en las oraciones siguientes:

> —*¿Cómo se encuentra Julieta?* —*Fatal. Llorando a todas horas.*
> *De nuevo peleándose los chichos.*
> *Papá Noel nos trajo los regalos entrando por la chimenea.*
> *Ha escuchado a sus padres discutiendo en varias ocasiones.*
> *Cambiando de pareja no solucionará sus problemas de autoestima.*
> *Las relaciones comerciales con el este de Europa están cambiando.*
> *Da pena ver a niños temblando de frío en las calles.*
> *Siempre molestando a los demás.*
> —*¿Qué haces ahí solo?* —*Leyendo.*
> *Sigue pensando en los beneficios de la compañía antes que en los trabajadores.*

4.5.3 El participio (*cantado*)

Esta forma verbal tiene aspecto perfectivo, por lo tanto, el suceso expresado por el participio se presenta como concluido y es anterior al suceso indicado por el verbo principal: *Lo encontraron **muerto***, el hecho de morir es anterior al de encontrar.

El participio comparte características con el adjetivo:

- Presenta flexión de género y número: *vendid**o** / vendid**a** / vendid**os** / vendid**as***.
- Modifica al nombre: *casa **comprada** ~ **nueva***.
- Funciona como atributo en los esquemas copulativos: *Estoy **cansada** ~ **harta** de cocinar todos los días.*
- Funciona como complemento predicativo: *La pintura representa a las dos mujeres **ancianas** ~ La foto muestra a las dos mujeres **asomadas** a la ventana.*

Las características compartidas por el participio y el adjetivo sirven también para mostrar que el participio funciona como un adjetivo, como un atributo y como un complemento predicativo.

Ejercicio

9. Indica la función de los participios que aparecen en las oraciones siguientes:

> *El tejado estaba cubierto de nieve.*
> *Han alquilado un piso amueblado.*
> *Tengo leídos los dos primeros capítulos del libro.*
> *Encontré secas las flores.*
> *El pedido me llegó roto.*
> *El apartamento es viejo, pero está reformado.*
> *Ya tenemos solucionado el problema.*
> *Helena salió enfadada de la reunión.*

Aparecen más de 70 vehículos dañados por las protestas de los taxistas.

El quiosco está abierto una media de 12 horas.

4.6 Las perífrasis verbales

La combinación de un verbo auxiliar con un verbo auxiliado en forma no personal (infinitivo, gerundio o participio) se denomina **perífrasis verbal**: A partir de ahora papá **tendrá que seguir** una dieta adecuada. En ella:

- el verbo auxiliar *tendrá* proporciona la información propia de la flexión verbal, indica que el tiempo de la perífrasis es futuro imperfecto de indicativo,
- el verbo auxiliado, el infinitivo *seguir*, determina el sujeto (*papá*) y los complementos de la oración: objeto directo (*una dieta adecuada*) y complemento de tiempo (*A partir de ahora*),
- entre el verbo auxiliar y el verbo auxiliado aparece la conjunción *que*.

En otros casos, entre los dos verbos de la perífrasis hay una preposición: *Papá **acaba de pasar** una gripe muy fuerte*; y, en ocasiones, no hay ningún elemento entre ellos: *A partir de ahora papá **debe realizar** ejercicio al aire libre*.

El verbo auxiliar y el verbo auxiliado de una perífrasis no constituyen dos predicados distintos, ambos representan un único suceso que corresponde al significado del verbo auxiliado. En los ejemplos anteriores, se informa de que papá seguirá una dieta adecuada, ha pasado una gripe y realizará ejercicio al aire libre; el verbo auxiliado es el que determina aquello que se dice en la oración; es decir, el verbo auxiliado corresponde al predicado de la oración.

La estrecha unión que se da entre los dos verbos de una perífrasis permite que los pronombres átonos complementos del verbo auxiliado puedan situarse antepuestos al verbo auxiliar, por eso es posible: **Voy a comprártelo**, no llores más ~ **Te lo voy a comprar**, no llores más (§ 12.1.2.).

Según sea la forma del verbo auxiliado, se distinguen tres tipos de perífrasis:

- de infinitivo: **Le tienes que agradecer** el regalo.
- de gerundio: **Estáis discutiendo** todo el día.
- de participio: Ya **tengo terminado el trabajo**.[8]

Ejercicio

10. Indica a qué tipo corresponden las siguientes perífrasis:

La lluvia va a afectar el crecimiento de los frutos.

Los futbolistas están disfrutando de sus últimos días de vacaciones.

Tenemos comprada la casa desde hace dos semanas.

El 42 % de los alumnos tiene que recuperar materias en septiembre.

Las compañías van a aplicar la nueva ley de protección de datos.

Uno de los coches empezó a arder de repente.

Llevo esperándote más de media hora.

Llevan casados solo un par de meses.

Los menores de 16 años no pueden utilizar esta aplicación móvil.

Mis primos Pedro y Lourdes andan buscando un piso de alquiler.

4.6.1 Perífrasis de infinitivo

Algunas perífrasis de infinitivo expresan la actitud del hablante ante lo que está comunicando y se relacionan con las modalidades de los enunciados (§ 3.5.). Son, pues, perífrasis modales. Con ellas se manifiestan las siguientes actitudes:

- Obligación de realizar lo que se expresa:
    - ○ **Debes beber mucha agua** *durante el tratamiento.*
    - ○ **Has de beber mucha agua** *durante el tratamiento.*
    - ○ **Tienes que beber mucha agua** *durante el tratamiento.*
    - ○ **Hay que beber mucha agua** *durante el tratamiento.*

El último enunciado constituye una oración impersonal porque carece de sujeto, frente a las tres anteriores, cuyo sujeto tácito es *tú*.

- Suposición o posibilidad de que se produzca lo expresado:
    - ○ *El local está lleno, aquí las pizzas* **deben de ser** *muy buenas.*
    - ○ **Puedo ir** *en el tren de cercanías o en el autobús.*
- Permiso: *Es tu turno, ya* **puedes pasar.**

Los ejemplos anteriores permiten reflexionar sobre estos aspectos:

- Con el verbo *poder* como auxiliar, las perífrasis de infinitivo expresan posibilidad, permiso y también capacidad:
    - ○ **Puedes ser** *millonario si sigues estos consejos.*
    - ○ *Le dijo que* **podía pasar** *allí la noche.*
    - ○ **Puedo correr** *como máximo 35 minutos.*
- Con el auxiliar *deber*, las perífrasis de infinitivo expresan obligación y suposición:
    - ○ **Debo salir** *a las 19:15 para llegar a tiempo.*
    - ○ *Creo que el avión* **debe de salir** *a las 22:35.*
- El valor de obligación se suele expresar mediante *deber* + infinitivo, mientras que la perífrasis con el valor de suposición se construye con *deber de* + infinitivo y con *deber* + infinitivo: *Creo que el avión debe salir a las 22:35.*

Otras perífrasis de infinitivo informan sobre el tiempo y el aspecto del suceso expresado:

- Posterioridad del suceso respecto al momento del habla: *Dense prisa, el tren* **va a salir.**
- Repetición del suceso: **Suele visitar** *Sevilla a menudo.*
- Inminencia del suceso: **Estoy a punto de jubilarme.**
- Inicio del suceso: **Comenzó a hablar** *a los tres años,* **Empezó a caminar** *a los once meses.*
- Interrupción del suceso: **Dejó de estudiar** *al terminar la Educación Secundaria.*
- Finalización del suceso: *El avión* **acaba de aterrizar** *en el aeropuerto Adolfo Suárez Madrid-Barajas; J. K. Rowling reveló hoy en Twitter que ya* **terminó de escribir** *su nueva novela.*

Ejercicio

11. Indica qué expresan las perífrasis de infinitivo de las oraciones siguientes:

Tras el escándalo la modelo dejó de trabajar para la firma Gucci.
Hay que destinar más fondos para las regiones del sur del país.
Suele viajar a Argentina cada verano.
Estuve a punto de conseguir una entrada por menos de 20 euros.
Muchos coches eléctricos pueden alcanzar hasta 150 kilómetros por hora.
Los alumnos de esta escuela podrán salir de clase con la autorización de los padres.
La comunidad internacional ha de apoyar negociaciones pacíficas.
Si cumples los requisitos, puedes convertirte en embajador de la marca.
Este vino espumoso debe de tener unos 6 u 8 grados.
Algunos trenes ya comienzan a ofrecer conexión a internet gratis.

4.6.2 Perífrasis de gerundio

Las perífrasis de este tipo son aspectuales y muestran el suceso expresado en su curso o desarrollo: **Están retransmitiendo** *el partido de fútbol.* Indican, pues, que el suceso ha comenzado, pero no ha concluido. Las perífrasis de gerundio se construyen con los verbos auxiliares:

- estar: **Estaba paseando** *a los perros cuando escuchó dos disparos,* para presentar un suceso en su desarrollo,
- ir: *El barco* **iba alejándose** *de la costa,* para expresar un suceso que va progresando gradualmente,
- andar: *La gente* **anda diciendo** *que lo hiciste tú,* para expresar un suceso que se presenta con interrupciones o de manera intermitente,
- llevar: *Son las 9,* **llevo estudiando** *toda la tarde y necesito descansar un poco,* para expresar que el suceso continúa desde su comienzo hasta el momento del habla,
- continuar: *El desempleo* **continúa siendo** *un problema social,* para expresar un suceso que continúa sin interrupción hacia el futuro.

Ejercicio

12. Indica qué expresan las perífrasis de gerundio que aparecen en las oraciones siguientes:

La lucha por la igualdad continúa estando presente en la política nacional.
Betty lleva trabajando en la compañía cerca de un año.
Se están vendiendo productos defectuosos.
Este equipo va mejorando cada día.
No entiendo por qué anda contando todos sus secretos por ahí.
La banda terrorista iba ampliando su territorio.
La capital continúa logrando excelentes resultados.
Los gobiernos están pagando sus deudas.
La actriz estuvo saliendo con Peter Bean durante más de cinco años.
El equipo va superando sus propios límites.

Cuestiones para reflexionar y debatir

1. Observa estos enunciados: *Ya terminé la tarea, estoy lista para salir,* y reflexiona con tus compañeros sobre las cuestiones siguientes:

   a) ¿Cómo explicarían el uso del pretérito perfecto simple en este contexto?
   b) ¿Creen que es correcto este uso?

2. Identifica el enunciado o los enunciados que no son correctos. Comenta con tus compañeros las respuestas.

   Mariana, su hija, debe tener unos veinte años.
   No se oye nada de ruido en la casa. Los niños deben de haber salido.
   Debes ventilar la habitación todos los días.
   Los municipios deben de habilitar más espacios donde estacionar de manera gratuita.

Actividades de clase

1. Por parejas, lean el texto que figura a continuación y respondan estas cuestiones:

   a) ¿En qué momento sitúan el suceso que se narra en el texto: anterior, posterior o simultáneo respecto al momento del habla?
   b) El narrador utiliza el pretérito perfecto compuesto *ha pasado* y *he arriesgado* y el imperfecto *paraba* para contar un hecho sucedido la noche anterior al momento del habla. ¿Podrían explicar su elección?
   c) ¿Por qué creen que se utilizan las formas verbales *paro, voy a cruzar* y *funciona* en presente de indicativo?

   Mira lo que me ha pasado esta noche. Estaba lloviendo y llevaba un paraguas, paro en la esquina donde está el restaurante y, cuando voy a cruzar la calle, ya no funciona el semáforo. Como había mucho tráfico, he arriesgado mi vida para cruzar porque no paraba de llover.

2. Por parejas, fíjense en las formas verbales destacadas en negrita e indiquen el valor que expresan. A continuación, sustitúyanlas por otras formas verbales diferentes que, en la medida de lo posible, expresen el mismo valor. Observen el ejemplo:

   → Ejemplo: ***Debes ventilar** la habitación todos los días.* La forma verbal *debes ventilar* es una perífrasis y se utiliza para expresar obligación. Puede sustituirse por un imperativo que expresa una orden: ***Ventila** la habitación todos los días.*

   *En 2005 los científicos del Instituto **anuncian** el descubrimiento de un nuevo planeta llamado Eris.*
   *—¿En qué puedo ayudarla? —**Querría** probarme este vestido azul.*

   *Te ordeno que **cuides** de tu madre mientras esté enferma.*
   ***Será** su madre, se parece mucho a él.*

3. Lee estos enunciados en los que aparecen infinitivos y gerundios en oraciones independientes. Después comenta con los compañeros de clase en qué situación utilizarías cada enunciado.

   —¿Qué harías si te tocara el premio? —Viajar.
   —¿Qué estás haciendo con esa pistola en la mano? —Nada, defendiéndome de los extraterrestres.

Y ahora a dormir todo el mundo.
—¿Qué haces con ese cuchillo? — Cortando jamón.

4. Elabora una breve narración sobre un tema que te interese e incluye estos tres enunciados que contienen perífrasis verbales. Después lee la narración a tus compañeros de clase.

Acaba de sacarse el documento de identidad.
Continúan subiendo las temperaturas.
Puede pasar este test de Matemáticas sin usar la calculadora.

NOTAS

1. Aunque, en principio, la forma verbal de presente coincide con el momento del habla, este presente tiene valor de pretérito; es un presente narrativo.
2. Este refrán se utiliza para expresar la recomendación de que es conveniente o ventajoso tener la amistad o la protección de personas importantes o poderosas.
3. Este valor es propio de gran parte de España, de Perú, de Bolivia, de Paraguay, del noroeste de Argentina y de parte de Centroamérica.
4. Se utiliza en Bolivia, la costa peruana, Paraguay y el noroeste de Argentina.
5. Se da este valor en gran parte de Argentina, Chile, noroeste de España, Canarias, México, buena parte de Centroamérica y algunos países caribeños.
6. Existe también un pretérito anterior (*hube cantado*), pero casi ha desaparecido del español actual, solo se utiliza en el estilo formal. Su valor es expresado por el pretérito pluscuamperfecto.
7. El gerundio como sujeto de una oración (semejante al uso de las formas en *-ing* del inglés) resulta extraño al español general.
8. Las perífrasis de participio presentan concordancia de género y número entre el participio y el grupo nominal sujeto u objeto directo: *La carta está enviada / Las cartas están enviadas, Ya tengo terminado el trabajo / Ya tengo terminados los trabajos.*

Capítulo 5

La organización de la oración

Resumen

Este capítulo presenta la distinción entre voz activa y voz pasiva, así como las oraciones activas, pasivas e impersonales, con sus diferentes clases. Todas las clases de oraciones están caracterizadas y ejemplificadas. Los apartados que componen el capítulo son los siguientes:

Las voces del verbo
La expresión de la impersonalidad
Formación del enunciado: el orden de palabras

La lectura y comprensión de este capítulo permitirán:

- Distinguir las voces del verbo.
- Conocer las oraciones activas.
- Conocer las oraciones pasivas y sus clases.
- Conocer las oraciones impersonales y sus clases.
- Distinguir las oraciones pasivas reflejas y las impersonales con *se*.
- Conocer el principio que rige el orden de palabras.

5.1 Las voces del verbo

Con una oración se expresa un suceso, algo que ocurre, algo que pasa. Como hay distintas maneras de expresar un mismo suceso, la estructura de una oración, su organización en sujeto y predicado, se presenta de diferentes modos:

	Sujeto		OD
oración activa:	*Los vecinos*	*avisaron*	*a la Policía.*

	Sujeto		Complemento Agente
oración pasiva:	*La Policía*	*fue avisada*	*por los vecinos.*

		OD
oración impersonal:	*Se avisó*	*a la Policía.*

En las oraciones anteriores, el hecho de avisar a la Policía está organizado de tres maneras: mediante una oración activa, mediante una oración pasiva y mediante una oración impersonal. Las dos primeras estructuras se diferencian por la forma del verbo (*avisaron* / *fue avisada*) y por la sintaxis; es decir, por la manera de combinar los grupos de palabras y por las funciones que estos desempeñan. Las dos primeras oraciones están ordenadas de manera distinta, y en ellas la función de sujeto, por ejemplo, está desempeñada por grupos nominales diferentes. Estas diferencias reciben el nombre de **voces**. En español, se distingue entre la voz activa, que relaciona la función sintáctica de sujeto y la función semántica de agente, y la voz pasiva, que relaciona la función sintáctica de sujeto y la semántica de paciente.

5.1.1 La voz activa

La voz activa es la que corresponde a las oraciones activas, caracterizadas por tener un verbo que designa una acción, un sujeto referido a quien realiza la acción y un objeto directo que designa la persona o la cosa que padece la acción o sobre la que recae la acción. En la primera de las oraciones anteriores, la acción de avisar, realizada por los vecinos, recae sobre la Policía. En las siguientes oraciones, las acciones designadas por los verbos son realizadas por los animales y por la cosa a los que se refieren los sujetos, y afectan a las personas designadas por el objeto directo:

Sujeto	Verbo	OD	
Un perro	*muerde*	*a un niño de 4 años*	*en la cara.*
Un oso	*ataca*	*a una niña de 5 años*	*en el patio de su casa.*
Un furgón	*atropella*	*a una decena de peatones*	*en Toronto.*

No obstante, en la gramática del español, la característica de la voz activa se aplica incluso a oraciones en las que el sujeto no corresponde a un agente, sino, por ejemplo, al que experimenta algo, de manera que oraciones como las siguientes se consideran también activas:

Sujeto	Verbo	OD
La mujer	*sufrió*	*una grave lesión.*
La periodista	*padece*	*una enfermedad crónica.*
La anciana	*sentía*	*miedo de volar.*

Las oraciones activas con sujeto paciente pueden reconocerse planteando esta pregunta sobre el sujeto: *¿Qué le pasa a la periodista? La periodista padece una enfermedad crónica.* Por su parte, las oraciones activas con sujeto agente se reconocen mediante la siguiente pregunta: *¿Qué hicieron los vecinos? Los vecinos avisaron a la Policía.*

Ejercicio

1. Indica si las siguientes oraciones activas tienen un sujeto agente o un sujeto paciente.

> *Los nuevos alumnos sienten una gran pasión por la naturaleza.*
> *Muchos adolescentes reclaman la atención de sus padres.*
> *El ayuntamiento sufre las consecuencias de las nuevas políticas del Gobierno central.*
> *El deporte aporta grandes beneficios para nuestra salud.*
> *El museo recibe las últimas piezas para completar su colección.*
> *Mis sobrinos regresan mañana del viaje de fin de curso.*
> *Los niños más desfavorecidos enferman con muy pocas posibilidades de sobrevivir.*
> *Algunos centros hospitalarios carecen de equipamiento básico.*
> *La presidenta respondió con claridad todas las preguntas.*
> *La universidad realizará un estudio sobre lectura infantil en los próximos meses.*

5.1.2 La voz pasiva

El suceso expresado por las oraciones activas con un sujeto agente, un verbo de acción y un objeto directo referido al afectado por la acción (*Un oso ataca a una niña de 5 años*) puede presentarse de una manera distinta: *Una niña de 5 años es atacada por un oso*. Al comparar las dos oraciones:

> *Un oso ataca a una niña de 5 años.*
> *Una niña de 5 años es atacada por un oso.*

se observa que el objeto directo de la primera oración, la activa, pasa a ser el sujeto de la segunda y a ocupar el primer lugar; por otra parte, el sujeto de la primera oración ocupa el último lugar en la segunda y lleva delante la preposición *por*:

Figura 5.1

La oración *Una niña de 5 años es atacada por un oso* es una oración pasiva que se relaciona con la correspondiente oración activa.

Las oraciones pasivas se caracterizan del siguiente modo:

- Desde el punto de vista formal, el verbo presenta la forma perifrástica *ser* + participio, en este caso el participio de *atacar*: *es atacada*. El participio concuerda en género (femenino) y número (singular) con el sujeto de la oración: *una niña es atacada*. Esta pasiva, construida con forma de perífrasis, se denomina **pasiva perifrástica**.

- Desde los puntos de vista sintáctico y semántico, en la oración pasiva el sujeto no es el agente de una acción, sino el paciente que sufre el proceso expresado por el verbo (*es atacada*), que en la forma *ser atacado* ya no se refiere a una acción. Además, en la oración analizada aparece un grupo nominal introducido mediante la preposición *por* cuya función es la de complemento agente, porque *por un oso* se refiere al agente que realiza la acción de atacar.

- Desde el punto de vista de la organización de la oración pasiva, el sujeto suele aparecer en primer lugar y el complemento agente en último lugar, aunque es muy frecuente construir oraciones pasivas sin el complemento agente:

  - *El cadáver de Jon ha sido encontrado a quince kilómetros.*
  - *El hierro fue descubierto en la Prehistoria.*
  - *La deportista es transportada en helicóptero hasta el hospital.*

En los ejemplos anteriores no se indica quién encontró el cadáver ni quién descubrió el hierro ni quién transportó a la deportista.

En las oraciones pasivas hay que tener en cuenta dos aspectos. En primer lugar, la oración pasiva perifrástica no es transitiva, aunque se construya con un verbo transitivo, no lo es porque no tiene un objeto directo; tampoco es intransitiva porque no exista un objeto directo; la distinción transitiva / intransitiva no se aplica a las oraciones pasivas perifrásticas. En segundo lugar, la existencia de un verbo transitivo, es decir, un verbo que se construye con un objeto directo, no es suficiente para relacionar una oración activa con la correspondiente oración pasiva perifrástica. No todos los verbos transitivos admiten una pasiva perifrástica; ocurre así, por ejemplo:

- con verbos de estado: *La manifestación constituyó un rotundo éxito*, pero no **Un rotundo éxito fue constituido por la manifestación*;
- con verbos de estado con un objeto directo de medida: *Un jamón ibérico de bellota cuesta 200 euros*, pero no **200 euros son costados por un jamón ibérico de bellota*;
- con el verbo *tener* en varios de sus significados, como 'experimentar': *Yo tengo mucha hambre*, pero no **Mucha hambre es tenida por mí*; o 'poseer': *El ciclista tenía un chalet en las afueras de Benidorm*, pero no **Un chalet en las afueras de Benidorm era tenido por el ciclista*;
- con verbos que llevan un objeto directo que denota la posesión de algo que no se le puede quitar a una persona: *Abrí los ojos al notar su presencia*, pero no **Los ojos fueron abiertos al notar su presencia*.

Ejercicios

2. De las siguientes oraciones, indica cuáles son activas y cuáles son pasivas.

> *El instituto fomenta el interés por la investigación entre los jóvenes.*
> *El plan de mejora sanitaria será aprobado el próximo mes de junio.*
> *La asociación ofreció una plataforma de atención al cliente durante todo el año.*
> *La catalana fue galardonada como mejor actriz revelación por la Academia de las Artes y las Ciencias Cinematográficas de España.*
> *Muy pronto demostró su capacidad de superación ante las adversidades.*
> *Las empresas españolas pierden beneficios por la escasez de talento.*
> *Bélgica fue vencida en la semifinal del Mundial de fútbol en Rusia.*
> *Más de 1200 niños han sido acogidos en viviendas tuteladas por familias gallegas.*
> *El paciente será atendido de urgencia debido a un fuerte golpe en la pierna.*
> *La mayoría de la clase suspendió el examen de Anatomía el semestre pasado.*

3. Cambia las oraciones en voz activa a la forma correspondiente de la voz pasiva y, al contrario, cambia a la voz activa las oraciones en voz pasiva.

> *El delincuente envió una pistola en un paquete.*
> *El recorrido oficial de la carrera será aprobado en las próximas horas por la organización.*
> *El Banco Central ha creado más de 500 puestos de trabajo.*
> *La cadena hotelera líder en el sector venderá tres hoteles el próximo mes de octubre.*
> *Los terroristas fueron condenados a veintitrés años de prisión por el juez federal De Santos.*
> *Los inversores han comprado todo el edificio.*
> *Traslada la mercancía a los nuevos almacenes.*
> *El plazo de inscripción a las pruebas fue ampliado por el organismo competente.*
> *La celebración del congreso fue cancelada por el presidente del comité organizador.*
> *Los manifestantes toman las principales calles de la capital.*

5.1.3 La pasiva refleja

Esta oración pasiva *Unos 80 000 libros fueron publicados el año pasado por los editores españoles* puede construirse del siguiente modo: *El año pasado se publicaron unos 80 000 libros*. El suceso expresado en las dos oraciones es el mismo, pero se dice de manera distinta. La primera oración es una oración pasiva perifrástica, formada con el verbo *ser* más el participio del verbo *publicar*. La segunda también es una oración pasiva, denominada **pasiva refleja**. Además, lo expresado en las dos oraciones puede decirse mediante una oración activa: *Los editores españoles publicaron el año pasado unos 80 000 libros*. Las relaciones entre las tres clases de oraciones: la activa, la pasiva perifrástica y la pasiva refleja, pueden representarse del siguiente modo:

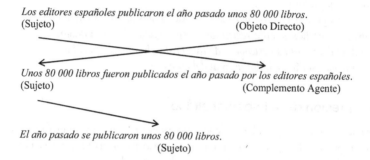

Los editores españoles publicaron el año pasado unos 80 000 libros.
(Sujeto)   (Objeto Directo)

Unos 80 000 libros fueron publicados el año pasado por los editores españoles.
(Sujeto)   (Complemento Agente)

El año pasado se publicaron unos 80 000 libros.
(Sujeto)

Figura 5.2

Las características de las oraciones pasivas reflejas son:

- Desde el punto de vista formal, el verbo de la oración no está constituido por *ser* más un participio, sino que aparece en la forma activa: *publicaron* en el ejemplo anterior. En esta clase de oraciones pasivas, el verbo va precedido por el morfema *se*: *se publicaron*. La presencia del *se* es una marca, una pista, para saber que se trata de una pasiva refleja.
- Desde el punto de vista sintáctico y semántico, aunque la forma del verbo sea activa (*publicaron*), el sujeto de la pasiva refleja no es un agente; en la oración anterior, *Unos 80 000 libros* es, concretamente, el resultado de la acción de publicar. Además, en la pasiva refleja ha desaparecido el complemento agente (*por los editores españoles*) que, en ocasiones, lleva la oración pasiva perifrástica.
- Desde el punto de vista de la organización de la oración, el sujeto de la oración pasiva refleja se coloca, de manera general, detrás del verbo porque normalmente no coincide con la información conocida por el oyente. En la oración *El año pasado se publicaron unos 80 000 libros*, la información nueva, expresada por el sujeto *unos 80 000 libros*, es la cantidad de obras publicadas. El oyente sabe que existen periodos de tiempo anteriores al periodo en el que vive, de manera que, en las siguientes oraciones, el sujeto es la información nueva que el hablante le aporta al oyente:

Sujeto

- *El año pasado se publicaron **50 reportajes turísticos sobre Málaga.***
- *El año pasado se publicaron **más de 20 000 libros digitales.***
- *El año pasado se publicaron **las partituras de 683 obras musicales.***

Ejercicio

4. Cambia las oraciones pasivas perifrásticas a la forma correspondiente de pasiva refleja y, al contrario, convierte las oraciones pasivas reflejas en oraciones pasivas perifrásticas.

> *Los distintos departamentos serán distribuidos en tres edificios contiguos.*
> *Los partidos de la jornada fueron cancelados por causas meteorológicas.*
> *Las novedades del concierto de rock fueron anunciadas ayer.*
> *Se han comprado los tres coches y las dos motos con el dinero de la asociación.*
> *Las subidas salariales para este año fueron acordadas a finales de enero.*
> *Ya se han puesto en funcionamiento las nuevas mejoras para potenciar la rentabilidad de la planta depuradora.*
> *En una semana se vendieron más de 350 000 copias de su último álbum.*
> *Los barcos sospechosos serán registrados a su llegada a la costa italiana.*
> *Se han descubierto estas variedades de uva hasta ahora desconocidas.*
> *Los certificados serán emitidos al final del congreso.*

5.2 La expresión de la impersonalidad

Existen oraciones en las que el predicado no necesita ningún sujeto para formarlas. Se denominan **impersonales** y no llevan sujeto expreso ni omitido, pero si llevan un objeto directo son también transitivas. Pueden ser de distintas clases:

● Oraciones impersonales construidas con verbos cuyo significado impide que tengan un sujeto. Se incluyen en este grupo:

  ○ Las oraciones impersonales con verbos referidos a fenómenos atmosféricos: *granizar, llover, oscurecer*. Estos verbos se conjugan en 3.ª persona del singular y no pueden predicarse, no pueden decirse, de nada, de modo que no tienen sujeto: *En invierno oscurece más temprano.*

  ○ Las oraciones impersonales con el verbo *haber* referido a la existencia de algo. El verbo *haber*, cuando es impersonal y transitivo, se utiliza en 3.ª persona del singular y va acompañado de un nombre o un grupo nominal que funciona como objeto directo y, por lo tanto, no concuerda con el verbo:

(Verbo transitivo)	(Objeto Directo)
Hay	**una gran demanda** de cursos de español.
Había	**muchos cursos** relacionados con las nuevas tecnologías.[1]

  ○ Las oraciones impersonales con el verbo *hacer* cuando significa 'existir o presentarse una determinada circunstancia meteorológica' o 'haber transcurrido cierto tiempo'. El nombre o el grupo nominal que acompaña al verbo *hacer* funciona como objeto directo y no establece concordancia con el verbo, este, en consecuencia, se conjuga en 3.ª persona del singular:

(Verbo transitivo)	(Objeto Directo)
En la casa de la montaña **hizo**	**mucho frío.**
—¿Cuándo te casaste? —**Hace**	**un año.**
—¿Cuándo se marchó? —**Hace**	**dos semanas.**[2]

- Las oraciones impersonales con el verbo en 3.ª persona del plural y con sujeto tácito inespecífico; es decir, referido a una persona que no está identificada por el hablante: *Me han llamado por teléfono para un trabajo.* La oración debe interpretarse en el sentido de que una persona no identificada ha llamado por teléfono al hablante.

- Las oraciones impersonales con *se* que no tienen un sujeto, ni explícito ni implícito, que concuerde con el verbo; se trata de un sujeto referido a una persona que queda oculta: *En las pantallas se veía a los aficionados españoles.* Estas oraciones llevan el verbo en 3.ª persona del singular precedido del morfema *se*, que es la marca de su valor impersonal. Las oraciones impersonales con *se* pueden construirse con:

  ○ verbos transitivos, de modo que hay un objeto directo:

  En el homenaje **se aplaudió**   *a los jugadores*.
  (Verbo tr.)   (Objeto Directo)

  ○ verbos intransitivos, por lo que no llevan objeto directo, pero puede haber otros complementos:

  Se ha reflexionado   *sobre los problemas del sector*.
  (Verbo intr.)   (Complemento de Régimen)

✓ Ejercicio

5. Indica a qué clase pertenecen las siguientes oraciones impersonales (con qué tipo de verbo se construyen, con qué tipo de sujeto).

   Durante el pasacalle se vitoreó a los jugadores.
   Este año ha llovido más de lo esperado.
   Había una gran expectación entre los asistentes.
   Le han propuesto un nuevo proyecto.
   Se ha debatido sobre la renovación de los contratos.
   Durante los meses de julio y agosto aquí hace un calor insoportable.
   Cada verano hay muchos cachorros abandonados por sus dueños.
   Nos han llamado en el último momento.
   Se ha recibido a los invitados con gran entusiasmo.
   No hace mucho tiempo de su última relación.

5.2.1 Las oraciones pasivas reflejas y las oraciones impersonales con *se*

Las oraciones pasivas reflejas y las oraciones impersonales con *se* tienen en común la forma activa del verbo y la presencia del *se*, que es la marca de que una oración es o bien pasiva o bien impersonal. No obstante, hay una diferencia importante entre ellas: la oración pasiva refleja tiene un nombre o un grupo nominal en función de sujeto que concuerda con el verbo; la impersonal carece de sujeto, pero puede tener objeto directo cuando el verbo es transitivo:

- Oración pasiva refleja: *Se alquilan apartamentos en la playa de Gandía.*
                                              (Sujeto)

- Oración impersonal con *se* y verbo transitivo:
  ○ *En esta planta se atiende a los enfermos graves.*
                                      (Objeto Directo)

Los ejemplos de oraciones pasivas reflejas que se han presentado hasta ahora están en plural. También es posible construir oraciones pasivas reflejas en singular: *Se ha prohibido la entrada de botellas en los estadios*. Pero, en este caso, la oración tiene una doble interpretación, puede analizarse como pasiva refleja, de manera que el grupo nominal funciona como sujeto, o bien como impersonal con *se*, y el grupo nominal funciona entonces como objeto directo, porque las oraciones impersonales carecen de sujeto expreso u omitido:

- Pasiva refleja: *Se ha prohibido **la entrada** de botellas en los estadios.*
  (Sujeto)
- Impersonal con *se*: *Se ha prohibido **la entrada** de botellas en los estadios.*
  (Objeto Directo)

Hay una serie de pistas que ayudan a interpretar una oración como pasiva refleja o como impersonal:

- Si el verbo está en plural, la oración es pasiva refleja y el grupo nominal en plural es el sujeto, pues las impersonales con *se* siempre llevan el verbo en singular:
  - *Se **premiaron** los mejores alumnos.*
    (Sujeto)
- Si el verbo está en singular y el grupo nominal en plural va precedido de la preposición *a*, la oración debe interpretarse como impersonal con *se*, pues el grupo nominal es el objeto directo:[3]
  - *Se **premió a los mejores alumnos**.*
    (Objeto Directo)
- Si el verbo está en singular y el grupo nominal, también en singular, va precedido de la preposición *a*, la oración debe analizarse como impersonal con *se*, porque el grupo nominal es el objeto directo:
  - *No se **premió a ningún candidato**.*
    (Objeto Directo)

En resumen, se pueden comparar las dos clases de oraciones con la relación de enemistad que, en ocasiones, existe entre las personas: la pasiva refleja está reñida con el objeto directo (no hay objeto directo en la oración pasiva refleja) y la impersonal con *se* está reñida con el sujeto (la oración impersonal no tiene sujeto).

Ejercicio

6. Identifica las oraciones pasivas reflejas y las oraciones impersonales en los ejemplos siguientes. En las oraciones que admiten una doble interpretación: pasiva refleja o impersonal, explica las dos posibilidades de análisis.

   Después de la exhibición no se recogió ninguna silla.
   Se sirvió una gran cantidad de comida.
   Se han vendido casi todos los apartamentos del bloque.
   En algunos países se cultiva arroz en agua salada.
   Se visitó el patio principal de los jardines.

Se invirtieron ocho millones de dólares en el rescate de la compañía.
Se ha indemnizado a los afectados por el incendio.
Tras una larguísima reunión, se firmó la prórroga del contrato.
Se aprueba a los alumnos con una nota superior a 5 en el examen final.
Se convoca una huelga en favor de la igualdad salarial entre hombres y mujeres.

5.3 Formación del enunciado: el orden de palabras

En un enunciado, el orden de las palabras está regido por una dinámica comunicativa, según la cual aparecen en primer lugar los constituyentes más conocidos, más esperados y más accesibles. Por el contrario, se colocan detrás los más nuevos desde el punto de vista informativo, los inesperados y menos accesibles.

Este principio, basado en la distinción entre informaciones dadas e informaciones nuevas, se manifiesta en la lengua española en el orden de las palabras en la oración. Lo conocido se asocia con el sujeto, tras el cual van el verbo y sus complementos, que corresponden a la información nueva, a lo que se dice del sujeto:

Seppel es un fox terrier de pelo duro que tiene dos manchas en el lomo: una marrón y otra gris. Es viejo. Tiene catorce años. Ha pasado siete encerrado en un corral en donde hay otros veinte perros de cazadores. Sus amos lo regalaron a uno de ellos. [. . .][4] Está tumbado cerca de la valla, en un rincón en el que el sol lo calienta durante todo el día.

(Teresa Garbí. Una pequeña historia. 2000)

Si se separan los enunciados del fragmento anterior, se obtienen los siguientes:

- *Seppel* (sujeto) *es un fox terrier de pelo duro que tiene dos manchas en el lomo: una marrón y otra gris;*
- Ø (sujeto tácito) *Es viejo;*
- Ø (sujeto tácito) *Tiene catorce años;*
- Ø (sujeto tácito) *Ha pasado siete encerrado en un corral en donde hay otros veinte perros de cazadores;*
- *Sus amos* (sujeto) *lo regalaron a uno de ellos;*
- Ø (sujeto tácito) *Está tumbado cerca de la valla, en un rincón en el que el sol lo calienta durante todo el día*

En todos ellos, el primer lugar corresponde bien al sujeto expreso o bien al sujeto tácito o implícito; a continuación, aparece el verbo y sus complementos, que aportan la información nueva sobre el animal al que se refiere el grupo nominal *Seppel*.

No obstante, el español permite la alteración del orden normal en distintos casos. En el capítulo 3 se ha visto que los enunciados interrogativos tienden a colocar la palabra interrogativa al principio del enunciado y el sujeto después del verbo (*¿Qué sintió **usted** (sujeto) en el momento del accidente?*). Por otra parte, cuando el sujeto proporciona la información nueva también puede situarse después del verbo, como en la oración con la que se responde a la siguiente pregunta: —*¿Quién vino? —Vino **tu hijo Gabi** (sujeto)*. Si el sujeto va acompañado de un complemento tiende a situarse, asimismo, detrás del verbo: *Existían varios **problemas sin resolver** (sujeto); Han surgido **unos problemas que merecen nuestra atención** (sujeto).*

Asimismo, como se indica en este capítulo, el sujeto de la oración pasiva refleja se coloca, de manera general, detrás del verbo, porque normalmente no coincide con la información conocida por el oyente: *Ayer se presentaron **las conclusiones de la investigación*** (sujeto).

Ejercicio

7. En los siguientes enunciados señala la parte que contiene información conocida y la parte que aporta información nueva.

> *Más de 300 operarios fueron despedidos de sus puestos de trabajo.*
> *Mañana no podremos ir a la playa de la Malvarrosa en autobús.*
> *La visita a las ruinas del castillo fue anulada en el último momento.*
> *La mitad de los vuelos de este aeropuerto sufre retrasos en plenas vacaciones.*
> *La carne hierve en una olla desde esta mañana.*
> *En verano la gente viaja más.*
> *El instituto organiza numerosos foros pedagógicos sobre el desarrollo del talento y la creatividad en los niños.*
> *Las compañías deben mejorar el control sobre el tráfico aéreo de pasajeros internacionales.*
> *En esta playa se admiten perros y otras mascotas.*
> *Los doce jóvenes fueron rescatados tras el grave accidente.*

Cuestiones para reflexionar y debatir

1. Lee estas oraciones y reflexiona sobre si son correctas desde el punto de vista gramatical.

> *Habían dos sospechosos en la estación de Valdepeñas.*
> *Hacen tres meses desde que Verónica y Alma nos visitaron.*
> *El enfermo ha evolucionado favorablemente.*
> *Los ojos de la modelo fueron cerrados antes de conocer el veredicto.*
> *Finalmente, se vencieron a los rivales con gran esfuerzo.*
> *La compra de este edificio vale una cantidad de dinero asombrosa.*
> *Mi hermano cambió de trabajo hacen varias semanas.*
> *Tres metros son medidos por el cuello de una jirafa.*

2. Lee los enunciados siguientes y responde a estas cuestiones:

   a) ¿En qué enunciado *el Consejo* es la información conocida?
   b) ¿En qué enunciado *los presupuestos del próximo trimestre* es la información conocida? ¿Y en cuáles es la información nueva?
   c) ¿Por qué en el enunciado 2 no aparece el complemento agente *por el Consejo*?

   > 1. *El Consejo aprobó los presupuestos del próximo trimestre.*
   > 2. *Se aprobaron los presupuestos del próximo trimestre.*
   > 3. *Los presupuestos del próximo trimestre fueron aprobados por el Consejo.*

Actividades de clase

1. Por parejas, busquen en la sección de anuncios de un periódico tres oraciones pasivas reflejas y tres oraciones impersonales con *se*. Clasifíquenlas y reflexionen sobre si son correctas desde el punto de vista gramatical.

2. Por parejas, lean esta noticia y fíjense en las partes destacadas en negrita. Trasformen en oraciones activas las oraciones pasivas y, al contrario, trasformen en oraciones pasivas perifrásticas las oraciones activas.

> *Condenado a 1700 euros por perseguir a un jabalí en Doñana y matarlo atropellado.* **El Juzgado de lo Penal número 1 de Huelva ha condenado a un hombre a pagar una multa de casi 1700 euros** *por perseguir a un jabalí en un paraje del Espacio Natural de Doñana, atropellarlo con el vehículo y darle muerte.* *Además,* **este hombre ha sido inhabilitado para cazar durante tres años y tres meses.** *Asimismo,* **como responsabilidad civil deberá abonar a la Consejería de Medio Ambiente y Ordenación del Territorio de la Junta de Andalucía una indemnización de 486 euros,** *equivalentes al coste del animal.*
>
> (Texto extraído y adaptado. <www.lavanguardia.com/local/sevilla/20180716/45940058377/condenado-euros-perseguir-jabali-donana-matarlo.html>)

NOTAS

1. Sin embargo, muchos hablantes de América y de España concuerdan el verbo con el objeto directo cuando este está en plural: *Habían* **muchos cursos** *de inglés gratis para extranjeros.* No obstante, las Academias de la Lengua Española recomiendan utilizar el verbo *haber* en singular, porque es un verbo impersonal transitivo; es decir, no tiene sujeto, pero sí objeto directo: *Había* **muchos cursos** *de inglés gratis para extranjeros.*
2. Como en el caso del verbo *haber*, hay hablantes que hacen concordar el verbo *hacer* en plural con el objeto directo cuando este va en plural: *—¿Desde cuándo existen las impresoras 3D? —Desde* **hacen varios años**. También aquí las Academias de la Lengua Española consideran impropio concordar en plural el verbo y el grupo nominal objeto directo, por lo que es más apropiado utilizar el verbo en singular: *—¿Desde cuándo existen las impresoras 3D? —Desde* **hace varios años**.
3. En el uso coloquial puede encontrarse la combinación de la construcción con el verbo en plural y la de objeto indirecto (*Se premiaron a los mejores alumnos*), pero no es recomendable.
4. Los puntos suspensivos situados entre corchetes indican que se ha suprimido un fragmento del texto que no es necesario para la cuestión que se trata.

Capítulo 6

Modificadores del nombre

Resumen

Este capítulo presenta los modificadores del nombre que funciona como núcleo del grupo nominal. Se explican los determinantes: artículos, demostrativos, posesivos y cuantificadores; los adjetivos y los nombres modificadores del nombre núcleo; los grupos preposicionales que lo completan; las oraciones subordinadas que lo modifican; y algunas cuestiones fundamentales sobre la puntuación de los modificadores del nombre. El capítulo está formado por los siguientes apartados:

Determinantes
Adjetivos y nombres modificadores
El grupo preposicional
Oraciones subordinadas de relativo
Los modificadores del nombre y la puntuación

La lectura y compresión de este capítulo permitirán:

- Conocer los determinantes del nombre.
- Saber cómo funcionan los adjetivos que modifican a un nombre.
- Reconocer los nombres modificadores de otro nombre.
- Conocer las oraciones subordinadas de relativo.
- Utilizar la coma con los modificadores del nombre.

6.1 Determinantes

Para que los nombres de una oración se refieran, por ejemplo, a una persona o a un objeto concretos deben ir acompañados de otras palabras: los **determinantes**. Los determinantes están formados por varias clases de palabras que permiten que el nombre al que preceden tenga un referente. Así, el nombre *mujer*, sin ningún determinante que lo acompañe, no se refiere a ninguna persona concreta del sexo femenino. En cambio, cuando va acompañado por determinantes de distintas clases, se consigue que tenga una referencia concreta en un determinado contexto:

*la mujer: El grupo cantó una melodía que **la mujer** había compuesto.*
*una mujer: El grupo cantó una melodía que **una mujer** había compuesto.*
*aquella mujer: El grupo cantó una melodía que **aquella mujer** había compuesto.*
*su mujer: El grupo cantó una melodía que **su mujer** había compuesto.*
*otra mujer: El grupo cantó una melodía que **otra mujer**había compuesto.*

6.1.1 El artículo

El **artículo** anuncia que la palabra que va detrás es un nombre o funciona como un nombre. Indica también el género y el número del nombre que le sigue: *los gatos / la gata*; el artículo *los* señala que el nombre *gatos* está en masculino plural; por su parte, el artículo *la* muestra que *gata* es femenino singular. Como el resto de determinantes, el artículo sirve para que el nombre se refiera a una entidad concreta.

En español existen dos clases de artículos: el determinado y el indeterminado. Las dos clases tienen formas y funciones distintas.

El artículo determinado

Las formas del artículo determinado son:

Tabla 6.1

	Masculino	Femenino
Singular	*el* (colegio)	*la* (escuela)
Plural	*los* (colegios)	*las* (escuelas)

En la tabla anterior se observa que el artículo determinado tiene diferentes formas, varía en género (masculino / femenino) y en número (singular / plural) (§ 11.1.). Las variaciones de género y número del artículo se corresponden con el género y el número del nombre al que acompaña, de modo que entre el artículo y el nombre debe haber concordancia (§ 2.3.1.). Esta característica formal es importante porque, cuando la forma de un nombre no permite saber su género, el artículo lo indica; en el grupo nominal *la mano*, la forma femenina del artículo informa de que el nombre *mano* es femenino, aunque sea una palabra acabada en -*o*.

El artículo determinado femenino singular, además de la forma *la*, tiene otra: *el*, usada delante de nombres que comienzan por / a / tónica, reproducida en la escritura como *a-* o como *ha-* con tilde o sin ella: *el agua* (no **la agua*), *el águila* (no **la águila*), *el hambre* (no **la hambre*), *el hacha* (no **la hacha*). Esta regla de la gramática española no se aplica cuando entre el artículo y el nombre se interpone un adjetivo u otra palabra. De este modo, aunque es muy frecuente el uso de expresiones como **el mismo arma*, por ejemplo, este grupo nominal no es adecuado sintácticamente, por lo que conviene usar *la misma arma*.[1] La regla tampoco se aplica cuando el artículo está en la forma plural: *las aguas*, *las hachas*.

Además de las formas anteriores, el artículo determinado cuenta con dos formas contractas: *al* y *del*, resultado de combinar el artículo *el* con las preposiciones *a* y *de*, respectivamente:

> *Miraba **al** suelo (**a** + **el** suelo) continuamente.*
> *No quitaba la vista **del** suelo (de + el suelo).*

La función general del artículo determinado es señalar que la entidad designada por el nombre está identificada para los interlocutores en un contexto dado. En el siguiente fragmento:

> *Muere **una mujer** tras la explosión de una olla exprés en A Coruña. El hecho se ha producido mientras **la mujer** cocinaba en su vivienda,*

la primera vez que aparece el nombre *mujer* va precedido de la palabra *una*, pero cuando el hablante vuelve a referirse a esa persona, utiliza el artículo determinado *la*: *la mujer*. El uso del artículo determinado es posible porque la referencia del nombre *mujer* ya está identificada para los interlocutores: se trata de la mujer de la que se habla en ese contexto.

En otros casos, no es el contexto, sino el conocimiento de la situación en la que viven el hablante y el oyente, el que permite identificar la entidad designada por el nombre, que, en consecuencia, va precedido por el artículo determinado: *Se ha estropeado la lavadora*. Si esta oración la dice un niño a sus padres, cuando estos llegan a casa, el nombre *lavadora* se refiere a la lavadora que la familia tiene. La identificación del objeto designado por el nombre *lavadora* explica el uso del artículo determinado.

El artículo determinado funciona también como introductor de un nombre que no designa entidades particulares, sino que se refiere a todos los miembros de una clase: *El pan es un alimento que incluye los nutrientes básicos para el organismo*. En el fragmento anterior el grupo nominal *El pan* no se refiere a una sola pieza ni a una pieza concreta de ese alimento, sino a todas las de la clase "pan".

Por último, el artículo determinado también sirve para indicar que la palabra que le sigue es un nombre o funciona como un nombre. En **Los zapatos** *negros son muy elegantes, pero los* **zapatos** *amarillos combinan mejor con el vestido*, el artículo *Los* indica que la palabra *zapatos* es un nombre que está en masculino plural. Por otra parte, en **Los zapatos** *negros son muy elegantes, pero* **los amarillos** *combinan mejor con el vestido*, el artículo *los* hace que el adjetivo *amarillos* funcione igual que un nombre, pues el contexto y la forma del artículo informan de cuál es el nombre omitido.

El artículo *lo*

El artículo *lo*, denominado también **artículo neutro**, es invariable en número y no se combina con nombres, porque en español no existen nombres de género neutro. La función que puede desempeñar depende de las construcciones en que aparece:

- Antepuesto a adjetivos en masculino singular permite que estos funcionen como un nombre; es decir, el artículo tiene una función sustantivadora. En la oración *Come* **lo justo** *para no superar las calorías diarias*, el artículo *lo* más el adjetivo *justo* sustantivado constituyen un grupo nominal que funciona como objeto directo de *Come*.

- La misma función sustantivadora se cumple cuando el artículo *lo* precede a una palabra de una clase distinta a la del adjetivo o a un grupo de palabras introducidos en ambos casos por la preposición *de*:

  - *Yo tomaré* **lo de siempre**, *el menú*; en esta oración *lo de siempre*, construcción formada por el artículo neutro *lo*, la preposición *de* y el adverbio *siempre*, es el objeto directo de *tomaré*, por la sustantivación que realiza el artículo.

  - **Lo de tu padre** *ha sido muy triste*;[2] en este caso la construcción está formada por el artículo neutro *lo* y el grupo preposicional *de tu padre*, y su función es la de sujeto de la oración, también porque el artículo sustantiva la construcción.

El artículo indeterminado

Las formas del artículo indeterminado son estas (§ 11.1.):

Tabla 6.2

	Masculino	Femenino
Singular	*un* (*colegio*)	*una* (*escuela*)
Plural	*unos* (*colegios*)	*unas* (*escuelas*)

La función del artículo indeterminado es señalar que el nombre al que acompaña se refiere a un miembro no identificado, no determinado, de la clase designada por el nombre: *El presidente de Estados Unidos Theodore Roosevelt **leía un libro** al día*. El nombre *libro*, precedido del artículo *un*, designa, pues, un solo elemento no identificado de los que componen la clase de los libros.

La función anterior le permite al artículo indeterminado cumplir otra: la de acompañar a un nombre que introduce una entidad no mencionada anteriormente en el discurso. Es lo que ocurre en el siguiente fragmento con el grupo nominal *un hombre*:

> *La Policía multa a **un hombre** cuando miraba el celular al volante. **El hombre** viajaba en su automóvil por la avenida Castelao cuando fue sorprendido por un control de seguridad vial.*

Una vez ha sido mencionado o presentado el hombre del que se habla (*La Policía multa a **un hombre***), el oyente ya puede identificarlo, de manera que en la próxima aparición del grupo nominal el artículo que se utiliza es el determinado: ***El hombre** viajaba en su coche*.

Otra función cumplida por el artículo indeterminado es la de indicar que una entidad pertenece a una clase, es decir, se atribuye un elemento a la clase designada por el nombre: —*¿Qué es ese aparato?* —*Ese aparato es **una yogurtera***. El objeto designado por el nombre *aparato* es atribuido a la clase de las yogurteras, por eso el nombre *yogurtera* va precedido del artículo *una*. Esta función del artículo se relaciona con la presencia del verbo *ser* en la oración (§ 3.2.1.).

Igual que el artículo determinado, el indeterminado funciona como introductor de un nombre que no designa entidades particulares, sino que se refiere a todos los miembros de una clase: ***Un maestro** tiene que tener vocación*. El grupo nominal *Un maestro* no se refiere a un individuo concreto, sino que se refiere a todos los miembros de la clase "maestro"; esto es, tiene un valor genérico.

6.1.2 Los demostrativos

La clase de los demostrativos está compuesta por las siguientes formas:

Tabla 6.3

	Singular	Plural
Masculino	*este* (*sillón*), *ese* (*sillón*), *aquel* (*sillón*)	*estos* (*sillones*), *esos* (*sillones*), *aquellos* (*sillones*)
Femenino	*esta* (*silla*), *esa* (*silla*), *aquella* (*silla*)	*estas* (*sillas*), *esas* (*sillas*), *aquellas* (*sillas*)

Los demostrativos también tienen formas diferentes para el masculino y para el femenino, para el singular y para el plural. En un grupo nominal, la forma del demostrativo escogida debe tener el mismo género y número que el nombre al que acompaña. La razón es que el demostrativo concuerda con el nombre en género y número.

Por ser un determinante, la función de los demostrativos es permitir que el nombre al que preceden tenga un referente. De manera específica, la función de los demostrativos es situar el referente del nombre en el espacio o en el tiempo señalando la distancia que la entidad designada mantiene en relación con el hablante y el oyente. De este modo, cuando el hablante se refiere a una entidad que está presente, a la vista:

- utiliza *este, estos, esta, estas* con nombres que se refieren a una entidad que está cerca de él: *Cómprame esta camisa, mamá. Es la que más me gusta*;
- utiliza *ese, esos, esa, esas* con nombres que se refieren a una entidad que está cerca del oyente: *Esa camisa no combina con los pantalones, hijo*;
- utiliza también *ese, esos, esa, esas* con nombres que se refieren a una entidad concreta de un conjunto de elementos presentes en la situación comunicativa: *Pásame ese libro, el que tiene la tapa roja*; la oración suele acompañarse de un gesto del hablante para señalar la entidad designada;
- utiliza *aquel, aquellos, aquella, aquellas* con nombres que se refieren a una entidad que está lejos del hablante y del oyente: *Aquella camisa te sentará mejor*.

Para situar en el tiempo el referente designado por el nombre:

- Se utiliza *este, estos, esta, estas* con nombres referidos al tiempo en el que vive el hablante: *Este año no he tenido vacaciones*; *Las fiestas empiezan esta semana*.
- Se utiliza el resto de demostrativos cuando el hablante se refiere a un tiempo alejado de su presente: *Ese día no pude ir*; *Siempre recordaré aquellos maravillosos años*.

6.1.3 Los posesivos

Los determinantes posesivos presentan las siguientes formas:

Tabla 6.4

		1.ª pers.	2.ª pers.	3.ª pers.	
Un solo poseedor	Singular	*mi*	*tu*	*su* (de usted)	*su* (de él/ella)
	Plural	*mis*	*tus*	*sus* (de usted)	*sus* (de él/ella)
Varios poseedores	Singular	*nuestro/-a*	*vuestro/-a*	*su* (de ustedes)	*su* (de ellos /ellas)
	Plural	*nuestros/ -as*	*vuestros/ -as*	*sus* (de ustedes)	*sus* (de ellos/ellas)

Para comprender mejor la tabla anterior, hay que tener en cuenta las siguientes observaciones con los ejemplos que las acompañan:

- A diferencia de los otros determinantes, las formas de los posesivos varían según la persona que posee la entidad a la que se refiere el nombre: *mi* hijo (del hablante), *tu* hijo (del oyente), *su hijo* (de una persona que no es el hablante ni el oyente), *su hijo* (del oyente al que se le trata de una manera cortés: de usted).

- Cuando el nombre determinado por el posesivo se refiere a varias entidades, a la variación anterior se une la del número plural: *mis hijos* (del hablante), *tus hijos* (del oyente), *sus hijos* (de una persona que no es el hablante ni el oyente), *sus hijos* (del oyente al que se le trata de una manera cortés: de usted).
- Cuando no se trata de una persona que posee una entidad, sino de varios poseedores, la entidad poseída puede ser una sola. En este caso, para la primera y la segunda persona existe también variación de género: *nuestro hijo / nuestra hija* (de un padre y una madre, por ejemplo; uno de los dos actúa como hablante); en España, *vuestro hijo / vuestra hija* (de un padre y una madre, por ejemplo, que actúan como oyentes).[3] En los países americanos, Canarias y zonas de Andalucía, se usaría el posesivo *su*, que no tiene variación de género: *su hijo / hija* (de un padre y una madre, por ejemplo, que actúan como oyentes);
- Cuando el nombre determinado por el posesivo se refiere a varias entidades poseídas, a las variaciones del punto anterior se añade la del número plural: *nuestros hijos / nuestras hijas* (de un padre y una madre, por ejemplo; uno de los dos actúa como hablante y ambos tienen varios hijos); en España, *vuestros hijos / vuestras hijas* (de un padre y una madre, por ejemplo, que actúan como oyentes y tienen varios hijos).[4] En los países americanos, Canarias y zonas de Andalucía, se usaría el posesivo *sus*, que no tiene variación de género: *sus hijos / hijas* (de un padre y una madre, por ejemplo, que actúan como oyentes y tienen varios hijos);

La función de los posesivos es indicar que el nombre al que acompañan se refiere a una realidad concreta que, además, es poseída por el hablante, por el oyente o por una persona distinta:

- por el hablante: *Una parte de **mi familia** vive en México.*
- por el oyente: *No sabía que una parte de **tu familia** vive en México.*
- por una persona distinta al hablante y al oyente: *Me ha dicho que una parte de **su familia** vive en México*
- por el oyente al que se trata de manera cortés: *¿Visitará **usted** este verano a **su familia** de México?*

6.1.4 Los cuantificadores

Son cuantificadores las palabras que expresan cantidad, ya sea numérica (**tres** *hermanas*), ya sea con una estimación menos precisa (**demasiada** *comida*). Los cuantificadores pertenecen a distintas categorías gramaticales:

- a la de los nombres: *Tráete del mercado un **kilo** de plátanos,*
- a la de los adjetivos: *Estaba sentado en la **tercera** fila,*
- a la de los determinantes: *Aún quedan **bastantes** cervezas,*
- a la de los pronombres: ***Nadie** llegó puntual,*
- a la de los adverbios: *Colócate **más** adelante.*[5]

Aquí van a tratarse algunos cuantificadores de las categorías de los adjetivos, de los determinantes y de los adverbios.

Según el contenido expresado, los cuantificadores se clasifican en:

- numerales, aquellos que proporcionan un cómputo basado en los números naturales: *Bebe **dos** vasos de leche diarios,*
- no numerales, aquellos que indican una cuantificación no numérica: *Ya no se venden **tantas** cajetillas de tabaco.*

Cuantificadores numerales

Dentro de esta clase se diferencia entre los cuantificadores cardinales y los cuantificadores ordinales. Los primeros tienen como función proporcionar la medida numérica de las entidades designadas por el nombre, de manera que el nombre se refiere a una cantidad exacta de entidades: *Este año competirán **trece** películas en la sección oficial del Festival de Cine Español.*

En relación con la forma de los cuantificadores cardinales, hay que tener en cuenta algunas cuestiones:

- Constituyen una sola palabra los cardinales que expresan un número que va de 1 a 15 o que corresponde a las decenas, a las centenas o a mil:

  - ***dos, diez,** ... **quince** horas,*
  - ***veinte, treinta,** ... **noventa** minutos,*
  - ***cien, doscientos,** ... **novecientos** días,*
  - ***mil** años.*

- El resto de cardinales corresponden a palabras compuestas, que se presentan:

  - unidas en una sola palabra, de 16 a 19 y de 21 a 29: ***diecinueve** hombres, **veintinueve** mujeres,*
  - combinadas en varias palabras, a partir de 31: ***treinta y una** ciudades, **quinientos cincuenta y cuatro** pueblos, **seis mil cuatrocientos veintitrés** habitantes, **seis mil cuatrocientas cuarenta y nueve** personas.*

- Los cardinales *uno* y *ciento* suprimen la vocal final al combinarse con un nombre; además, *ciento* pierde también la *t-*, por lo tanto, la forma de estos determinantes es *un* y *cien*:[6]

  - ***Un** kilo de cerezas cuesta estos días cerca de 48 euros.*
  - *Entre la Plaza Mayor y mi calle hay **cien** metros de distancia.*

- Los cardinales *uno, veintiún* y *doscientos* hasta *novecientos* concuerdan en género con el nombre al que determinan. También se establece concordancia entre los determinantes que se forman con ellos y el nombre al que determinan:

  - *Yo pedí **una hamburguesa** y él, **dos** muslitos de pollo.*
  - *Es autor de **veintiuna** novelas.*
  - *En Europa trabajan al año casi **trescientas horas** menos que en otros continentes.*
  - *El primer día se vendieron **cuatrocientas quince entradas** para el partido.*

- En el cardinal *uno*, combinado con *mil*, la concordancia de género es opcional, de manera que puede decirse tanto *treinta y **un** mil libras* como *treinta y **una** mil libras*. Esta última concordancia en femenino es la que el uso está imponiendo actualmente.

Desde el punto de vista de su combinación, los cardinales pueden ir con un nombre que lleve artículo. El artículo debe ir en la primera posición, seguido del cardinal, y en último lugar se sitúa el nombre: *Continúa la búsqueda de **las dos mujeres** desaparecidas*; *En el congreso han participado **unos cincuenta especialistas** en alergología*. Cuando el grupo nominal está formado por el artículo indeterminado + el numeral cardinal + el nombre, el cardinal no señala la cantidad exacta de entidades designadas por el nombre, sino una aproximada; en el último ejemplo esa cantidad se sitúa más o menos alrededor de cincuenta.

Por su parte, los cuantificadores ordinales sirven para expresar el orden que, en una serie o sucesión, ocupa la entidad designada por el nombre: *Tiene una ventaja de 47* (cuantificador cardinal) *puntos sobre el **tercer*** (cuantificador ordinal) *clasificado*.

Desde el punto de vista formal,

- los ordinales concuerdan en género y número con el nombre al que acompañan: *Vivo en el **cuarto piso**; Los **primeros días** de cada mes se publican los menús en la página web*;
- los determinantes *primero* y *tercero* suprimen la vocal final al combinarse con un nombre masculino, de manera que su forma es *primer* y *tercer*: *Rafa Nadal consiguió el **primer puesto** en la clasificación de la ATP; Holanda ocupó el **tercer lugar** en la Copa del Mundo 2014*.

Respecto a su combinación con otros elementos del grupo nominal, los ordinales pueden colocarse delante o detrás del nombre: *En el **octavo capítulo** se cuenta la aventura de los molinos de viento ~ En el **capítulo octavo** se cuenta la aventura de los molinos de viento*. En los ejemplos anteriores, el ordinal va precedido del artículo determinado; además, puede llevar delante:

- un artículo indeterminado: *Planteó **una cuarta** pregunta*.
- un demostrativo: *Cinco alumnos comenzarán el curso **esa tercera** semana*.
- un posesivo: ***Su segundo** marido fue el cantante Michael Jackson*.

Cuantificadores no numerales

Como se ha indicado anteriormente, los cuantificadores no numerales indican una cuantificación no numérica. En ellos pueden establecerse varias distinciones según la cantidad expresada.

El cuantificador *todo*

- Desde el punto de vista formal, tiene variaciones de género y número, por lo que concuerda con el nombre: ***todo** el país / **toda** la nación, **todos** los países / **todas** las naciones*.
- Desde el punto de vista de su combinación, generalmente se sitúa delante de otros determinantes: ***todos** los libros, **todos** aquellos libros, **todos sus** libros*.
- Desde el punto de vista de su función, sirve para indicar que la cantidad expresada se refiere a la totalidad de elementos de un conjunto: ***Todos** los **alumnos** de esta carrera salen hoy con un empleo*. En el ejemplo anterior, el cuantificador está en plural; con un grupo nominal en singular, *todo* expresa cantidad sobre todas y cada una de las partes de la entidad expresada por el nombre: *Me desplazo por **toda la ciudad** en bicicleta*; en la

oración anterior el hablante indica que realiza en bicicleta el desplazamiento por todas y cada una de las partes de la ciudad.

Los cuantificadores poco, mucho, demasiado, bastante

- En relación con su forma, se comportan de modo distinto. Los tres primeros concuerdan en género y número con el nombre. El último solo presenta variación en número:

  - **poco** desayuno / **pocos** desayunos / **poca** cena / **pocas** cenas,
  - **mucho** desayuno / **muchos** desayunos / **mucha** cena / **muchas** cenas,
  - **demasiado** desayuno / **demasiados** desayunos / **demasiada** cena / **demasiadas** cenas,
  - **bastante** desayuno / **bastante** cena / **bastantes** desayunos / **bastantes** cenas.

- En cuanto a su combinatoria, todos se colocan delante del nombre al que determinan.
- Respecto a su función, estos cuantificadores designan una cantidad de un conjunto indeterminado de elementos. Además, establecen una valoración de la cantidad expresada respecto a una norma, a una escala que va de lo más bajo a lo más alto:

$$- \longrightarrow +$$

Figura 6.1

  - El cuantificador *poco* sitúa la entidad cuantificada en la parte más baja de la escala: *Los alumnos consiguieron* **poco** *dinero para el viaje de fin de curso.*
  - El cuantificador *bastante* sitúa la entidad cuantificada en una parte más alta de la escala e indica que se ha llegado a un punto aceptable: *Los alumnos consiguieron* **bastante** *dinero para el viaje de fin de curso.*[7]
  - El cuantificador *mucho* sitúa la entidad cuantificada en la parte alta de la escale e indica que se ha llegado a un punto elevado: *Los alumnos consiguieron* **mucho** *dinero para el viaje fin de curso.*
  - El cuantificador demasiado sitúa también la entidad cuantificada en la parte alta de la escala, pero indica que se ha excedido la cantidad que se considera adecuada: *Los alumnos consiguieron* **demasiado** *dinero para el viaje de fin de curso.*

Los cuantificadores más, menos, tanto

- Desde el punto de vista formal, los cuantificadores *más* y *menos* son invariables, determinan a nombres masculinos o femeninos, en singular o en plural. Por el contrario, el determinante *tanto* concuerda en género y número con el nombre al que determina:

  - **más** trabajo / **más** tarea / **más** trabajos / **más** tareas,
  - **menos** trabajo / **menos** tarea / **menos** trabajos / **menos** tareas,
  - **tanto** trabajo / **tanta** tarea / **tantos** trabajos / **tantas** tareas.

- En cuanto a su combinatoria, los tres se colocan antepuestos al nombre del grupo nominal.
- La función de estos cuantificadores consiste en permitir que el nombre al que determinan exprese cantidad en relación o en comparación con lo expresado por otro nombre (§ 9.3.; 9.4.). La comparación puede ser:

  - de superioridad: *Teníamos* **más** *tarea de la (tarea) prevista,*
  - de inferioridad: *Mi madre siempre me decía que dos hijos dan* **menos trabajo** *que un hijo solo,*
  - de igualdad: *La profesora da a cada equipo* **tantas tareas** *como miembros tenga el equipo.*

Ejercicio

1. Lee estas oraciones y fíjate en los determinantes destacados en negrita. Analiza la forma de cada uno y explica su función.

> Han abierto **una** tienda de productos ecológicos en el barrio de Gema.
> En esta ciudad nunca ha llovido como lo hizo **aquel** día.
> **El** café tiene propiedades que ayudan a aliviar dolores leves.
> La empresa ofrece servicios que se adaptan a **tu** mascota.
> Este verano ha hecho **más** calor que el año pasado.
> Dormir **demasiadas** horas también puede ser perjudicial para la salud.
> **Este** año el sector del automóvil ha aumentado sus ventas un 8 %.
> Vienen **nuestros** amigos a cenar.
> La ropa ancha es cómoda, pero **la** ajustada te favorece más.
> El perro que le regalaron por su cumpleaños es **un** caniche.

6.2 Adjetivos y nombres modificadores

Además de ir acompañado por los determinantes, el nombre que funciona como núcleo de un grupo nominal puede ser modificado por un adjetivo o por otro nombre. A continuación, veremos las características de los adjetivos y de los nombres que modifican al núcleo restringiendo el referente que designa o explicando algo sobre él.

6.2.1 Adjetivos modificadores

Ya se ha visto (§ 2.3.1.) que una de las funciones del adjetivo es modificar al nombre de un grupo nominal expresando propiedades del referente al que designa el nombre modificado: *Siempre tengo que cuidar de mi hermana* **pequeña**. En la oración anterior, la persona designada por el grupo nominal *mi hermana* es de corta edad, particularidad expresada por el adjetivo *pequeña*.

En la función de modificadores del nombre, los adjetivos pueden ocupar dos posiciones respecto a él: o bien se sitúan delante del nombre (adjetivos antepuestos), o bien van detrás (adjetivos pospuestos). Los valores del adjetivo son distintos según la posición que ocupe:

- Cuando va antepuesto al nombre, el adjetivo presenta una propiedad del referente del nombre como una información, como una explicación adicional sobre el referente:

  ○ *Mi profesora de Lengua, con el cigarrillo entre sus largas manos, nos hablaba de Virginia Wolf.*

  El referente del nombre *manos* está identificado para el receptor: se trata de las manos de la profesora del hablante. Teniendo en cuenta este dato, el adjetivo *largas*, antepuesto al nombre, expresa una información, una explicación añadida sobre las manos: que tienen la propiedad de ser largas. En este caso, el adjetivo tiene un valor **explicativo**.

- Cuando el adjetivo va pospuesto, sirve para restringir el referente del nombre a una entidad que tenga la propiedad expresada por el adjetivo:

  ○ *Para* **las manos largas** *y los dedos finos la forma de las uñas debe ser cuadrada.*

  El referente del nombre *manos* no puede ser identificado por el oyente, *manos* no se refiere a ninguna entidad concreta. El adjetivo *largas*, que va pospuesto, sirve para restringir la referencia del nombre modificado a una entidad que presente la propiedad expresada por el adjetivo; es decir, la designación de *manos* queda restringida a unas manos largas, no grandes ni pequeñas ni con ninguna otra característica. El adjetivo pospuesto tiene un valor restrictivo o **especificativo**.

6.2.2 Nombres modificadores

El nombre núcleo de un grupo nominal puede ser modificado también por otro nombre que desempeña la función de **aposición**. En la aposición tenemos, pues, un nombre que se une a otro anterior y que incide sobre él: *El profesor* **Moreno**, donde el apellido *Moreno* está en aposición al grupo nominal *El profesor*.

En la función de aposición se distingue entre:

- La aposición especificativa. El nombre en aposición sirve para restringir el referente del nombre núcleo del grupo nominal:

  ○ *La semana pasada murió nuestro tío* **Federico**.

  El nombre propio *Federico* permite identificar la persona designada por *tío*; de manera implícita se da a entender que el hablante tiene más de un tío y el que falleció es Federico y no otro. Si la oración emitida fuera *La semana pasada murió nuestro tío*, el hablante daría por hecho que solo hay una persona que puede ser el referente de *nuestro tío* y que esa persona está identificada para el oyente, de manera que no es necesario el nombre en función apositiva.

  Existe también aposición especificativa cuando el nombre en aposición no realiza una identificación, sino una especificación o restricción sobre el referente designado por el nombre núcleo: *Tengo una vivienda en venta en Barcelona* **capital**. En este caso, el nombre apositivo *capital* restringe la designación de *Barcelona* a la ciudad que es capital, excluyendo por ejemplo Barcelona provincia.

- La aposición explicativa. A diferencia de la anterior, en esta el nombre en aposición aparece separado del nombre modificado por pausas, representadas en la escritura por comas:

  ○ *Domingo,* **su hijo mayor**, *heredó la bodega*.

  Con oraciones de este tipo el hablante da por seguro que el oyente identifica el referente del nombre propio *Domingo*, de manera que con la aposición *su hijo mayor*, situada entre comas, se proporciona una explicación o una información adicional sobre la persona designada por *Domingo*. Por otra parte, el ejemplo sirve para comprobar que el elemento apositivo no es solo un nombre, como en los casos anteriores, sino que puede ser también un grupo nominal. Además, puede haber aposición explicativa de un nombre respecto de un pronombre: *Nosotros,* **los aragoneses**, *tenemos fama de nobles*. Diciendo simplemente *Nosotros tenemos fama de nobles*, el hablante considera que el oyente identifica la referencia del pronombre *nosotros*. Por lo tanto, al añadir la aposición *los aragoneses*, el hablante refuerza una información ya conocida.

Ejercicio

2. Señala los adjetivos, nombres y grupos nominales que funcionan como modificadores de un nombre o un pronombre. Indica la clase de palabras a la que pertenecen los modificadores (adjetivo o nombre) y el valor que tienen (explicativo o especificativo).

   El rey Alfonso VIII conquistó todo el territorio.
   Está previsto que la tormenta llegue a Valencia ciudad esta madrugada.

La novela cuenta una historia fascinante.
Utilizaban sus grandes escudos para protegerse del enemigo.
Belén, la hija del actor, reaparece en televisión.
El equipo está formado por médicos de prestigio internacional.
Se esperan lluvias torrenciales en el sur del país.
El primo José todavía no se ha casado.
Vosotros, los propietarios, también tenéis obligaciones con los arrendatarios.
El doctor Montero ha sido premiado por su trayectoria en el campo de la medicina.

6.3 El grupo preposicional

Los adjetivos y los nombres no son las únicas palabras que pueden funcionar como modifica-dores del núcleo de un grupo nominal. También el grupo preposicional modifica o completa a un nombre o a un grupo de palabras situado delante (§ 2.4.1.):

*El problema es que no hay empleos **de calidad**.*
*No dejes al niño solo en el carro **de la compra**.*

En las oraciones anteriores, los grupos preposicionales *de calidad* y *de la compra*, formados por una preposición (*de*) más un grupo nominal (*calidad* y *la compra*), constituyen el complemento de los nombres *empleos* y *carro*. El grupo preposicional que funciona como complemento del nombre permite especificar o restringir el referente del nombre completado. Así, en la segunda oración, no se trata de un carro de caballos ni de un carro para la mochila escolar, por ejemplo, sino que se restringe lo dicho al carro de la compra que los clientes encuentran en el supermercado.

La preposición *de* es la más frecuente para introducir el grupo preposicional complemento de un nombre, pero también pueden aparecer otras preposiciones:

*Es una mujer **de fuertes convicciones**.*
*El 80 % de los jóvenes **con estudios universitarios** tiene trabajo.*
*Sortean un viaje **por la Patagonia**.*

Por otra parte, el término de la preposición puede pertenecer a distintas clases de palabras:

- nombre: *Hay que saber elegir el cuello **de una camisa**.*
- pronombre: *Nos han invitado a pasar una velada **con ellos**.*
- verbo: *¿Pueden los profesores cambiar su manera **de enseñar**?*
- adverbio: *Ya han comenzado las obras en el piso **de arriba**.*

Finalmente, el grupo preposicional puede expresar diversas relaciones de significado respecto al nombre que completa. Entre ellas están las siguientes:

- pertenencia o posesión: *El bebé se durmió en los brazos **del padre** ~ El bebé se durmió en sus brazos.*
- materia: *En esta joyería encontrará la cadena **de oro** adecuada.*
- finalidad: *En esta guía se explica cuáles son los mejores cuchillos **de cocina**.*
- funcionamiento: *El ingeniero estadounidense Robert Fulton construyó el primer barco **de vapor**.*

Ejercicio

3. Señala los grupos preposicionales que funcionan como modificadores del nombre en estas oraciones. Indica también la clase de palabra a la que pertenece el término de la preposición y el significado que expresa el grupo preposicional.

> *Le regaló un collar de diamantes.*
> *Todos los veranos se alojan en casa del argentino.*
> *Su juguete preferido era un caballo de madera.*
> *Estas lanchas de motor tienen mucha potencia.*
> *Una amiga de ellos consiguió el trabajo.*
> *Visitó más de cuarenta ciudades durante su recorrido por Europa.*
> *Los visitantes no pueden acceder a la zona de culto.*
> *El nuevo jefe ahora ocupa la oficina del anterior.*
> *El secretario canceló la reunión de ayer.*
> *El alojamiento no incluye servicio de limpieza.*

6.4 Oraciones subordinadas de relativo

El nombre núcleo de un grupo nominal puede ser modificado, asimismo, por una **oración subordinada de relativo**. Estas oraciones, llamadas también **oraciones relativas**, simplemente **relativas** o **subordinadas adjetivas**, son las que van encabezadas por un pronombre o un adverbio relativo. A continuación, aparecen ejemplos con algunos relativos del español y la subordinada que introducen:

- pronombre relativo *que*: *Una psicóloga ha estudiado las rupturas sentimentales **que afectan a los actores de Hollywood**.*
- pronombre relativo *quien*: *Roba a ancianos **a quienes cuidaba** porque le pagaban poco.*
- adverbio relativo *donde*: *Mi presencia llama la atención en cualquier sitio **donde voy**.*
- adverbio relativo *cuando*: *La próxima semana, **cuando nos encontremos de nuevo**, te podré contar el resultado de la prueba.*
- adverbio relativo *como*: *Me molestó la forma **como lo dijiste**.*

El nombre modificado por la oración relativa se denomina **antecedente**, se coloca delante del relativo, de manera que el relativo constituye el inicio de la oración relativa (la situada entre corchetes en el siguiente ejemplo) y permite no repetir el grupo nominal que contiene el antecedente:

> El **niño**   [*que canta*] *es un niño feliz.*
> Antecedente   Oración relativa

No obstante, en ocasiones, el antecedente de la oración de relativo no está expreso. En este caso, encontramos dos posibilidades cuando el relativo es el pronombre *que*:

- Relativas con el pronombre *que* precedido por el artículo determinado:

> *¿Te gustan nuestras camisas? Solo por esta semana, con el 20 % de descuento, llévate **las que quieras**.*

El artículo *las*, situado delante del relativo *que*, indica que el nombre antecedente elidido es *camisas*, porque el artículo reproduce el género y el número del nombre elidido. Así pues, en el fragmento anterior, aparece un antecedente que no está expreso, pero es conocido.

● Relativas con el pronombre *que* precedido por el artículo determinado y con antecedente no mencionado previamente, no conocido por tanto:

　○ *Hay que respetar* [*a los que piensan de manera distinta*].

En el enunciado anterior, la subordinada de relativo carece de antecedente, el pronombre relativo *que* no se refiere a ningún nombre que haya aparecido previamente. Sin embargo, podemos interpretar el enunciado, pues se considera que se ha elidido un nombre como *individuos* o *ciudadanos*, incluso *amigos*:

*Hay que respetar a los (**individuos** ~ **ciudadanos** ~ **amigos**) que piensan de manera distinta.*

El relativo tiene tres funciones:

● Ser el conector o nexo subordinante que une la oración subordinada de relativo a la principal, que, en ocasiones, aparece escindida por la subordinada:

　○ Oración principal　　　Oración subordinada de relativo

Nunca sigue los consejos [*que le doy*].

　○ Oración principal Oración subordinada de relativ　　Or. principal

Los consejos [*que debes seguir para combatir el calor extremo*] *son estos.*

● Desempeñar su propia función sintáctica en la oración de relativo, como por ejemplo la de:

　　　　　　　　　　　　Sujeto
　○ sujeto: *Los más vendidos son los libros* [*que están en el escaparate*].

　　　　　　　　　　　　OD
　○ objeto directo: *Ya ha leído los libros* [*que tú le regalaste por Navidad*].

　　　　　　　　　　　CC de instrumento
　○ complemento circunstancial: *Este es el libro* [*con el que más he disfrutado*].

● Designar el mismo referente que su antecedente. En la siguiente oración, la entidad designada por el relativo, los papeles que llevaba en la mano, y por el antecedente, los papeles que tiró a la papelera, es la misma:

　○ *Tiró a la papelera* **los papeles que llevaba en la mano**.

La modificación que la oración de relativo establece sobre el nombre modificado es semejante a la de un adjetivo en relación con el nombre núcleo, de ahí la denominación de **oración subordinada adjetiva**. Esa semejanza se extiende hasta el valor especificativo o explicativo que tienen las oraciones de relativo, de manera análoga al de los adjetivos. De este modo, la oración de relativo puede ser:

● Especificativa: cuando con ella se restringe el referente del nombre modificado, del antecedente:

Quiero ayudar a la **gente** [*que hay cerca de mí*].

El hablante no indica su deseo de ayudar a todo el mundo, a todas las personas, sino a la gente cercana a él. La oración de relativo restringe el referente del nombre *gente* al grupo de personas cercanas al hablante.

- Explicativa: cuando con la oración de relativo se proporciona una información adicional, una información nueva sobre el referente del nombre modificado:

  ○ *Encargaré un traje para mis* **sobrinos,** [**que llevarán los anillos el día de la boda**].

El referente del grupo nominal *mis sobrinos* está identificado para el oyente, se trata de los sobrinos del hablante. Por lo tanto, la información que aporta la oración de relativo es un dato más sobre un referente ya identificado: llevarán los anillos. En cambio, al emitir un enunciado como este:

  ○ *Soy la madrina de dos* **sobrinos** [**que tienen ahora 35 y 26 años**],

el hablante establece una restricción en el conjunto formado por sus sobrinos, pues señala que es madrina de los que tienen 35 y 26 años, no de los otros. La oración de relativo explicativa tiene una entonación independiente de la oración principal marcada por la pausa que la precede y que la sigue, pausas que se representan por comas en los textos escritos. Frente a ella, la relativa especificativa forma una unidad de entonación con la principal, por eso no va separada por pausas en la lengua hablada o por comas en la lengua escrita.

Las oraciones de relativo que se han usado como ejemplos hasta aquí están construidas con un verbo en modo indicativo.[8] No obstante, las oraciones de relativo especificativas pueden construirse también con un verbo en subjuntivo. Utilizar el modo indicativo o el subjuntivo implica una diferencia fundamental:

- Con indicativo, la oración de relativo tiene un antecedente referido a una entidad que existe realmente:

  ○ *La* **mujer que cuida a los hijos** *tiene un buen sueldo.*

  Mediante el uso del indicativo en la relativa, se da por sentado que el antecedente del relativo, el nombre *mujer*, se refiere a una persona que existe, incluso está identificada para el oyente por el uso del artículo determinado *La.*

- Por el contrario, con el subjuntivo en la oración de relativo, el hablante considera que todavía no existe la entidad designada por el antecedente:

  ○ *La* **mujer que cuide a los hijos** *tendrá un buen sueldo.*

  Con el subjuntivo *cuide*, se indica que todavía no hay una mujer concreta que se encargue de cuidar a los hijos. El uso del futuro *tendrá* en la oración principal refuerza la no existencia de la entidad designada por el antecedente.

En cuanto a las oraciones de relativo explicativas, el modo del verbo es, generalmente, el indicativo. Dado que, en este tipo de relativas, el referente del nombre que funciona como antecedente está identificado para el oyente, hay que suponer, de manera necesaria, que la entidad designada por el antecedente existe:

  ○ *La película cuenta la historia de la* **niña,** **que se ha quedado completamente sola.**

Si el verbo de la oración de relativo anterior apareciera en subjuntivo, la oración habría que interpretarla como una especificativa cuyo antecedente no se refiere a una entidad que realmente existe, sino que podría existir:

○ *La **niña que se haya quedado completamente sola** debe ser atendida por los Servicios Sociales.*

Al inicio de este apartado se ha indicado que existen pronombres y adverbios relativos. A continuación, se presentan con más detalle algunas de estas unidades.

El pronombre relativo que

Este pronombre tiene una forma invariable, no presenta modificaciones de género ni de número. Se utiliza para no repetir un nombre masculino o femenino, singular o plural. En las oraciones que vienen a continuación, se observa que puede referirse a seres animados y no animados, desempeña en la oración subordinada las funciones del grupo nominal y es posible que su función sintáctica no coincida con la del antecedente:

CC lugar (antecedente) Sujeto
- sujeto: *Me caí **por la escalera** **que** conduce al sótano.*

Sujeto (antecedente)   Sujeto
- sujeto: ***Todas las personas** [**que** entraban a la tienda] eran fotografiadas.*

CD
- objeto directo: *Comencé a leer uno de los libros **que** me regalaron por Navidad.*

CI
- objeto indirecto: *Me han llegado correos de un sitio web **al que** di mis datos.*

El último ejemplo muestra, además, que el pronombre relativo *que* puede ir precedido de un artículo determinado. Esto ocurre cuando la oración de relativo es especificativa y la función sintáctica que el relativo desempeña en su oración exige que este lleve una preposición.

Por otra parte, en el habla coloquial, cuando el antecedente y el relativo llevan la misma preposición, esta suele suprimirse delante del relativo, y de manera paralela se omite el artículo:

*¿Por qué engañamos **a la persona a la que** queremos? ~ ¿Por qué engañamos **a la persona que** queremos?*

El pronombre relativo quien

El relativo *quien* presenta variación de número: *quien / quienes*, no de género. Se refiere a personas y, como el relativo *que*, cumple en su oración funciones propias del grupo nominal:

Sujeto
sujeto: *Son los emprendedores **quienes** realmente crean riqueza.*

CD

objeto directo: *Me he sentido muy querido por las personas **a quienes** visité.*

Complemento de régimen

complemento de régimen: *Esta mujer, **de quien** se acuerda mucho, le ayudó.*

CC de compañía

complemento circunstancial: *Adora a su padre, **con quien** ha vivido siempre.*

Los ejemplos anteriores muestran, asimismo, que el pronombre *quien* introduce oraciones de relativo especificativas (las dos primeras) y explicativas (las dos últimas).

Este relativo, igual que se ha visto anteriormente con el pronombre *que*, puede construirse con antecedente o sin él:

- *Narra la historia de un joven **empresario a quien** las cosas le van bien.*

  En este caso, estamos ante una oración subordinada de relativo que funciona de manera semejante a como lo hace un adjetivo: *Narra la historia de un joven **empresario triunfador**.*

- ***Quien** diga eso de mí miente.*

  En este tipo de construcción se considera que la oración de relativo es similar a un grupo nominal. Por esto la oración de relativo *Quien diga eso de mí* funciona como sujeto de *miente*. Por otra parte, el relativo *quien* sin antecedente expreso alterna con *el que*: ***Quien ~ El que** diga eso de mí miente.*

Los adverbios relativos donde, cuando, como

El significado expresado por los adverbios relativos es 'lugar', 'tiempo' y 'modo', respectivamente. Con estos adverbios se construyen oraciones de relativo especificativas y explicativas que tienen como antecedente un nombre o un adverbio:

- relativa especificativa con un nombre como antecedente: *Se siente seguro en el **lugar donde** vive.*
- relativa explicativa con un adverbio como antecedente: *Te espero **allí, donde** tú sabes.*
- relativa especificativa con un nombre como antecedente: *Fue en **marzo cuando** la conocí.*
- relativa explicativa con un adverbio como antecedente: *Haré la ruta **hoy, cuando** anochezca.*
- relativa especificativa con un nombre como antecedente: *En las instrucciones se explica la **manera como** debe montarse el equipo de música.*
- relativa explicativa con un adverbio como antecedente: *Apareció **así, como** vino en otras ocasiones, con un traje a rayas rojas y verdes.*

Por otra parte, hay que tener en cuenta que el adverbio relativo *donde* puede ir precedido de preposiciones que indican diferentes relaciones con respecto al lugar en el que se sitúa el suceso expresado por el verbo de la oración principal o por el verbo de la relativa:

*Necesita un certificado médico emitido por el país **de donde** llegó.*
***Desde donde** se encontraba hasta la ambulancia la trasladaron en camilla.*

*Vio correr una avalancha de personas **hacia donde** estaba ella.*
*Vete **por donde** llegaste.*
*Tardamos casi una hora en regresar **a donde** esperaba la camioneta.*

Las oraciones anteriores muestran que el adverbio relativo *donde* no tiene antecedente expreso, excepto la primera oración, que sirve para ejemplificar que es posible también construir oraciones con un antecedente (*país*) del adverbio relativo. Si el antecedente está expreso, el adverbio relativo puede alternar con la combinación preposición + artículo determinado + *que*:

*Necesita un certificado médico emitido por el país **de donde** llegó* ~ *Necesita un certificado médico emitido por el país **del que** llegó.*

Además, cuando el adverbio relativo *donde* lleva la preposición *a*, esta puede unirse al adverbio dando lugar a la forma *adonde*:

*Tardamos casi una hora en regresar **a donde** esperaba la camioneta* ~ *Tardamos casi una hora en regresar **adonde** esperaba la camioneta.*

Ejercicio

4. Señala los relativos que aparecen en las oraciones siguientes y, para cada uno, realiza estas tareas:

   – indica la clase a la que pertenece (pronombre o adverbio);
   – identifica su antecedente;
   – explica la función sintáctica que realiza en su oración;
   – indica si la oración de relativo es especificativa o explicativa.

   > *Iniciaremos el proyecto mañana, cuando firmemos el contrato.*
   > *Quienes participen en el concurso obtendrán un crédito extra.*
   > *Hoy es el cincuenta cumpleaños de su primera esposa, de quien se olvidó muy pronto.*
   > *Celebraron el concierto en el local donde se entregaron los premios.*
   > *Es un placer trabajar con gente con la que también te diviertes.*
   > *Se arrepiente de todos los errores que cometió.*
   > *Nos dirigimos hacia donde nos espera el guía.*
   > *En verano volveremos allí, donde conocimos a Fernando.*
   > *El documental cuenta la manera como el ejército perdió la guerra.*
   > *Aprobaron los alumnos que más habían estudiado.*

6.5 Los modificadores del nombre y la puntuación

En los apartados anteriores hemos visto que los nombres en aposición explicativa a otro nombre y las oraciones de relativo explicativas van separados por comas del nombre al que se refieren. Eso es así porque uno de los usos principales de la coma es aislar en un texto escrito un inciso; es decir, separar un elemento que completa a otro ofreciendo precisiones o informaciones a lo que se dice:

Aposición
*Sus hijos tomaron un vuelo con destino a **Chile, su país** de origen.*

Antecedente Oración de relativo explicativa
La Isla de Pascua está a 3700 kilómetros de **Chile, que es el país al que pertenece**.

Por otra parte, se ha visto también que los adjetivos antepuestos al nombre tienen un valor explicativo. Ese mismo valor se da cuando los adjetivos se sitúan en un inciso, que puede ir al final de un enunciado, al principio o en posición medial. Los ejemplos anteriores corresponden a incisos finales, aunque no están formados con adjetivos. A continuación, aparecen dos enunciados, uno con un inciso inicial y otro con uno medial, esta vez con un adjetivo:

> **Cansada del viaje, Cristina** *llegó al aeropuerto de México.*
> **Estos postres, tan dulces,** *tienen demasiadas calorías.*

En resumen, en este apartado se han presentado los modificadores del nombre con valor explicativo que se sitúan entre comas. No obstante, el valor explicativo, la información adicional, puede ser proporcionado mediante las siguientes construcciones:

- un adjetivo explicativo antepuesto al nombre: *Desde la cima se veía el* **inmenso mar**.
- un adjetivo situado en un inciso que puede aparecer al inicio, en medio o al final de un enunciado: **Harto de todos, el presidente** *huyó a Francia* ~ **El presidente, harto de todos,** *huyó a Francia* ~ *El que huyó a Francia fue* **el presidente, harto de todos**.
- un nombre en aposición explicativa: *Los* **reyes, Felipe VI y Letizia,** *visitaron la Casa Blanca el pasado mes de junio.*
- una oración de relativo explicativa: *El* **océano Pacífico, que es el más grande del mundo,** *ocupa la tercera parte de la tierra.*

Ejercicio

5. Identifica los modificadores del nombre que tienen valor explicativo en el texto siguiente. Justifica por qué tienen ese valor.

   Tania, sentada de espaldas al mar, te mira de frente con sus ojos negros y su cautivadora sonrisa, mientras sus largos dedos sujetan un libro.

   (Texto extraído de <https://www.elmundo.es/elmundo/2009/09/14/castillayleon/1252941831.html>)

Cuestiones para reflexionar y debatir

1. Lee estos enunciados y fíjate en los determinantes destacados en negrita. ¿Crees que es problemático utilizar los artículos femeninos *el* y *un*, aparentemente masculinos, delante de nombres femeninos y, por otra parte, utilizar los demostrativos femeninos *esa* y *aquella* en casos semejantes?

   Hay muchas enfermedades relacionadas con **el** *agua.*
   El hombre iba armado con **un** *hacha.*
   La profesora no está en **esa** *aula.*
   Los productos de **aquella** *área eran de baja calidad.*

2. Teniendo en cuenta tu respuesta a la cuestión anterior, ahora reflexiona sobre la concordancia de género en el grupo nominal destacado en negrita. ¿Crees que añade complejidad a esta cuestión?

> Hay muchas enfermedades relacionadas con **el agua contaminada**.
> El hombre iba armado con **un hacha afilada**.

3. Observa el uso del pronombre relativo *que* en los enunciados siguientes y reflexiona sobre si es adecuada o no la supresión de la preposición delante del relativo. Ten en cuenta para ello la información que se ofrece en el apartado 6.4. de este capítulo.

> Jorge vive en el mismo piso que vivían sus padres / Jorge vive en el mismo piso en el que vivían sus padres.
> Se ha casado con la chica que empezó a salir hace unos meses / Se ha casado con la chica con la que empezó a salir hace unos meses.

Actividades de clase

1. En grupos de tres, construyan distintos grupos nominales siguiendo las indicaciones que se ofrecen en cada caso.

> Artículo indeterminado + nombre núcleo + preposición + oración de relativo
> Artículo determinado + nombre núcleo + preposición + posesivo + nombre
> Demostrativo + adjetivo + nombre núcleo + oración de relativo
> Artículo determinado + nombre núcleo + nombre

2. Por parejas, lean en voz alta estos enunciados, que incluyen determinantes cuantificadores numerales. Cada uno de ustedes lee un enunciado diferente. Si es necesario, pueden consultar el diccionario.

> Se celebró la 14.ª edición del festival de cine de San Sebastián.
> Los pisos en esta zona cuestan 300 000 euros, como mínimo.
> Obtuvo 45 respuestas correctas.
> El 21.º congreso de la asociación fue un éxito.
> Un año tiene 365 días.
> Elcapítulo 3.º está sin terminar.
> El seminario es en el 1.er piso.

3. Cambien de pareja y ahora lean en voz alta estas oraciones de relativo especificativas o explicativas. Presten atención a la entonación y a las pausas, y reflexionen sobre ello.

> Lucía, a quien conozco desde hace años, es divertidísima.
> Estos son los chicos de los que te hablaba.
> El colegio donde estudié celebra una fiesta de antiguos amigos.
> El equipo ganador, que había trabajado durísimo, estaba muy emocionado.
> Solo los niños que se porten bien irán a la excursión.
> El chico que lleva gafas es el hijo de Julia.
> Mi hermano, que estaba muy cansado, se durmió rápidamente.

NOTAS

1. La regla tiene algunas excepciones. No la siguen, por ejemplo, los nombres de las letras del alfabeto: *la a*, no **el a*, ni los nombres que tienen la misma forma para el masculino y el femenino: *el árabe* / *la árabe*.
2. La interpretación de la construcción *Lo de tu padre* dependerá del contexto, puede referirse a la muerte del padre del oyente, a un accidente que haya podido sufrir, a una enfermedad que haya podido padecer, etc.
3. La variación de género no se da en el posesivo para unos oyentes a los que se trata de manera cortés: *su hijo* / *su hija* (de ustedes) ni para la tercera persona: *su hijo* / *su hija* (de un padre y una madre, por ejemplo, que no actúan como hablantes ni como oyentes).
4. Las formas del posesivo correspondientes a los oyentes a los que se trata de manera cortés y a las personas que no actúan como hablantes ni como oyentes, solo tienen variación de número: *sus hijos* / *sus hijas* (de ustedes) y *sus hijos* / *sus hijas* (de ellos o de ellas). No se deben confundir los usos de *su* / *sus* con valor de cortesía, con los usos de segunda persona (corteses o no) utilizados en América, Canarias y parte de Andalucía.
5. Los cuantificadores constituyen una categoría transversal; es decir, están formados por palabras que pertenecen a distintas categorías gramaticales, a distintas clases: la de los nombres, la de los adjetivos, la de los determinantes, etc. Esto se explica porque la expresión de la cantidad puede realizarse mediante palabras de distintas clases.
6. No debe confundirse el artículo indeterminado *uno* con el numeral cardinal *uno*. Cuando el contexto señala claramente que la entidad designada por el nombre es una y no dos, tres, cuatro, etc., se sabe que el determinante es un numeral cardinal y no el artículo indeterminado: *Siempre le han gustado los animales, y tiene un perro, un gato, dos canarios y dos hámsteres*.
7. En algunos países americanos, *bastante* puede significar 'mucho' (*Me gusta bastante tu vestido*).
8. La única excepción es la oración *Solo por esta semana, con el 20 % de descuento, llévate las que quieras*, en la que la subordinada relativa tiene el verbo en subjuntivo, de modo que hay que interpretarla como se explica a continuación.

Capítulo 7

Modificadores circunstanciales del verbo

Resumen

Este capítulo presenta los modificadores circunstanciales del verbo, las categorías gramaticales que desempeñan la función de complemento circunstancial, la clasificación de los complementos circunstanciales y algunas cuestiones que afectan a su posición y puntuación. El capítulo está formado por los siguientes apartados:

Los complementos circunstanciales
Categorías en función de complemento circunstancial
Clasificación de los complementos circunstanciales
Posición del complemento circunstancial
Uso de la coma con el complemento circunstancial

La lectura y compresión de este capítulo permitirán:

- Conocer los complementos circunstanciales.
- Reconocer las categorías que funcionan como complemento circunstancial.
- Distinguir los tipos de complementos circunstanciales.
- Comprender la posición de los complementos circunstanciales.
- Utilizar adecuadamente la coma con los complementos circunstanciales.

7.1 Los complementos circunstanciales

Algunos esquemas oracionales exigen un sujeto, un atributo, un objeto directo o un complemento de régimen, por ejemplo. Además de los elementos que desempeñan estas funciones, el verbo de un esquema oracional puede ir acompañado de modificadores opcionales denominados **complementos circunstanciales** (CC). Frente a los primeros, que son exigidos por el verbo, los circunstanciales son opcionales, pueden suprimirse de la oración sin que esta sea agramatical:

Sujeto   OD   CC   Sujeto   CC
Mi marido compró un local con su hermano / **Mi marido compró con su hermano.*

Sujeto   OD
Mi marido compró un local.

Los complementos circunstanciales proporcionan información sobre las circunstancias en que se desarrolla el suceso expresado por el verbo. Las circunstancias pueden ser, entre otras, de:

- lugar: *Estudio inglés **en casa**,*
- tiempo: ***Anoche** salimos a tomar una copa,*
- modo: *Las negociaciones avanzan **lentamente**,*

- cantidad: *La quería **mucho** a ella y a sus hijos,*
- compañía: *Disfrutó de un día de descanso **con su familia,***
- instrumento: *Me he hecho un vestido playero **con un pañuelo.***

No obstante, algunos verbos llevan complementos que expresan informaciones sobre distintas circunstancias del suceso y son obligatorios, no opcionales como los anteriores. Por ejemplo:

Complemento de lugar
*Reside **en Madrid.***
Complemento de tiempo
*La obra de teatro tardó **tres meses** en ser montada.*
Complemento de modo
*Los niños se han comportado **estupendamente** durante tu ausencia.*

Este capítulo se ocupa de los complementos circunstanciales opcionales.

7.2 Categorías en función de complemento circunstancial

La función de complemento circunstancial del verbo puede ser desempeñada por distintas categorías gramaticales:

- Por los adverbios (§ 2.3.2.). Cuando modifican al verbo, los adverbios funcionan como complementos circunstanciales que expresan distintas circunstancias:

  - de lugar: *Viven **lejos** y necesitan utilizar el transporte escolar,*
  - de tiempo: ***Siempre** he creído que hacer deporte fomenta el trabajo en equipo,*
  - de modo: *Viajamos juntas varias familias y lo pasamos **bien**,*
  - de cantidad: *La dieta inversa: ¡come **más** y pesa **menos**!*

- Por un grupo nominal, sobre todo para desempeñar la función de complemento circunstancial de tiempo: ***Esta tarde** iremos a merendar al centro comercial.*
- Por un grupo preposicional (§ 2.4.1.). Es la forma más común que tienen los complementos circunstanciales: *Conozco esa provincia **desde la infancia**; Corta el jamón **con un cuchillo** de punta; Los ladrones entraron **en el edificio por el patio**.* En la última oración el verbo lleva dos complementos circunstanciales: *en el edificio* y *por el patio*. En este caso, los dos son de lugar, pero no siempre es así:

  CC de tiempo   CC de lugar
  ***Todos los días** estudia **en la biblioteca municipal**.*

- Por una oración subordinada adverbial o circunstancial que expresa, por ejemplo, causa o finalidad: *Sabía lo ocurrido **porque lo había leído en nuestro blog**; Configura la alarma **para que suene más tarde**.*

Ejercicio

1. Señala el complemento circunstancial de estas oraciones e indica a qué categoría gramatical pertenece.

   Le contaba un cuento todas las noches.
   Ayer se estrenó la última película de Guillermo del Toro.

Pintó todos los muebles del salón con el mismo pincel.
Propuso una reunión extraordinaria para que el presidente se defendiera de las acusaciones.
Comiendo sano y haciendo deporte, llegó a perder hasta 8 kilos.
Tomo ese autobús cada día.
Roberto y mi hermana se casaron en la hacienda de nuestros abuelos.
Decidieron reformar el departamento porque buscaban un estilo más moderno.
El equipo tiene previsto entrenar el jueves.
El anfitrión nos recibió amablemente.

7.3 Clasificación de los complementos circunstanciales

Los complementos circunstanciales se clasifican según el significado expresado. Algunos de los tipos son los siguientes:

- De lugar. Designa el espacio en el que se sitúa el suceso expresado por el verbo: *Para seguir el curso puedes conectarte a la plataforma **desde tu casa**.* El complemento circunstancial de lugar se identifica por relacionarse con el adverbio *¿dónde?* en una pregunta hecha al verbo de la oración:

  CC de lugar
  o *Dejaron el paquete **en el portal** ~ ¿**Dónde** dejaron el paquete? **En el portal**.*

  También es posible identificar el complemento circunstancial de lugar sustituyéndolo por los adverbios de lugar *aquí / acá / ahí / allí / allá: Encontramos a muchos senderistas **por la ruta** ~ Encontramos a muchos senderistas **por allí**.*

- De tiempo. Informa sobre las coordenadas temporales en las que se sitúa el suceso expresado por el verbo: ***Aquel día** no nos pudimos ver.* Este complemento circunstancial se identifica mediante la pregunta *¿cuándo?*, hecha al verbo de la oración:

  CC de tiempo
  o *Ella sí vendrá, llegará **a mediodía** ~ ¿**Cuándo** llegará? **A mediodía**.*

  La sustitución del complemento circunstancial de tiempo por algunos adverbios: *entonces, ahora, siempre*, por ejemplo, también sirve para identificar el grupo de palabras que funciona como complemento circunstancial en la oración:

  o ***En aquellos años** había muchos bares y muchas discotecas por esta zona ~ **Entonces** había muchos bares y muchas discotecas por esta zona.*
  o *No puedo atenderlos **en estos momentos** ~ No puedo atenderlos **ahora**.*
  o ***Todos los años** apuesto a las carreras ~ **Siempre** apuesto a las carreras.*

- De modo o manera. Designa la forma en que tiene lugar el suceso expresado por el verbo: *Hablaba **despacio** y andaba **con lentitud**.* Las preguntas que permiten identificar este tipo de complemento circunstancial son *¿cómo?, ¿de qué modo?* o *¿de qué manera?*

  CC de modo
  o *Trabajaba **con miedo** a ser despedido ~ ¿**Cómo** trabajaba? **Con miedo**.*

  CC de modo
  o *Interpretaba **con maestría** ~ ¿**De qué modo** interpretaba? **Con maestría**.*

  CC de modo
  o *Aprobó **con facilidad** ~ ¿**De qué manera** aprobó? **Con facilidad**.*

El adverbio *así* puede sustituir al complemento circunstancial de modo y sirve también para identificarlo: *Yo no cocino **tocando la comida con las manos**, uso guantes* ~ *Yo no cocino **así**, uso guantes*.

- De cantidad. Expresa la intensidad o el grado en que se da el suceso expresado por el verbo: *Nos vemos **poco**, pero nos llamamos **mucho** por teléfono*. Se relaciona con la pregunta *¿cuánto?*, que en ocasiones va acompañada de una preposición:

    CC de cantidad

    - *Vivió **muy poco** en su país* ~ *¿**Cuánto** vivió en su país? **Muy poco**.*

    CC de cantidad

    - *Ha alquilado el piso **por 300 pesos*** ~ *¿**Por cuánto** ha alquilado el piso? **Por 300 pesos**.*

- De compañía. Designa el ser que acompaña al referente del sujeto o participa con él en el suceso expresado por el verbo: *La familia se fue de vacaciones **con sus hijos**; Camino una hora al día **con mi hermana***. Puede utilizarse la pregunta *¿con quién?* para identificar el grupo preposicional que funciona como complemento circunstancial de compañía:

    CC de compañía

    - *Sofía disfruta **con sus nietos*** ~ *¿**Con quién** disfruta Sofía? **Con sus nietos**.*

- De instrumento. Designa el utensilio utilizado por el sujeto agente para realizar la acción expresada por el verbo:

    CC de instrumento

    - *Los niños colorean el dibujo y lo recortan **con unas tijeras** de punta redonda.*

Ejercicio

2. Señala los complementos circunstanciales de estas oraciones y clasifícalos según el significado que expresan.

> *El cantante actuará en Buenos Aires por primera vez.*
> *Los propietarios vendieron la vivienda el año pasado.*
> *Estos hoteles te permiten alojarte con tu mascota.*
> *Antes nos visitaban más.*
> *Se compró un coche de segunda mano por 4000 €.*
> *El biólogo descubrió un bosque inexplorado en Mozambique.*
> *Protégete la piel con crema solar.*
> *Leyó la noticia con prisa.*
> *Puedes desbloquear la computadora con el lector de huellas.*
> *El explorador halló unos extraordinarios retratos en un búnker secreto.*

7.4 Posición del complemento circunstancial

En general, el complemento circunstancial de una oración no tiene una posición fija, puede aparecer al principio de la oración, al final o en medio. Así se observa en varios ejemplos de este capítulo:

***Todos los días** estudia en la biblioteca municipal* ~ *Estudia en la biblioteca municipal **todos los días**.*

No puedo atenderlos **en estos momentos** ~ **En estos momentos** *no puedo atenderlos.*
Todos los años *apuesto a las carreras* ~ *Apuesto a las carreras* **todos los años** ~ *Apuesto* **todos los años** *a las carreras.*

Lo mismo ocurre si el complemento circunstancial es un adverbio:

Siempre *llegas tarde.*
Llegas **siempre** *tarde.*
Llegas tarde **siempre.**

Estas posibilidades se explican por la dinámica comunicativa (§ 5.3.) que rige el orden de palabras en el enunciado. Cuando el complemento circunstancial aparece en primer lugar, expresa información ya conocida para el emisor y para el destinatario (§ 14.4.2.). En caso contrario, si no está colocado al principio, lo conocido se asocia con el sujeto y la información nueva corresponde al verbo y a los complementos, entre ellos el circunstancial.

En el enunciado **En este instituto** *los profesores no están preparados para dar clase a niños pequeños*, el complemento circunstancial destacado en negrita se refiere a un lugar conocido por el hablante y por el oyente, ambos saben de qué instituto se trata.[1] El complemento circunstancial corresponde al constituyente del enunciado más conocido desde el punto de vista informativo, más esperado y accesible, por eso puede colocarse al principio. Sin embargo, si la oración se ordena del siguiente modo: *Los profesores* **en este instituto** *no están preparados para dar clase a niños pequeños*, la información que se considera conocida por emisor y receptor es la expresada por el sujeto *Los profesores*. Después de ella el enunciado va ofreciendo progresivamente la información nueva:

en este instituto, información menos conocida que la expresada por *Los profesores*, por lo tanto, nueva en parte, porque los profesores tienen que serlo de un centro,
no están preparados, información nueva, puesto que el receptor no sabe previamente qué va a decir el emisor sobre los profesores,
para dar clase a niños pequeños, oración subordinada final que completa la información ofrecida por el verbo principal *están preparados*.

7.5 Uso de la coma con el complemento circunstancial

Las informaciones que proporcionan los complementos circunstanciales opcionales no son exigidas por el verbo. Esta es la razón de que las palabras o grupos de palabras que funcionan como complemento circunstancial dependan del verbo en un grado menor que el sujeto o el objeto directo, por ejemplo. En consecuencia, los complementos circunstanciales pueden aparecer aislados mediante una coma del resto del enunciado.

Las Academias de la Lengua Española dan una regla general (§ 13.4.2.):

● Cuando los complementos circunstanciales preceden al verbo, pueden ir separados del resto del enunciado por una coma: *En aquellos maravillosos años, la serie* Verano azul *mantuvo enganchados a los jóvenes frente al televisor.* Por lo tanto, la coma es opcional.

No obstante, las Academias facilitan unas notas orientativas para el uso de la coma con el complemento circunstancial antepuesto. Las siguientes son las que pueden resultar más útiles:

- Se recomienda escribir coma cuando el complemento circunstancial es extenso: **Después de muchos días de duro trabajo,** *nos merecemos unas vacaciones.* Si el complemento es breve, es preferible no poner la coma: **En el aula** *no está permitido comer, beber ni fumar.*
- Suele utilizarse la coma para aislar una información circunstancial relevante en el discurso: **A primeros de mes,** *hay muchísimo tráfico y,* **a finales,** *va bajando la circulación.*

Hay que tener en cuenta también que:

- Pueden separarse mediante una coma los complementos circunstanciales intercalados entre el verbo y los complementos exigidos por este:

  Verbo   CC de tiempo   OD
  ○ *Recibirá,* **en muy pocos días,** *el premio obtenido.*

- Los complementos circunstanciales que aparecen al final del enunciado no suelen ir precedidos por una coma.

Cuestiones para reflexionar y debatir

1. Los complementos **circunstanciales** recibieron en la gramática este nombre porque aportan información que no es esencial en la oración, es accidental o circunstancial. Debate con tus compañeros si esta denominación es adecuada teniendo en cuenta que hay complementos circunstanciales obligatorios.
2. ¿Consideras necesario el uso de las comas con los complementos circunstanciales?

Actividades de clase

1. En grupos pequeños, completen los huecos del texto con los complementos circunstanciales que se ofrecen. A continuación, reflexionen sobre la información que aportan al texto.

   Un día – con todas sus fuerzas – en ese momento – jamás –
   Entonces – En un lejano rincón africano – Después de unos cuantos meses

   _____, *vivía un león incapaz de rugir como sus semejantes por un defecto de nacimiento.* _____ *se cruzó con el jabalí más pesado y cabezota del mundo. El león deseó* _____ *poder rugir para apartarlo de su lado, pero fue incapaz.* _____ *decidió ponerse a trabajar en un invento que imitara el sonido de un rugido.* _____, *el jabalí regresó para terminar la conversación que creía tener pendiente. El león,* _____, *accionó el botón de su máquina para lanzar un rugido que aterrorizó al resto de los habitantes del lugar. El león comprendió que no era necesario rugir para que todo el mundo lo respetara. Se arrepintió por su comportamiento y pidió perdón a sus amigos. Prometió que* _____ *les asustaría con sus rugidos.*

   (Texto extraído y adaptado de <www.cuentosbreves.org/el-leon-afonico/>)

2. Por parejas, lean este texto y añadan las comas que consideren necesarias en los complementos circunstanciales destacados en negrita. Después, comparen sus respuestas con las de otra pareja.

> Mi ex marido[2] me llamó **ayer** y me dijo que viniera **aquí** a entregarle un paquete envuelto en un periódico que alguien me daría **en el tren**. Me aseguró que era un asunto de vida o muerte y que si no le obedecía, lo pagaría nuestra hijita Noelia. Todo ocurrió como él me había dicho. Pero **al sentarme en el bar** vi que usted me vigilaba e intenté averiguar **con el espejo pintalabios que llevo en el bolso** si usted era de ellos o de la policía. **Cuando vi que el policía uniformado le saludaba** ya no tuve duda.
>
> (Ángel López García. *El caso del teléfono móvil.* 2000)

NOTAS

1. La aparición del demostrativo *este* en el complemento circunstancial *En este instituto* también facilita que la información proporcionada sea conocida, porque la función de *este* es señalar que el lugar designado por *instituto* está a la vista del emisor y del receptor.
2. Según la última edición de la *Ortografía de la lengua española* de las Academias de la Lengua Española, el prefijo *ex-* debe escribirse soldado gráficamente a la palabra a la que afecta; por lo tanto, actualmente, la escritura correcta es *exmarido*.

Parte III

Gramática de la oración compuesta

Capítulo 8

Coordinación

Resumen

Este capítulo presenta la construcción gramatical de la coordinación, que puede producirse en distintos niveles, desde el grupo de palabras a las oraciones compuestas. Los apartados que componen el capítulo son los siguientes:

La coordinación gramatical en grupos de palabras y oraciones
Coordinación de oraciones
Las conjunciones coordinantes
La yuxtaposición de oraciones
La puntuación de las coordinadas

La lectura y comprensión de este capítulo permitirán:

- Conocer los procesos de coordinación gramatical en distintos niveles.
- Diferenciar la coordinación dentro de la oración y de los grupos de palabras.
- Identificar las diferentes formas de la coordinación entre oraciones y las conjunciones que les corresponden.
- Conocer la yuxtaposición y sus formas.
- Aprender los aspectos de la puntuación directamente relacionados con la coordinación oracional.

8.1 La coordinación gramatical en grupos de palabras y oraciones

Coordinar es unir dos o más cosas de tal modo que el resultado forme una unidad o un todo coherente. La coordinación gramatical supone, por tanto, unir o poner en relación dos elementos gramaticales. Estos componentes pueden ser de cualquier naturaleza gramatical, pero han de cumplir necesariamente la misma función. Además, la unión entre elementos que tienen la misma función ha de cumplir dos condiciones esenciales: la primera de ellas es que la relación se establece por medio de un elemento formal de conexión; la segunda es que el conjunto resultante ha de cumplir la misma función que cada una de las partes relacionadas. Esto último significa también que, cuando dos o más elementos gramaticales se coordinan, ninguno de ellos asume una posición de predominio o de mayor importancia sobre los demás.

Como se acaba de explicar, la coordinación supone unir elementos que cumplen la misma función gramatical, sea cual sea su naturaleza. Así pues, podemos encontrar coordinación tanto en el nivel de los grupos de palabras, como en el de las oraciones o en el de los enunciados. En el nivel de los grupos de palabras, los casos de coordinación son frecuentes:

- entre adjetivos:
  - *Los perros **blancos y negros** son mis favoritos.*
- entre grupos preposicionales:
  - *Los estudiantes **de primero y de segundo** hicieron el examen.*
- entre adjetivos y grupos preposicionales (adyacentes):
  - *Aceptaban a ciudadanos **nacionales o del extranjero**.*
- entre grupos preposicionales y oraciones adjetivas:
  - *Las comidas **de olor ácido y que pican** me hacen daño.*
- entre adverbios o grupos adverbiales:
  - *¿Prefieres la carne **muy o poco** hecha?*

En el nivel de la oración, también son frecuentes los casos de coordinación entre distintos componentes:

- Entre grupos nominales:
  - ***Su hermano y su hermana** nacieron en distintas ciudades.*
  - *Los chicos llevaban **manzanas y zanahorias** en un canasto.*
- Entre adverbios o grupos adverbiales:
  - *Los empleados terminaron su trabajo **rápida y discretamente**.*
  - *Se comporta siempre bien, **dentro y fuera** del trabajo.*
- Entre grupos verbales:
  - *Los pajarillos **vuelan y cantan** en primavera.*

En este último caso, la coordinación de verbos también puede entenderse como coordinación entre dos oraciones diferentes: *los pajarillos vuelan + los pajarillos cantan.*

Asimismo, dentro de la oración puede producirse coordinación entre dos grupos de palabras u oraciones que cumplan una misma función:

- Entre grupos y oraciones con función de objeto directo:
  - *La mujer pedía **comprensión y que** se respetara su intimidad.*
- Entre grupos y oraciones con función de objeto indirecto:
  - *La carta iba dirigida **a sus empleados y a los que** quisieran leerla.*
- Entre grupos y oraciones con función de complemento circunstancial:
  - *Desayunamos **temprano y cuando** todavía no se han levantado los niños.*

Por otro lado, la coordinación también puede producirse entre dos oraciones distintas que forman oraciones compuestas o enunciados coordinados:

*Este mes salimos de trabajar a las 5 p. m. **y** el mes próximo saldremos a las 4 p. m.*
*Tenemos que dejar de comer mucho **o** no podremos seguir haciendo deporte.*
*Las mañanas son soleadas, **pero** las noches son algo frías.*

Ejercicio

1. Señala los grupos de palabras y las oraciones que mantienen una relación de coordinación.

Proporciona información sobre el tráfico de la ciudad y tramita las quejas de los conductores.

Los trabajadores exigen un salario digno y que mejoren sus condiciones laborales.

La calidad de vida del paciente empeoró, pero su optimismo era envidiable.

Invitamos a los antiguos profesores del instituto y a los que habían trabajado en la administración.

No seremos capaces de cantar y bailar como ellos.

Su padre trabaja como gerente de ventas, pero nunca ha dirigido un proyecto.

Tu hermana y aquel chico se conocieron en el año 2015.

Llegaron bastante tarde y cuando ya no los necesitábamos.

Hablaremos con Luisa o llamaremos a su marido.

Quería un sillón nuevo y que yo le regalara aquella lámpara.

Han puesto unas telas debajo de las ventanas y encima de algunos muebles.

8.2 Coordinación de oraciones

Cuando la coordinación se produce entre oraciones que pertenecen a un mismo enunciado, se forman oraciones compuestas. El tipo de relación que establecen entre sí los elementos coordinados y los valores que aportan sus conectores son los que determinan el modo concreto en que se produce la coordinación. Estos distintos valores no impiden la autonomía del significado de cada una de las oraciones coordinadas.

8.2.1 Oraciones copulativas

Las oraciones coordinadas copulativas pueden ser dos o más de dos. La relación que se establece entre ellas es de equivalencia.

Yo tengo orgullo y tú tienes prejuicios.
Canta y no llores.

Desde el punto de vista del contenido y del estilo, para la construcción de las oraciones coordinadas copulativas deben tenerse en cuenta diferentes aspectos formales, argumentativos y semánticos.

- Los enunciados que contienen oraciones coordinadas copulativas favorecen la elisión del verbo o el grupo verbal de los elementos posteriores al primero, especialmente del último. Recordemos que se pueden coordinar más de dos elementos. Para que esto ocurra, la construcción gramatical de los elementos debe ser igual o paralela en los elementos coordinados.

  ○ *Los profesores pedían más horas de aula, los padres, de estudio y los alumnos, de recreo.*

  En este ejemplo, la parte elidida, tanto en el segundo, como en el tercer componente, es la forma verbal *pedían*. Además, se establece un paralelismo en los grupos nominales y los preposicionales.

- Los elementos coordinados suelen disponerse de acuerdo con un orden lógico o secuencial. Cuando se trata de enunciados que expresan acciones o acontecimientos, lo natural es que el segundo se interprete como posterior al primero.

  ○ *Agarró su maleta y salió para el aeropuerto.*
  ○ *Se casó y fue feliz.*

- Ahora bien, cuando los enunciados no representan una secuencia temporal, sino un estado o una situación, el significado que se desprende de la coordinación suele ser adversativo o consecutivo.

  ○ *Tenía hambre y no podía comer nada* (*Tenía hambre, pero no podía comer nada*).
  ○ *Estaba enfadado y me marché* (*Estaba enfadado; por tanto, me marché*).

8.2.2 Oraciones disyuntivas

Como en el caso de las oraciones coordinadas copulativas, las disyuntivas pueden ser dos o más de dos, aunque en todos los casos la conjunción correspondiente suele expresar la incompatibilidad entre las distintas opciones coordinadas.

Él debe preparar la comida o limpiar la casa.
Los chicos en verano juegan, comen o duermen.

Desde el punto de vista del significado transmitido mediante la coordinación disyuntiva, conviene tener en cuenta algunos matices importantes.

- El uso de las coordinadas disyuntivas enlazadas mediante la conjunción *o* puede resultar más inclusivo que exclusivo; esto es, la disyunción no siempre obliga a una elección entre alternativas, como en el ejemplo siguiente:

  ○ *Vamos a cenar unas verduras **o** unos huevos.*
  ○ *Te llamo por la mañana **o** por la tarde.*

  Los componentes de estas oraciones establecen una relación inclusiva, donde no es necesaria la elección o donde la elección se presenta de una forma abierta. En el segundo ejemplo, queda abierta la posibilidad de que la acción de llamar se produzca en cualquiera de los periodos indicados.
- Los casos de relación inclusiva ponen de manifiesto la coincidencia parcial de los valores de las conjunciones disyuntivas y copulativas, especialmente *y* y *o*, que en casos de relaciones abiertas pueden aparecer indistintamente o incluso simultáneamente.

  ○ *Si necesitan ayuda, pregunten en la puerta **y/o** en la recepción.*

- Las coordinadas disyuntivas con negación y las coordinadas copulativas de oraciones negativas pueden resultar perfectamente equivalentes, por lo que en muchos casos resultan intercambiables:

  ○ *No olvida ni perdona ~ No olvida y no perdona ~ No olvida o perdona.*

- Las coordinadas disyuntivas pueden tener un valor retórico o enfático cuando se usan en enunciados interrogativos con paralelismo:

  ○ *¿Te animas a salir conmigo o no te animas a salir conmigo?*

8.2.3 Oraciones adversativas

Las oraciones coordinadas adversativas solamente pueden ser dos. La primera de ellas expresa un significado al que se le contrapone el significado de la segunda. Esta contraposición u oposición entre oraciones puede ser total o parcial. Será total cuando existan significados que se consideran incompatibles:

No está soltero, sino casado.

Será parcial cuando los significados no tengan por qué ser incompatibles:

El equipo es competitivo, pero no gana.

Las coordinadas adversativas pueden presentar algunos usos formales y algunos valores semánticos o expresivos que merece la pena tener en cuenta.

a) La relación adversativa que se produce entre las oraciones coordinadas no siempre es explícita o evidente, sino que se apoya en inferencias o informaciones que se dan por supuestas. En estos casos es el hablante el que debe establecer mentalmente la conexión adversativa, dado que no queda expresada en el enunciado.

   *Es muy simpático, **pero** no consigue pareja.*
   *Ha salido el sol, **pero** todo está muy oscuro.*

b) La conjunción *pero* puede tener un valor especialmente enfático cuando se utiliza unida a las conjunciones compuestas *sin embargo* y *no obstante*: *pero sin embargo*; *pero no obstante*. Al inicio de un enunciado estas expresiones compuestas tienen valor de conector. Además, *pero* también puede utilizarse al inicio de un turno de palabra en la conversación, aportando un valor atenuador:

   Pero ¿cuándo vamos a comer?

También puede utilizarse para la expresión de respuestas enfáticas ante un enunciado anterior o en una determinada situación:

   ¡Pero si yo no he hecho nada!
   ¿Pero qué te has creído?
   ¡Pero no se te ocurra salir a la calle!

c) En el español hablado, es frecuente utilizar la conjunción *pero* (*que*) para enfatizar el significado de un elemento gramatical que, en ocasiones, está repetido. Este tipo de uso enfático, que no es propiamente adversativo, se encuentra con adjetivos y adverbios:

   *Tu pareja es atractiva, **pero** (**que**) muy atractiva.*
   *Este trabajo está bien, **pero** (**que**) muy bien.*
   *Me habló **pero** muy alterado.*

8.2.4 Oraciones explicativas

La coordinación de oraciones explicativas permite que lo expresado en una de las oraciones explique lo dicho en la otra o se presente como consecuencia de ella:

Estás en deuda conmigo; o sea, me debes dinero.

8.2.5 Oraciones distributivas

Las oraciones coordinadas distributivas tienen algunos aspectos en común con las copulativas y las disyuntivas, tanto desde una perspectiva semántica, como desde una perspectiva formal. Sin embargo, el contenido que se aporta en estos enunciados es claramente de alternancia; esto es, de expresión de significados que no se oponen ni se excluyen, sino que alternan claramente.

> *Ahora cantan, ahora tocan.*
> *Esta noche, bien cantamos, bien tocamos.*

Este último conector (*bien . . . bien*) puede utilizarse con un valor excluyente, como en la coordinación disyuntiva (§ 8.3.2.), pero también es posible que las oraciones establezcan entre sí una relación de inclusividad, como en el último ejemplo.

Ejercicio

2. Indica los tipos de oraciones coordinadas (copulativa, disyuntiva, adversativa, explicativa o distributiva) que se muestran a continuación.

> *Georgina llegó tarde y Marcos ya se había ido.*
> *Su éxito no fue una casualidad, sino fruto de su trabajo.*
> *Compré una casa, pero ahora la tengo alquilada.*
> *¿Nos vamos o nos quedamos?*
> *Bien escucha la radio, bien lee el periódico.*
> *Podemos comprar por internet; o sea, no es necesario salir de casa.*
> *Según el momento, reíamos, llorábamos o nos abrazábamos.*
> *No saludaron a los invitados ni se despidieron de ellos.*

8.3 Las conjunciones coordinantes

Una vez explicados los aspectos formales y de significado relativos a la coordinación, veamos cómo son las conjunciones que conectan las oraciones coordinadas. La conjunción coordinante y es tal vez el conector más prototípico de la coordinación. Sin embargo, es importante saber que existen diferentes conjunciones con distintos valores semánticos y que se usan de acuerdo con los diferentes tipos de coordinación. Las conjunciones coordinantes de mayor uso en el español, con sus formas y significados, son las siguientes:

8.3.1 Conjunciones copulativas

Se usan para conectar dos elementos que cumplen una función equivalente sin añadir ningún matiz semántico propio. Las conjunciones copulativas más usadas en español son:

y: *Juan* **y** *Pedro*
e: *Nicolás* **e** *Irene*. Se usa cuando la palabra siguiente comienza por el sonido [i], tanto si se escribe *i*, como si se escribe *hi*: *hija* **e** *hijo*.
ni: *No podía comer melón* **ni** *podía comer plátano, por la alergia.* Se usa para unir elementos negativos y requiere que la oración anterior incluya el adverbio *no*.

La conjunción copulativa *y* (*e*) aparece entre los dos últimos elementos, mientras que, si hay más de dos, los anteriores pueden conectarse mediante coma:

> *Los leones rugen, los perros ladran, las ratas chillan y los cuervos graznan.*

La conjunción *ni*, sin embargo, puede aparecer precediendo a cada uno de los elementos conectados. Cuando es así, la negación del enunciado adquiere un mayor énfasis:

> *Ni te he dicho que vengas ni quiero que vengas ni quiero que me hables.*

La negación *ni* generalmente puede sustituirse por *y no* o por *y tampoco*. En ocasiones, sobre todo en el uso hablado, puede usarse sin valor coordinante, como simple refuerzo expresivo de la negación:

> *Ni regalada quiero una serpiente como mascota.*

Por otro lado, la coordinación copulativa también puede establecerse mediante otros conectores. Uno de ellos es discontinuo (*tanto . . . como*); otros son compuestos, entre los que es muy frecuente *así como*. Uno y otros equivalen a *y* o *y también*:

> *Tanto los niños como los mayores usaban botas de agua ~ Los niños y los mayores usaban botas de agua.*
> *Los niños, así como los mayores, usaban botas de agua ~ Los niños y los mayores usaban botas de agua.*

Otros conectores compuestos son *además de, además de que, aparte de, aparte de que, junto con, amén de*. Cada uno de ellos aporta matices de intensidad y de estilo:

> *Quiero pan, además de agua ~ Quiero pan y agua.*
> *Quiero pan, aparte de agua.*
> *Quiero pan, junto con agua.*
> *Quiero pan, amén de agua.*

Como conectores coordinantes discontinuos, también se utilizan *no solo . . ., sino que también* y su correspondiente negativo *no solo no . . ., sino que tampoco*, ambos con un valor intensificador:[1]

> *No solo ha querido aprobar, sino que también ha querido sacar la mejor calificación.*
> *No solo no ha querido venir, sino que tampoco ha querido avisar.*

Cuando los elementos que se unen mediante coordinación copulativa incluyen los adverbios *también* o *tampoco*, se produce un efecto de intensificación afirmativa o negativa. El adverbio *tampoco* se usa con oraciones negativas:

> *Los niños y también los mayores usaban botas de agua.*
> *Los niños no usaban botas de agua ni tampoco los mayores.*

Además, el uso de estos adverbios permite la elisión del predicado de la segunda oración coordinada:

> *Los niños usaban botas de agua* **y** *los mayores* **también***.*
> *Los niños* **no** *usaban botas de agua* **y** *los mayores* **tampoco***.*[2]

8.3.2 Conjunciones disyuntivas

Se usan para conectar dos elementos que cumplen una función equivalente, pero añadiendo un valor de opción entre las alternativas que se ofrecen. Las conjunciones disyuntivas más usadas en español son:

> **o**: *Juan* **o** *Pedro*
> **u**: *Nicolás* **u** *Olegario.* Se usa cuando la palabra siguiente comienza por el sonido [o], tanto si se escribe *o,* como si se escribe *ho* (*clínicas* **u** *hospitales*).

La conjunción *o* (*u*) aparece entre los dos últimos elementos, mientras que, si hay más de dos, los anteriores pueden conectarse mediante coma:

> *Los animales rugen, chillan, cantan* **o** *berrean al amanecer.*

La conjunción *o,* sin embargo, puede aparecer no solo entre los componentes conectados, sino precediendo a cada uno de ellos. Cuando es así, la necesidad de elegir entre los contenidos expresados adquiere un mayor énfasis, especialmente si se utiliza la conjunción compuesta *o bien*:

> **O** *corres* **o** *saltas* **o** *das vueltas.*
> *Ven a verme* **o** *a las 3 h* **o** *a las 4 h.*
> *Ven a verme* **o bien** *a las 3 h* **o bien** *a las 4 h.*

Por otro lado, la coordinación disyuntiva también se establece mediante otros conectores. Uno de ellos es discontinuo (*bien . . ., bien*); el otro es compuesto (*o bien*) y puede utilizarse también como discontinuo:

> *Las clases de piano se ofrecen* **bien** *por las mañanas,* **bien** *por las tardes.*
> *Las clases de piano se ofrecen por las mañanas* **o bien** *por las tardes.*
> *Las clases de piano se ofrecen* **o bien** *por las mañanas* **o bien** *por las tardes.*

8.3.3 Conjunciones adversativas

Se usan para conectar dos elementos que cumplen una función equivalente, pero contraponiendo el contenido del segundo elemento al del primer elemento y a lo que en él se dice. De este modo, lo expresado en el primer elemento queda limitado por el segundo o contrapuesto a él. Las conjunciones adversativas más usadas en español son las siguientes:

> **pero**: *Quisimos visitarlos,* **pero** *se nos hizo tarde.*
> **sino**: *No llegaremos el lunes,* **sino** *el martes.* Se usa cuando el primer elemento incluye una negación.[3]

En la coordinación adversativa, es importante tener en cuenta que los elementos coordinados solamente son dos. Además, las oraciones coordinadas adversativas pueden ser tanto afirmativas como negativas. Esto condiciona tanto los conectores que han de utilizarse en cada caso, como los valores semánticos que poseen. Así, como hemos visto, mientras la conjunción *pero* puede aparecer con oraciones afirmativas o negativas, la conjunción *sino* siempre debe ir precedida por una oración negativa.

Por otro lado, la coordinación adversativa también puede establecerse mediante conectores compuestos, como *sino que*; *sin embargo*; *no obstante*:

> *No ha querido pasear, **sino que** ha preferido quedarse en casa.*
> *Queríamos que tu hijo viniera a pasear, **sin embargo** ha preferido quedarse en casa.*
> *Ne duele el pie, **no obstante** debo esforzarme en caminar.*

El conector *sino que*, por su parte, se utiliza con oraciones negativas:

> *No vendrá a desayunar, **sino que** vendrá a cenar.*

El uso de *sino que* se diferencia del uso de *sino* exclusivamente en el hecho de que el primero introduce una oración. En ambos casos, es importante tener en cuenta que su uso en español no coincide exactamente con el de *pero*, como sí ocurre en otras lenguas. Por otro lado, no hay que confundir este uso de *sino* con el de la secuencia *si no* (conjunción de condicional + negación):

> *No voy al cine, **sino que** veo series de televisión* (adversativa).
> *No voy al cine, **si no** tengo dinero* (condicional).

Finalmente, hay otro uso adversativo que puede provocar confusiones. Se trata del empleo de *aunque* en ejemplos como este:

> *Me despidieron, **aunque** después volvieron a contratarme.*

En este caso, *aunque* puede ser sustituido por *pero*, por lo que el valor de coordinación adversativa es claro. En un ejemplo como este:

> *No quiero verlo, aunque me regale dinero,*

aunque funciona como una conjunción subordinante, ya que puede sustituirse por *a pesar de que* (§ 9.3.).

8.3.4 Conjunciones explicativas

Se usan para conectar dos elementos que cumplen una función equivalente, pero indicando una relación de explicación del segundo respecto del primero. De este modo, el significado del primer elemento queda explicado por el segundo. Las conjunciones explicativas más usadas en español suelen ser compuestas: *o sea, esto es, es decir*:

> *La carretera está mal, **así que** ve despacio.*
> *La carretera está mal; **o sea**, ve despacio.*
> *La carretera está mal; **esto es**, ve despacio.*
> *La carretera está mal; **es decir**, ve despacio.*

Existen oraciones donde la causa o la consecuencia del contenido de la primera oración se expresa mediante el uso de conectores como *luego* o *conque*:

Quieres comprarte una casa, **luego / conque** *. . . tienes que ahorrar mucho.*

Este tipo de elementos conectores, sin embargo, son complejos en sus usos y valores discursivos, y por eso suelen tratarse como conjunciones subordinantes consecutivas (§ 9.3.).

8.3.5 Conjunciones distributivas

La expresión de la distribución se concreta mediante unos conectores correlacionados que se sitúan al comienzo de cada una de las oraciones coordinadas. Estos elementos son, pues, formalmente discontinuos. Tal vez por ello su uso es más frecuente en la lengua escrita que en la lengua hablada. Entre los elementos distributivos de mayor uso, pueden destacarse los siguientes:

este . . . aquel: *Este prefiere trabajar por la mañana, aquel por la tarde.*
ahora . . . ahora: *Ahora ríes, ahora lloras.*
unos . . . otros: *Unos vienen, otros van.*

Los significados de estas oraciones coordinadas distributivas generalmente tienen un valor genérico y no específico. Así, en el ejemplo *Este prefiere trabajar por la mañana, aquel por la tarde,* los pronombres *este* y *aquel* no se refieren a personas específicas, sino a dos personas cualesquiera.

Ejercicio

3. Identifica las conjunciones coordinantes de las oraciones siguientes e indica a qué clase pertenecen (copulativa, adversativa, explicativa o distributiva).

   Parece un hombre serio, sin embargo, sus palabras no me convencen.
   Unos son maleducados, otros trabajan sin ganas.
   Sabe tocar la guitarra, además del violín.
   Amaya e Isabel se conocerán la próxima semana.
   No solo se proclamó vencedor de la prueba, sino que rompió el récord mundial.
   Es un tema complejo y controvertido, pero no le importa.
   No hagas ruido; es decir, estate quieto.
   El precio de los alquileres sube, aunque los salarios se mantienen.
   No solo no fue puntual, sino que tampoco se disculpó.
   Tanto la cantante como su pareja se sienten muy felices.

8.4 La yuxtaposición de oraciones

La yuxtaposición es uno de los recursos gramaticales por los que se relacionan dos oraciones. La principal diferencia entre este tipo de relación y los demás, incluidos los presentados en este capítulo, está en que la yuxtaposición no requiere el empleo de ningún nexo, conector o locución conjuntiva. En su lugar es obligado el uso de pausas y signos de puntuación (coma, punto y coma, punto y seguido). (§ 13.3.).

Ayer llovió, hoy llueve, mañana lloverá.

Esta simple característica formal tiene importantes consecuencias para los significados. Por un lado, si las oraciones coordinadas mantienen su autonomía gramatical y semántica, esta es más clara en el caso de las oraciones yuxtapuestas; hasta el punto de que podrían considerarse elementos, no compuestos, sino independientes.

Por otro lado, las relaciones de significado entre las oraciones implicadas pueden ser muy variadas. De hecho, la yuxtaposición puede ser una alternativa gramatical tanto para la coordinación, como para la subordinación. Eso quiere decir que dos oraciones yuxtapuestas podrían establecer una relación bien de coordinación, bien de subordinación. Será el hablante, por tanto, el encargado de completar, restituir o reconocer los significados que se desprenden de la relación de yuxtaposición. Esto puede hacerse a partir de las inferencias del texto, por la percepción del hablante, por el contexto y la situación comunicativa o por otros medios. En los siguientes ejemplos de yuxtaposición, se expresan relaciones de distinto tipo:

Coordinación copulativa: *Yo toco la guitarra, tú la batería.*
Coordinación adversativa: *Ahora soy bueno, después seré malo.*
Subordinación causal o consecutiva: *Estoy contento, me voy de vacaciones.*
Subordinación final: *Te llevaré al médico, te pondrá la vacuna.*

Igualmente, se consideran casos de yuxtaposición los incisos oracionales:

*Querrá ir al cine, **supongo**, esta noche.*

Finalmente, establecen relación de yuxtaposición las oraciones que van introducidas por elementos correlacionados, como es el caso de las oraciones distributivas:

Unos se quieren aprovechar de la situación, otros evitarla.

Ejercicio

4. Explica la relación de yuxtaposición (tipo de coordinación, tipo de subordinación o inciso) que se establece en las siguientes oraciones.

Te presentaré a Ernesto, él te ayudará.
Unos parecen contentos, otros permanecen callados.
Antes salía con mi primo, ahora no sale con nadie.
No pudo pagar la matrícula, le denegaron la beca.
Va al gimnasio, toma clases de zumba.
La mayoría de los lectores de esta revista, imagino, son varones.

8.5 La puntuación de las coordinadas

La puntuación de las oraciones coordinadas sigue las normas generales de puntuación del español. De hecho, muchos de los aspectos que podrían comentarse en este apartado se explican específicamente en otros capítulos o se señalan en el capítulo dedicado especialmente a la puntuación (capítulo 13). A pesar de todo, es importante llamar la atención sobre algunos hechos que afectan a la coordinación y que son especialmente relevantes.

- Las locuciones, conectores o conjunciones compuestas utilizadas en la coordinación a menudo requieren el uso de puntuación complementaria. En el caso de las adversativas construidas con *sin embargo* o *no obstante*, no solo ha de utilizarse una pausa antes, sino que generalmente requieren que se anteponga una pausa más fuerte (punto y seguido; punto y coma) y se posponga una coma:

Mañana iré al mercado. **Sin embargo,** *no compraré nada.*
Comprendo tu tristeza. **No obstante,** *deberías animarte.*

● Algo similar ocurre con los conectores compuestos que se utilizan en las coordinadas explicativas. En estos casos, el conector introduce la segunda oración precedido de pausa fuerte (punto y seguido; punto y coma) y seguido de coma:

La carretera está mal; **esto es,** *ve despacio.*
La carretera está mal; **es decir,** *ve despacio.*

Esta puntuación especial, comparada con la sencillez de conjunciones más simples, se debe a que estos elementos son capaces de cumplir funciones en el nivel discursivo o textual y no solamente en el oracional. Por este mismo motivo, en la lengua hablada suelen ir precedidos de pausa y recibir una entonación descendente.

● Los conectores o conjunciones que aparecen en forma discontinua y correlacionada (*bien . . ., bien; unos . . ., otros*) suelen recibir una coma delante del segundo elemento, el que introduce la segunda oración:

Unos estudian, otros juegan.

● Aunque se explica en otros apartados (§ 13.3.1.), hay que insistir en que la conjunción *y*, en las coordinadas copulativas, no va precedida por coma, como sí puede hacerse en otras lenguas.[4] La conjunción *ni* tampoco debe ir precedida por una coma, tanto si se trata de dos componentes coordinados, como si se trata de una serie de más componentes:

No me apetece bailar ni cantar ni saltar.

● En las oraciones yuxtapuestas, la coma y el punto y coma presentan las mismas dificultades de puntuación que otras construcciones gramaticales, por lo que su uso no siempre resulta fácil (§ 13.3.1.).

Cuestiones para reflexionar y debatir

1. El valor de las conjunciones *y* y *o*, aunque claramente diferenciado por su carácter copulativo y disyuntivo, puede coincidir parcialmente en muchas ocasiones. Una solución gráfica para expresar esta coincidencia parcial consiste en utilizar la fórmula *y/o*. ¿Crees que es adecuado este uso gráfico? ¿Aclara los significados o confunde al lector?

2. La yuxtaposición utiliza los signos de puntuación como únicas marcas de enlace, por lo que la interpretación de los significados queda muy abierta para el oyente o el lector. Dado que una coordinación copulativa puede expresarse bien con conjunciones, bien con yuxtaposición, ¿qué ventajas o inconvenientes presenta cada una de estas opciones?

Actividades de clase

1. En grupo, lean el siguiente texto y propongan conjunciones (simples o compuestas) o conectores que puedan ser adecuados donde aparece [ ]: *y, pero, sin embargo.*

   El novelista, en mangas de camisa, metió en la máquina de escribir una hoja de papel, la numeró [ ] se dispuso a relatar un abordaje de piratas. No conocía el mar y [ ] iba a pintar los mares del sur, turbulentos [ ] *misteriosos; no había tratado en su vida más que a empleados sin prestigio romántico* [ ] *a vecinos pacíficos* [ ] *oscuros,* [ ] *tenía que decir ahora cómo son los piratas; oía cantar a los pájaros de su mujer* [ ] *poblaba en esos instantes de grandes aves marinas los cielos oscuros. La lucha que sostenía con editores* [ ] *con un público indiferente se le antojó el abordaje* [ ] *la miseria que amenazaba su hogar, el mar bravío.* [ ] *al describir las olas en que se mecían cadáveres* [ ] *mástiles rotos, el escritor pensó en su vida sin triunfo, gobernada por fuerzas sordas* [ ] *fatales,* [ ] *a pesar de todo fascinante, mágica* [ ] *sobrenatural.*

(Julio Torri. "Literatura". *Obra completa.* 2011. Adaptación)

2. Por parejas, lean con atención el siguiente poema. Una persona debe descubrir qué clases de elementos están separados por las comas (grupos de palabras, oraciones, enunciados); la otra persona debe descubrir qué relaciones establecen los elementos yuxtapuestos.

> Al final del verano,
> por las proximidades,
> pasan trenes nocturnos, subrepticios,
> rebosantes de humana mercancía:
> manos de obra barata, ejército
> vencido por el hambre,
> paz . . .,
> otra vez desbandada de españoles
> cruzando la frontera, derrotados
> . . . sin gloria.
> Se paga con la muerte
> o con la vida,
> pero se paga siempre una derrota.

(Ángel González. "Camposanto de Colliure". Fragmento. *Grado elemental.* 1961)

NOTAS

1. No es recomendable usar *no solo . . .* **pero también.**
2. En algunas comunidades hispanohablantes, el adverbio *tampoco* se usa seguido de la negación (*Los niños no usaban botas de agua y los mayores* **tampoco no** *usaban*), pero no es un uso frecuente ni recomendable.
3. En el lenguaje literario también es relativamente frecuente el uso de la conjunción *mas* (*Quédate conmigo, mas no me pidas que te perdone*). En la lengua oral apenas se usa.
4. Esto no significa que no pueda aparecer una coma delante de (y). Cuando aparece, es porque se trata de la puntuación de otro componente de la oración o para evitar una ambigüedad en la expresión de una serie: *Mi amigo Luis, Juan, que no es mi amigo, y Pedro me acompañarán.*

Capítulo 9

Subordinación

Resumen

Este capítulo presenta las construcciones subordinadas sustantivas y adverbiales del español (las subordinadas adjetivas ya fueron tratadas en § 6.4.). La subordinación se identifica atendiendo a los elementos que la introducen, a los principales significados que comunica y a sus rasgos sintácticos. Los apartados que componen el capítulo son los siguientes:

Las oraciones subordinadas
Subordinadas sustantivas
Subordinadas adverbiales
Conjunciones subordinantes adverbiales
La relación entre oraciones en la subordinación adverbial
El modo en las oraciones subordinadas adverbiales
La puntuación de las subordinadas

La lectura y comprensión de este capítulo permitirán:

● Conocer en qué consiste la subordinación sustantiva.
● Conocer el modo utilizado en las subordinadas sustantivas.
● Construir oraciones en discurso directo y discurso indirecto.
● Conocer en qué consiste la subordinación adverbial.
● Identificar los principales tipos de oraciones subordinadas adverbiales del español.
● Reconocer las principales conjunciones de subordinación del español.
● Analizar las relaciones semánticas que establecen las subordinadas adverbiales.
● Conocer el modo utilizado en los distintos tipos de subordinadas adverbiales.
● Conocer las principales dificultades que presenta la subordinación en relación con la puntuación.

9.1 Las oraciones subordinadas

La subordinación es un tipo de configuración gramatical —concretamente, sintáctica— por la que se establece una relación entre dos oraciones. En este tipo específico de relación, una de las oraciones implicadas recibe la consideración de oración principal y la segunda, de oración subordinada, si bien una y otra forman una sola unidad conjunta. Tanto la oración principal como la subordinada pueden aparecer, a su vez, coordinadas con otras oraciones.

La **oración principal** recibe esta denominación por ser la de mayor jerarquía sintáctica y semántica y, en determinados casos, por mostrar total independencia sintáctica respecto de la subordinada. La **oración subordinada**, por su parte, es la de menor jerarquía sintáctica y semántica y muestra dependencia sintáctica respecto de la principal, aunque en muchos casos tenga capacidad para condicionar su significado. Tanto la oración principal como la subordinada pueden recibir la denominación de **cláusulas**. La unión de las dos oraciones forma una oración compuesta. Los componentes de las oraciones compuestas no suelen ser permutables sin alterar gravemente el significado, la intención o la gramaticalidad de la oración compuesta.

La relación que se establece entre una oración o cláusula principal y otra subordinada supone que esta última suele formar parte de la principal, vinculándose normalmente con su predicado y formando una sola unidad de conjunto. La relación entre ambas cláusulas se representaría mediante un núcleo (oración subordinada: OS) dominado jerárquicamente por una oración principal (OP).

OP
|
OS

Figura 9.1

Desde una perspectiva formal, es importante señalar que las oraciones principal y subordinada pueden ocupar distintas posiciones dentro de la oración compuesta. De este modo, la subordinada puede ir antepuesta o pospuesta a la principal, pero también puede aparecer en el interior de la cláusula principal. Esta posición relativa puede afectar a la puntuación del modo que se explica más adelante (§ 9.7.). En cualquier caso, la marca formal más clara para reconocer la presencia de una oración subordinada es el uso de una **conjunción subordinante**, un conector subordinante que tiene diferentes formas (§ 9.4.).

Desde una perspectiva sintáctica, la subordinación supone el cumplimiento de diferentes funciones dentro de la oración principal, por parte de la subordinada. De ahí la mayor jerarquía de la primera en relación con la subordinada. Esas posibles funciones de la cláusula subordinada son asimilables a las funciones que cumplen otros elementos gramaticales: nombres, adjetivos, adverbios. Cuando la cláusula subordinada cumple la función de un sustantivo, o de un grupo nominal, recibe la denominación de **cláusula nominal** o **subordinada sustantiva**. Cuando la cláusula subordinada cumple la función de un adjetivo o de un grupo adjetival, recibe la denominación de **cláusula** o **subordinada adjetiva** o **de relativo**. Este último tipo de subordinación ya ha sido explicado en otros apartados (§ 6.4.). El resultado de esta forma de subordinación, mediante la conexión entre una oración principal y una cláusula sustantiva o adjetiva, es un tipo de oración que se denomina **oración compuesta**. Veamos algunos ejemplos:

Oración compuesta con cláusula nominal (subordinada sustantiva)
Dijo que llegaría todas las mañanas a la 9 h.
Que seas feliz es mi principal interés.

Oración compuesta con cláusula adjetiva o de relativo (subordinada adjetiva o de relativo)
Me gusta la camisa que llevas puesta.
El teléfono que permite cumplir muchas funciones es un aparato inteligente.

Cuando la función que cumple la oración subordinada es la propia de un adverbio, recibe la denominación de **oración** o **cláusula subordinada adverbial**. El resultado de esta forma de subordinación, mediante la conexión entre una oración principal y una cláusula adverbial, es un tipo de oración que se denomina **oración compuesta**.

Finalmente, las oraciones suelen ir introducidas por conjunciones de subordinación. Estas conjunciones son conectores o elementos subordinantes que establecen una conexión entre dos oraciones en relación de dependencia. Las conjunciones subordinantes solamente introducen la oración subordinada, no la principal. Por otro lado, las conjunciones subordinantes pueden ser tanto unidades simples como compuestas. En este último caso, es bastante frecuente la aparición de la partícula *que* como integrante de la conjunción.

9.2 Subordinadas sustantivas

Las subordinadas sustantivas son aquellas cláusulas que cumplen la función de un sustantivo o de un grupo nominal. Desde una perspectiva sintáctica, estas subordinadas cumplen generalmente función de sujeto, de objeto o complemento de régimen:

- Con función de sujeto

  Me gusta mucho **que cantes esa canción**.

- Con función de objeto

  Te dije **que esa historia no era verdad**.

- Con función de complemento de régimen

  No me atrevo **a escalar esa montaña**.

Desde la perspectiva de la modalidad, las subordinadas sustantivas pueden ser enunciativas o interrogativas. Estas últimas serían, específicamente, interrogativas indirectas:

Enunciativa
  Prefiero regresar temprano a casa.
  Me dijo que no me quería.

Interrogativa
  Dime si me quieres.
  Pregúntale dónde quiere ir.

Además, hay que tener en cuenta que las subordinadas con función de objeto directo suelen referirse a realidades abstractas o a hechos, pero no a realidades concretas u objetos físicos. Por eso, las oraciones con verbos como *comer, calentar, subir* . . . no pueden llevar subordinadas.

Desde una perspectiva formal, las subordinadas sustantivas pueden organizarse en torno a un infinitivo o con un verbo conjugado que aparece detrás de un conector o conjunción subordinante. En las subordinadas sustantivas enunciativas, se usa la conjunción *que*. En las interrogativas el conector es *si* o una forma interrogativa (*dónde, cómo, cuánto, qué, quién*). El uso de las diferentes formas de subordinación sustantiva, sin embargo, depende de ciertas condiciones:

- El infinitivo se usa cuando el sujeto de la subordinada coincide con el sujeto o el objeto de la oración de la que depende.

  Uso de infinitivo
  Yo *quiero comer pescado*.

- La conjunción *que* más el verbo conjugado se usa cuando el sujeto de la subordinada y el sujeto o el objeto de la oración de la que depende no coinciden.

  Uso de *que* + verbo conjugado
  Yo *quiero que* **Juan** *coma pescado.*

- En las interrogativas, el conector *si* se usa cuando se trata de una interrogativa total.

  Dime **si** *va a venir.*

- Las formas interrogativas se usan cuando se trata de una interrogación parcial.

  Nunca supe **dónde** *había escondido el anillo.*
  Dime **cuándo** *vas a venir a verme.*

Otra cuestión importante es el tiempo y el modo verbal de las subordinadas sustantivas. En esencia, el verbo de la subordinada depende del tipo de significado del verbo de la cláusula principal, ya que este trasfiere al de la subordinada la referencia temporal del suceso expresado, lo que también afecta al modo del verbo de la subordinada.

En general, el verbo de la subordinada se usa en indicativo cuando el verbo de la principal expresa afirmaciones o actividades mentales, percepciones físicas o mentales y acciones de lengua.

- Afirmación o actividad mental:
  - *Pienso que debes marcharte a casa.*
  - *Recuerdo que mi abuela me quería mucho.*
  - *Sé que te importan mis problemas.*

- Percepción física o mental:
  - *Oí que te van a despedir.*
  - *No notaban que los estaban engañando.*

- Lengua y comunicación:
  - *Me dijo que prefería descansar toda la tarde.*
  - *El servicio de atención al cliente le contestó que le devolverían el dinero.*
  - *Comentó que había estado enfermo.*

Por otro lado, el verbo de la subordinada se usa en subjuntivo cuando el verbo de la principal expresa **d**eseo, **i**mpersonalidad, **r**ecomendaciones, **d**uda o **e**mociones, cuando se trata de una subordinada con *que* y los verbos de ambas cláusulas no coinciden. Estos tipos de verbos pueden recordarse mediante la palabra "DIRDE", formada por las iniciales de cada uno de los tipos de significado. A estos casos, puede sumarse el de las oraciones con *ojalá*, que también llevan subjuntivo en la subordinada.

- Deseo:
  - *Quiero que te vayas a casa.*
  - *Deseo que desaparezca el dolor.*

- Observaciones impersonalizadas en tercera persona del singular:
  - *Es necesario que pagues la matrícula.*
  - *No es cierto que te haya insultado.*

- Recomendaciones y órdenes:
  - *Te recomiendo que veas esa serie.*
  - *Me ordenaron que les sirviera el café.*

- Duda y negación:
  - *Dudaban de que aprobara el examen.*
  - *No creo que quiera comer a estas horas.*

- Emoción:
  - *Me entristece que te vayas.*
  - *Lamento que algunos hayan caído enfermos.*

- Ojalá:
  - *Ojalá que te vaya muy bien.*
  - *Ojalá que amanezca enseguida.*

Hay que tener en cuenta que estos valores se refieren al sentido en el que hay que interpretar el verbo y no tanto al verbo concreto en sí. Por eso, los verbos que tienen varios significados pueden ir acompañados de indicativo o de subjuntivo, según el significado que el verbo adopte en cada caso. Así, cuando el verbo *decir* significa 'comunicar', se usa con indicativo (*Dice que llega mañana*), pero cuando significa 'ordenar', se usa con subjuntivo (*Dice que mañana llegues temprano*). Asimismo, los verbos que exigen indicativo pueden pasar a usarse con subjuntivo cuando aparecen en oraciones negativas o que incluyen algún elemento de negación:

Recuerdo que mi abuela me quería mucho / No recuerdo que mi abuela me quisiera mucho.
Oí que te van a despedir / No he oído que te vayan a despedir.

Finalmente, las subordinadas sustantivas con función de complemento directo presentan una característica especial: la posibilidad de convertirse en enunciados de estilo o **discurso directo**. El discurso directo es aquel en que el hablante reproduce literalmente unas palabras de otro o del hablante mismo.

Discurso indirecto: *Me dijo que me quería mucho.*
Discurso directo: *Me dijo: "Te quiero mucho".*

En el discurso directo existe un deseo de expresar de modo exacto un enunciado o un discurso distinto del que se está produciendo, de ahí que la cláusula principal se separe de la subordinada mediante los dos puntos y que las palabras reproducidas se marquen con comillas dobles. Generalmente, el discurso directo se usa cuando el verbo principal es de lengua o de pensamiento (*decir, comentar, opinar, pensar*). Por otro lado, las subordinadas sustantivas interrogativas pueden aparecer construidas en discurso directo y en discurso indirecto.

Discurso indirecto: *Dime cómo te llamas.*
Discurso directo: *Dime: "¿Cómo te llamas?".*

Las interrogativas en estilo o discurso indirecto no se escriben con signos de interrogación ni separadas por los dos puntos.

Ejercicio

1. Cambia el sujeto de las oraciones subordinadas para que sea distinto al de la oración principal. Realiza todas las modificaciones necesarias para mantener la gramaticalidad de las oraciones.

> *Me alegra poder estar hoy con ustedes.*
> *Deseo alcanzar un gran éxito con este nuevo álbum.*
> *Le gusta vivir cerca del mar.*
> *Recuerda avisar al cliente de los últimos cambios.*
> *Prefiere esperar el informe de los inspectores.*
> *Temo perder el empleo en estas oficinas.*
> *No quiero seguir en esta situación tan lamentable.*
> *Nos encanta leer novelas de ficción.*

9.3 Subordinadas adverbiales

Las oraciones subordinadas adverbiales cumplen funciones propias de los adverbios dentro de la oración principal. Por tanto, una subordinada adverbial se reconoce porque podría ser sustituida, en la mayoría de los casos, por un adverbio. El cumplimiento de funciones propias de los adverbios conduce a que la función que más frecuentemente desempeñan estas subordinadas dentro de la principal sea la de complemento circunstancial (§ 7.1.).

A pesar del paralelismo de este tipo de oraciones subordinadas con los adverbios propiamente dichos, así como con la función de complemento circunstancial, entre las subordinadas circunstanciales pueden distinguirse dos tipos principales:

- oraciones subordinadas circunstanciales o subordinadas adverbiales propias;
- oraciones subordinadas no circunstanciales o subordinadas adverbiales impropias.

9.3.1 Subordinación adverbial propia o circunstancial

La subordinación circunstancial o adverbial propia se caracteriza por aportar a la oración compuesta información de naturaleza temporal, espacial o modal. Es decir, las cláusulas subordinadas aportan información sobre las circunstancias de tiempo, espacio y modo en que se produce el suceso expresado por la cláusula principal, como respuesta a las preguntas *¿cómo?*, *¿dónde?* y *¿cuándo?* Los tipos de subordinadas circunstanciales son tres:

De tiempo (temporales)

Las subordinadas temporales introducen una referencia de tiempo en la oración principal:

> *Lo hice **cuando pude**.*
> ***Después de comer** saldremos a dar un paseo.*
> ***Mientras trabajaban** podían oír música del aparato de radio.*

De lugar

Las subordinadas de lugar introducen una referencia espacial o local en la oración principal:

*Encontramos al niño **donde lo dejamos**.*
***Donde se bifurca el río**, construyeron una casa.*
*Nos vemos **donde quieras**.*

De modo (modales)

Las subordinadas modales introducen una referencia de modo en la oración principal:

*Tienes que construir la silla **como se explica en las instrucciones**.*
*Se puso a comer **como si tuviera hambre de dos días**.*
***Según afirman las previsiones**, esta semana lloverá.*

9.3.2 Subordinación no circunstancial o adverbial impropia

La subordinación no circunstancial o adverbial impropia se caracteriza por ordenar los contenidos de las cláusulas de acuerdo con unos valores determinados, así como por completar o complementar el contenido de la cláusula principal con información que lo condiciona en mayor o menor grado. Los tipos de subordinadas no circunstanciales son seis: condicionales, causales, finales, consecutivas, concesivas y comparativas.

Condicionales

Las subordinadas condicionales expresan una condición necesaria, adecuada o conveniente para el contenido expresado en la cláusula principal:

Si bebes, no conduzcas.
Sal a la calle, en caso de que haya un terremoto.
No te asustes, a menos que te veas en peligro.

Causales

Las subordinadas causales expresan una causa o una explicación necesaria, adecuada o conveniente para el contenido expresado en la cláusula principal:

Yo como porque tengo hambre.
Puesto que tenemos pagado el transporte, viajaremos fuera de la ciudad.
Ya que insistes, me pondré el pantalón azul.

Finales

Las subordinadas finales expresan la finalidad, la intención o la última consecuencia del contenido expresado en la cláusula principal:

A fin de que no suban los precios, los impuestos no deben elevarse.
Tienes que comer bien para que puedas recuperarte físicamente.
Con la idea de que no vengas todos los días, hazme un informe una vez a la semana.

Consecutivas

Las subordinadas consecutivas expresan una consecuencia inmediata, como en este ejemplo:

Hacía tanto calor que no quisieron salir a la calle.

Asimismo, expresan una implicación lógica del contenido expresado en la cláusula principal (subordinación ilativa) (§ 8.3.4.):

Me suelo enfadar mucho, así que no me provoques.
Los trataron muy bien, luego quisieron volver todos los días.
La gente aplaudía con entusiasmo, de modo que los músicos saludaron varias veces.

Concesivas

Las subordinadas concesivas expresan una complicación, una dificultad o una implicación inesperada respecto del contenido expresado en la cláusula principal, sin que este se vea impedido:

Aunque es muy joven, era el mejor pianista de la escuela.
Pese a que nunca le hacían caso, el muchacho no paraba de contar historias.
Por más que insista, no le permitiré salir por la noche.

Comparativas

Las subordinadas comparativas establecen relaciones de igualdad, inferioridad o superioridad respecto al contenido expresado por la cláusula principal. En estas oraciones subordinadas, el verbo no suele aparecer de forma expresa; esto es, se elide:

El caballo negro corre más que el blanco.
La fruta es más sana que la repostería industrial.
Ese perro anda igual que el mío.

De acuerdo con la definición presentada, las oraciones comparativas pueden clasificarse en comparativas de superioridad, igualdad e inferioridad, según el grado de lo que se ha predicado del primer sujeto:

Superioridad
   Comes más que tu hermano.
   Esta novela es más interesante que la otra.

Igualdad
   Comes tanto como tu hermano.
   Esta novela es igual de interesante que la otra.

Inferioridad
   Comes menos que tu hermano.
   Esta novela es menos interesante que la otra.

Las oraciones comparativas son oraciones compuestas, pero en algunos casos este hecho no resulta fácil de apreciar, dado que el segundo verbo se elide. Así, en *Juan come más que Luis*, hay que pensar que *Luis* es el sujeto del verbo *come*, que no aparece explícito (§ 6.1.4.).

Ejercicio

2. Indica el tipo de oraciones subordinadas que aparecen a continuación.

> *El jugador estaba nervioso antes de que empezara su primer partido.*
> *Siempre vamos donde están los jóvenes del pueblo.*
> *No me gustan las personas que gritan mucho.*
> *Los dos jueces tienen que estar de acuerdo para que la decisión sea válida.*
> *Extraiga la carcasa del ordenador como le indicaron en la tienda.*
> *Estaré allí a menos que surja algo urgente.*
> *Este enfoque multidimensional está muy valorado puesto que reduce los conflictos violentos.*
> *Aclárame cuánto te ha costado.*
> *El examen final fue menos difícil que los ejercicios que hicimos en clase.*
> *Estaba muy triste cuando llegó al campamento.*
> *Grandes cantidades de mango se pudren anualmente, de modo que existe una necesidad real de conservar y procesar esta fruta.*
> *Aunque estoy a dieta, de vez en cuando me como un helado.*

9.4 Conjunciones subordinantes adverbiales

Las conjunciones subordinantes adverbiales de uso más frecuente, junto al valor o contenido que expresan, son las siguientes:

Tiempo: *cuando, antes de que, después de que, una vez que, desde que, hasta que, tan pronto como, al + infinitivo, mientras (que)*
Cuando venga, comeremos todos.
Antes de que (él) llegue, tienes que comer / Antes de llegar (tú) tienes que comer.
Después de que (él) llegue, tienes que comer / Después de llegar (tú) tienes que comer.
Una vez que llegues, tienes que comer.
Desde que llegó, está comiendo.
Hasta que llegó, no pudo comer.
Tan pronto como llegó, se puso a comer.
Al llegar, se puso a comer.
Mientras que comía, veía la televisión.

Lugar: *donde*
Encontrarás la cartera donde la dejaste.

Modo: *(tal) como, según, como si*
Hazlo todo, tal como te convenga.
Hazlo todo según te convenga.
Hazlo todo como si tuvieras interés.

Condición: *si, en caso de que, de + infinitivo, a menos que, siempre que, con tal de que, a condición de que*

Si es posible, quedamos esta tarde.
En caso de que te sea posible, quedamos esta tarde.
De ser posible, quedamos esta tarde.
A menos que no puedas, quedamos esta tarde.
Siempre que puedas, quedamos esta tarde.
Con tal de que puedas, nos vemos esta tarde.
A condición de que puedas, nos vemos esta tarde.

Causa: porque, puesto que, ya que, dado que, visto que
Me marché porque tenía mucho trabajo.
Me marché puesto que tenía mucho trabajo.
Me marché ya que tenía mucho trabajo.
Me marché dado que tenía mucho trabajo.
Me marché, visto que tenía mucho trabajo.

Fin: para que, para + infinitivo, con el fin de (que), a fin de (que), con el propósito / la idea de que
Salió a la calle para que le diera el aire / Levantó la mano para (él) llamar a un taxi.
Salió a la calle con el fin de que le diera el aire / Levantó la mano con el fin de (él) llamar a un taxi.
Salió a la calle a fin de que le diera el aire / Levantó la mano a fin de (él) llamar a un taxi.
Salió a la calle con el propósito / la idea de que le diera el aire.

Consecuencia: luego, conque, así que, de manera que (§ 8.3.4.)
Comenzó a llover, luego la fiesta acabó.
Comenzó a llover, conque la fiesta acabó.
Comenzó a llover, así que la fiesta acabó.
Comenzó a llover, de manera que la fiesta acabó.

Concesión: aunque, si bien, aun cuando, a pesar de que, por más que, por mucho / muy que, pese a que
Aunque era valiente, le daba miedo volar.
Aun cuando era valiente, le daba miedo volar.
A pesar de que era valiente, le daba miedo volar.
Por más que era valiente, le daba miedo volar / Por más valiente que fuera, le daba miedo volar.
Por muy valiente que fuera, le daba miedo volar.
Pese a que era valiente, le daba miedo volar.

Comparación: de igualdad (tan . . . como; tanto . . . como; igual de . . . que; mismo . . . que); de superioridad (más . . . que; mayor . . . que; mejor . . . que); de inferioridad (menos . . . que; menor . . . que; peor . . . que). En las comparativas de igualdad, el cuantificador *tan* va acompañado de adjetivo o de adverbio (*Esta ciudad es tan bella como Roma*) (§ 6.1.4.).

Igualdad
Eres tan alto como tu hermano / No comes tanto pan como tu hermano.
Eres igual de alto que tu hermano.
Tienes la misma altura que tu hermano.

Superioridad

> *Eres más alto que tu hermano.*
> *Eres mayor que tu hermano.*
> *Eres mejor que tu hermano.*

Inferioridad

> *Eres menos alto que tu hermano.*
> *Eres menor que tu hermano.*
> *Eres peor que tu hermano.*

Al examinar los distintos tipos de conjunciones, podemos comprobar que la forma de muchas de ellas coincide con adverbios muy utilizados en español (*así, antes, después*). Por otro lado, puede comprobarse que numerosas preposiciones también suelen formar parte de conjunciones compuestas, generalmente acompañadas de *que* o *de que: conque, desde que, hasta que, para que, porque, según que, sin que.* Esto es así debido a que las preposiciones, como las conjunciones, son palabras que sirven para establecer relaciones (§ 2.4.).

Para la escritura, es importante no confundir algunas de estas conjunciones con otros elementos gramaticales de valor diferente que, por lo tanto, también se escriben de forma diferente

> *porque* (conjunción subordinante causal)
> *Juan viene **porque** quiere.*
> *por que* (relativo precedido de preposición)
> *Ese fue el delito **por** (el) **que** lo condenaron.*

> *conque* (conjunción subordinante consecutiva)
> *Te oí muy bien, **conque** no quieras engañarme.*
> *con que* (relativo precedido de preposición)
> *He visto el cuchillo **con que** te cortaste.*

Por otro lado, la acentuación permite distinguir valores sintácticos diferentes. Por ejemplo, las conjunciones *cuando, donde* y *como,* si son subordinantes temporales, de lugar o modales, no llevan acento, pero, si tienen un valor interrogativo, sí llevan acento gráfico.

> *Vendrá cuando quiera / Nos confirmó cuándo vendría.*
> *Deja el regalo donde quieras / El médico le preguntó dónde le dolía.*
> *Baila como quieras / Dime cómo quieres que baile.*

Finalmente, merece la pena resaltar la existencia de algunos casos de conjunciones discontinuas que aparecen entre las comparativas.

> *Su decisión no supone **tanto** una renuncia **como** una llamada de atención.*

Asimismo, las construcciones comparativas también pueden aparecer en locuciones verbales o adjetivas de carácter informal y constituidas por elementos que mantienen una forma y un orden fijos:

Es más viejo que Matusalén.
Tiene más conchas que un galápago.
Es más feo que pegarle a un padre.[1]

Ejercicio

3. En las oraciones siguientes, señala las conjunciones subordinantes e indica el valor que expresan.

Se quedó sin dinero, conque tuvo que irse.
Ven a verme cuando termines.
Una vez que el dueño elige al constructor, negocian el contrato.
El cirujano elimina la grasa de la piel según le parece adecuado.
Si lanzas el palo, el perro irá a buscarlo.
Iremos donde nos digan.
El ejército resistió tanto como le fue posible.
He subido dos kilos, así que mañana empiezo una nueva dieta.
Levanté la voz a fin de que todos pudieran oírme.
No pudimos inscribirnos en el curso ya que la fecha límite había pasado.
Por mucho que discutamos, nos amamos profundamente.
El juez desestimó la acusación dado que el acusado era inocente.

9.5 La relación entre oraciones en la subordinación adverbial

Las oraciones subordinadas circunstanciales forman parte del significado integral de la oración compuesta; es decir, el significado de la subordinada, tanto si es esencial, como si es circunstancial, contribuye al significado conjunto de la oración.

La forma en que se establece la relación entre el significado de las cláusulas principales y el de las subordinadas puede ser muy diferente. En unos casos, como ocurre especialmente con las subordinadas propias, no se aporta un significado esencial para el contenido de las principales. Esto supone una relación de independencia de la principal respecto de la subordinada, así como de dependencia de la subordinada respecto de la principal.

Saldré al campo cuando amanezca.
Mientras llovía, el niño cantaba.
Nos veremos donde quieras.
Te trataré como te mereces.

Sin embargo, esta relación de dependencia-independencia no siempre es tan clara. No lo es en muchos casos de subordinación adverbial impropia, pero tampoco lo es siempre en los casos de subordinación adverbial propia. En los ejemplos

Al salir el sol es el momento elegido para el viaje.
Cuando te miente, es porque no te aprecia.

el significado que aporta la subordinada temporal (teóricamente adverbial propia) se percibe como fundamental para la construcción de la oración compuesta. Es posible que el hablante no hubiera construido una oración como *Es el momento elegido para el viaje* o como *Es porque no te aprecia* sin expresar la circunstancia de tiempo. Si esta mayor interdependencia semántica y pragmática puede percibirse en las subordinadas circunstanciales propias, con mayor razón se encuentra en las llamadas impropias (condicionales, causales, concesivas).

La implicación o interdependencia entre una cláusula principal y una subordinada adverbial impropia se aprecia con claridad en ejemplos como los siguientes:

> *Mentiría si te dijera que soy feliz.*
> *Enfermarías si comieras esas hierbas.*
> *Lo hizo porque se lo dije yo.*
> *Canta muy bien, para que digan que no vale para nada.*

En casos como estos, la implicación del significado de la subordinada con el de la principal es tan estrecha como la que se produce en las subordinadas sustantivas o adjetivas. Estos ejemplos permiten ver que, en muchos casos, los significados de las oraciones subordinadas determinan, definen o perfilan el significado de las principales. No se trataría, pues, de simples comentarios explicativos o circunstanciales.

Un segundo aspecto de especial interés, en lo que se refiere a la relación entre las oraciones principales y las subordinadas, es que los valores semánticos de cada tipo de conjunción subordinante y de cada una de las subordinadas adverbiales no siempre se perciben con claridad. Puede haber conjunciones perfectamente ajustadas por su forma a alguno de los tipos establecidos que, en el uso gramatical, no reflejan el valor semántico exacto que les correspondería.

Los casos en que los límites de significado entre subordinadas no son claros pueden deberse a diversas razones. La mayoría de las veces son casos cuya clasificación es algo difusa, que no tienen que ver con la lengua misma, sino con criterios de lógica y de significado en general. Veamos algunos ejemplos:

Distinción entre causa y finalidad
> *Ahora estudia más porque le preocupan las notas* ~ *Ahora estudia más para que no le preocupen las notas.*
> *Ha decidido comprar tres melones, para que no digan que no come fruta* ~ *Ha decidido comprar tres melones porque dicen que no come fruta.*

Distinción entre causa y consecuencia
> *Porque quiero estar tranquilo esta tarde, no me molestes más* ~ *Quiero estar tranquilo esta tarde, así que no me molestes más.*

Distinción entre causa y concesión
> *Porque insistes tanto, no querrá acompañarte* ~ *Aunque insistas tanto, no querrá acompañarte.*

Distinción entre la causa del enunciado (causa de lo que se dice) y la causa de la enunciación (causa de que se afirme algo)
> *Llueve porque llegó una borrasca* (causa del enunciado).
> *Llueve, porque todos llevan paraguas* (causa de la enunciación).

Distinción entre grados de consecuencia
> *Abrió un pozo para que nunca faltara agua* (consecuencia última).
> *Estás enfermo, así que tómate la medicina* (consecuencia inmediata).

El hablante debe decidir en cada caso cuál es el significado que quiere transmitir o la intención con que lo hace, para que la elección de la conjunción sea la más adecuada. Su decisión gramatical dependerá de la lógica de la construcción. La misma atención que se pone para distinguir estas conjunciones compuestas subordinantes se pondría para distinguir el uso de algunas preposiciones, especialmente en el caso de *por* (causa) y *para* (finalidad). En gran medida, la dificultad a la hora de diferenciar el uso de estas preposiciones es la misma que se encuentra al distinguir las subordinadas: la dificultad para diferenciar la causa y la finalidad.

Ejercicio

4. En las oraciones siguientes, indica si el tipo de relación de la principal respecto de la subordinada es de dependencia o de independencia.

> *Cuando anochece, la iluminación del edificio es todavía más imponente.*
> *Mientras nevaba, vimos una película.*
> *Me llamó por teléfono y habló conmigo como si fuéramos amigas.*
> *Perdió el tren porque se quedó dormido.*
> *Si se lo pide él, vendrá.*
> *Te llamaré cuando termine.*

9.6 El modo en las oraciones subordinadas adverbiales

Aparentemente, el modo subjuntivo es el modo de la subordinación adverbial en español (§ 4.3.). Sin embargo, no todas las subordinadas adverbiales tienen su verbo en modo subjuntivo. Es más, ni siquiera todas las subordinadas del mismo tipo se construyen siempre con el mismo modo.

En general, puede decirse que el modo de las oraciones subordinadas se utiliza teniendo en cuenta la percepción del hablante y valorando si los hechos descritos en la subordinada han ocurrido o no en el momento de hablar. De esta manera, el modo subjuntivo se utiliza cuando el suceso expresado por el verbo de la subordinada no ha ocurrido todavía, como en estos ejemplos, donde los sucesos de "venir" y de "tener" no se han producido:

> *Saldré a la calle cuando venga mi hermano.*
> *Piensa comer en cuanto tenga hambre.*
> *Aunque no le guste el jefe, trabajará en la nueva empresa.*

Por el contrario, si el suceso expresado por el verbo ya se ha producido en el momento de hablar, se utiliza el indicativo. Lo mismo ocurre cuando se expresa un suceso completo o habitual, considerado como ocurrido:

> *Salió a la calle cuando llegó su hermano.*
> *Tuvo dos hijos, aunque no le gustaban los niños.*

La aplicación de este criterio general, aunque no es simple, pues depende de la percepción y perspectiva del hablante, aclara el uso general del modo en las subordinadas. Asimismo, las distintas conjunciones subordinantes, simples o compuestas, pueden asociarse al uso bien del subjuntivo, bien del indicativo. Las subordinadas llevan subjuntivo cuando van introducidas por las siguientes conjunciones compuestas:

a menos que
antes (de) que
con tal (de) que
en caso (de) que
para que
salvo que
sin que

Las subordinadas están en indicativo cuando van introducidas por las siguientes conjunciones compuestas:

ahora que
puesto que
ya que

También hay subordinadas que pueden ir bien en subjuntivo, bien en indicativo cuando van introducidas por las siguientes conjunciones compuestas:

a pesar de que
aun cuando
de manera que
de modo que
después (de) que
en cuanto
hasta que
luego que
mientras (que)
tan pronto como

En estos casos, habría que seguir el criterio general ya explicado para usar un modo u otro.

Finalmente, hay que tener en cuenta que la forma del verbo de la subordinada también puede depender de cuáles sean los sujetos de la propia subordinada y de la principal. Cuando el sujeto de una y otra es el mismo, los verbos de las subordinadas introducidas por *antes de*, *después de*, *hasta*, *para* y *sin* han de aparecer en infinitivo. Si el sujeto no es el mismo, la oración subordinada debe introducirse con esos elementos seguidos de *que*.

Los niños juegan en el patio antes de entrar en la escuela.
Los niños juegan en el patio antes de que el maestro llegue a la escuela.

Mi abuelo duerme un poco después de comer.
Mi abuelo duerme un poco después de que mi abuela se levante.

Pienso comer pasteles hasta reventar.
Pienso comer pasteles hasta que mi madre me diga basta.

El guardia sacó su cuaderno para anotar el número de multas que había puesto.
El guardia sacó su cuaderno para que yo viera el número de multas que había puesto.

Es capaz de nadar 20 metros sin respirar.
Es capaz de nadar 2000 metros sin que el cuerpo le duela.

Ejercicio

5. En las oraciones siguientes, escribe el verbo entre paréntesis en modo indicativo o subjuntivo, según corresponda.

   Te llamaré cuando . . . . (tener) la oportunidad.
   La reunión se prolongó hasta que . . . . (llegar) a un consenso.
   Saldremos a las 7 salvo que se . . . . (decidir) lo contrario.
   Los beneficios se pagarán después de que . . . . (finalizar) el proyecto.
   En cuanto . . . . (abrir) el nuevo MacBook Air, la pantalla se ilumina totalmente.
   Ya que me . . . . (querer) tanto, demuéstralo más.
   A los alumnos les gusta redactar historias para que sus problemas de ortografía . . . .
   (mejorar).
   Me quedé dormida a pesar de que . . . . (avisar) de su llegada.

9.7 La puntuación de las subordinadas

En posición inicial del enunciado, las oraciones subordinadas van siempre seguidas de coma.
Cuando la subordinada aparece en posición final del enunciado, la puntuación depende del
significado. Generalmente, cuando el contenido de la oración principal está condicionado
o es dependiente del contenido de la subordinada, no debe ir coma. En los siguientes ejemplos, el contenido de la oración principal (antepuesta) se ve afectado por la subordinada
introducida por conjunción:

   Nos iremos de viaje en cuanto los niños terminen el curso.
   Vente a vernos cuando quieras.

En estos casos, la conjunción es el único elemento formal que nos indica dónde comienza la
subordinada. Ahora bien, cuando el contenido de la oración subordinada pospuesta no afecta
al cumplimiento de la acción o idea transmitidas por la oración principal, sino que solamente
la complementa, comenta o matiza, entonces se usa la coma para separar las oraciones:

   Nos iremos de viaje, aunque los niños no terminen el curso.

En estos casos, la puntuación funciona de un modo similar al explicado para los adjetivos
explicativos, que no restringen el referente del nombre al que acompañan, sino que proporcionan una información adicional, y que también pueden aparecer entre comas (§ 6.2.1.;
§ 6.5.).

Así pues, en general, cuando la oración subordinada afecta o determina el contenido de
la principal, no se aísla mediante comas. Cuando la oración subordinada simplemente
explica, comenta o matiza el contenido de la oración principal, se usa la coma.

Este criterio general de puntuación afecta a las oraciones subordinadas que van pospuestas
a la oración principal. No obstante, las subordinadas también pueden aparecer en medio de
la oración principal. En ese caso, siempre se escriben entre comas:

   La dirección de la escuela, cuando terminó el curso, quiso premiar a los mejores estudiantes.

Ejercicio

6. Añade las comas necesarias en las oraciones siguientes. En algunos casos, debes tener en cuenta si el significado que expresa la subordinada es esencial para la principal o circunstancial.

> *El perro se despierta tan pronto como sale el sol.*
> *No debes contarle a nadie tu situación aunque te sientas presionado.*
> *Le compraré el coche cuando sea mayor de edad.*
> *Es el único que sabe inglés conque debe hacer él la traducción.*
> *Habían pasado dos semanas desde que llegó a la ciudad.*
> *En la ciudad cuando te sientes solo siempre hay planes para divertirte.*
> *Aunque lo niegue quedó registrado en el sistema.*
> *Tengo sed así que voy a buscar un vaso de agua.*

Cuestiones para reflexionar y debatir

1. Piensa en oraciones como *Te invito porque tienes que acompañarme a la fiesta* o *Tiene que haber nubes para que llueva*. La distinción entre una causa y un fin no siempre está clara. Tampoco es evidente la diferencia entre una consecuencia inmediata y una consecuencia final. ¿Consideras que la lengua debería evitar este tipo de ambigüedades o que las cuestiones gramaticales siempre tienen que ser lógicas?
2. Piensa en la distinción entre subordinadas adverbiales propias e impropias. ¿Por qué consideras que merece la pena establecer esa distinción?

Actividades de clase

1. Busquen el mapa del centro de su ciudad y, a partir de la red de calles y avenidas, simulen explicarle a un extranjero cómo llegar de unos lugares a otros utilizando oraciones compuestas con subordinadas adverbiales (*después de, cuando, mientras que*).
2. Por parejas, una persona formula un enunciado y una pregunta. La otra tiene que responder construyendo una oración concesiva o una consecutiva.

> *Mañana voy de excursión. ¿Vienes?*
> *Suelo beber alcohol. ¿Tú bebes?*
> *Quiero comprar un nuevo celular. ¿El tuyo no se te ha estropeado?*
> *Mis padres nunca saben dónde estoy. ¿Y los tuyos saben dónde estás?*
> *El domingo doy una fiesta. ¿Sigues enfermo?*

NOTA

1. *Más viejo que Matusalén* significa 'muy viejo'; *tener más conchas que un galápago*, 'ser astuto y disimulado'; y *más feo que pegarle a un padre*, 'muy feo'.

Parte IV

Gramática de la palabra

Capítulo 10

Morfemas

Resumen

Este capítulo presenta las unidades morfológicas fundamentales del español. Los apartados que componen el capítulo son los siguientes:

Los morfemas y su naturaleza
Raíces y afijos
Morfemas dependientes y libres
Morfemas flexivos y derivacionales
Palabras simples y compuestas
Cuestiones de ortografía: acentuación y silabeo

La lectura y comprensión de este capítulo permitirán:

- Conocer las unidades morfológicas elementales.
- Reconocer los principales tipos de morfemas.
- Conocer el funcionamiento de las variantes morfológicas.
- Analizar los tipos de palabras por su morfología.
- Relacionar los morfemas con las cuestiones ortográficas que más les afectan.
- Establecer las principales diferencias entre los morfemas del español y de otras lenguas.

10.1 Los morfemas y su naturaleza

La morfología es la parte de la gramática que estudia las formas y los componentes internos de las palabras. La palabra es uno de los elementos más importantes de la gramática y, por lo tanto, es también un elemento fundamental de la morfología. La **palabra** se considera la unidad superior o máxima de la morfología, así como la forma libre mínima de la gramática. Una forma libre es la que no depende de otra para tener una configuración y un significado completos.

Las formas y componentes de las palabras pueden afectar a la manera en que estas se combinan dentro de las oraciones; esto es, a la sintaxis. Así ocurre, por ejemplo, a propósito de la relación entre los sujetos y sus verbos o entre los componentes de los grupos de palabras (§ 2.5.; § 2.6.; § 3.1.). Sin embargo, en este momento nos interesan más los aspectos puramente morfológicos de las palabras y no tanto sus implicaciones sintácticas.

Dentro de la morfología, si la palabra es la unidad superior o máxima, la unidad mínima es el **morfema**. El morfema puede definirse como la unidad gramatical mínima en la que se combina un significado con una forma o significante. De esta manera, si ordenáramos en una escala de mayor a menor complejidad gramatical los enunciados, las oraciones, los grupos de palabras, las palabras y los morfemas, estos serían las unidades menores y más simples.

A pesar de la clara diferencia existente entre los conceptos de 'palabra' y 'morfema', ambos pueden coincidir en determinadas unidades gramaticales. Esto ocurre cuando las palabras están formadas por un solo morfema. Por ejemplo, la preposición *con* y el adverbio *bien* son dos palabras de un solo morfema; por lo tanto, puede decirse también que cada una de ellas constituye un morfema. En numerosos casos, sin embargo, las palabras están formadas por más de un morfema, como es el caso de la palabra *canciones* (*canción* + *-es*) o de la palabra *cancionero* (*canción* + *-ero*).

Los morfemas, pues, son las unidades gramaticales mínimas poseedoras de una forma y un significado. Sin embargo, no todos tiene la misma forma, ni los significados son de la misma naturaleza. Por este motivo puede decirse que existen diferentes clases de morfemas. Desde el punto de vista del significado, los morfemas pueden ser de dos clases: morfemas léxicos y morfemas gramaticales.

Los **morfemas léxicos** se denominan así porque tienen un significado léxico que suele referirse a realidades del mundo exterior a la lengua, el mundo real. Por ejemplo, el morfema léxico *flor* tiene como referente la parte de una planta o de un árbol; el morfema léxico *mapa* tiene como referente una representación geográfica. En estos casos, *flor* y *mapa* son también palabras. Por esta razón, los morfemas léxicos guardan una relación muy estrecha con el léxico; es decir, con las palabras que tienen significado léxico.

Los **morfemas gramaticales** se denominan así porque tienen un significado gramatical; es decir, un significado relativo a funciones de la gramática, como el género, el número, o la persona verbal, entre otros. Así pues, los referentes de este tipo de morfemas tienen que ver con la lengua misma y no tanto con el mundo. Por este motivo, su forma responde a criterios propios e internos de cada lengua.

Desde el punto de vista formal, los morfemas no presentan las mismas formas en todas las circunstancias. Esto quiere decir que hay morfemas que pueden adoptar formas distintas según el contexto en que aparecen. En gramática, se denomina **morfo** a la forma concreta que adopta un morfema en un contexto determinado; esto es, su representación material o formal. Cuando un mismo morfema puede presentarse con formas o morfos alternativos, según el contexto, cada una de estas posibles formas recibe el nombre de **alomorfo**.

Veamos algunos ejemplos de morfemas, morfos y alomorfos. Un primer ejemplo: el morfema de género femenino tiene como forma mayoritaria el morfo *-a* (por ejemplo, *lob* + *a*), pero existen también otros alomorfos con el mismo significado: *-isa*, *-esa*, *-ora*, *-triz* (por ejemplo, *sacerdotisa*, *alcaldesa*, *animadora*, *actriz*). La elección de un alomorfo u otro depende de la forma de la palabra, de su historia y de convenciones sociales. Otro ejemplo es el morfema que significa 'natural o procedente de', utilizado para construir gentilicios. Entre los alomorfos de este morfema en español estarían *-eño* / *a*, *-ino* / *a*, *-ano* / *a* o *-es* / *esa* (por ejemplo, *puertorriqueño* 'natural de Puerto Rico', *argentino* 'natural de Argentina', *colombiano* 'natural de Colombia' o *portugués* 'natural de Portugal'). Por razones de tradición y de convención social, el topónimo *Santiago* puede dar lugar a los gentilicios *santiaguino* / *a*, natural de Santiago de Chile, *santiagueño* / *a*, natural de Santiago del Estero, Argentina, *santiaguero* / *a*, natural de Santiago de Cuba, o *santiagués* / *a*, natural de Santiago de Compostela, España. Y un último ejemplo: el uso de alomorfos se aprecia fácilmente en las formas verbales de presente de indicativo, que alternan una variante con vocal tónica con una variante diptongada:

jugar / *juego*
tener / *tengo* / *tiene*
poder / *puedo*

Los morfemas no necesariamente coinciden con las sílabas de una palabra: morfemas y sílabas son conceptos y unidades que no deben confundirse. El morfema implica la existencia necesaria de un significado (léxico o gramatical); la sílaba es una unidad fónica y gráfica, compuesta por uno o más sonidos o letras, que en español siempre tiene como núcleo principal una vocal. Así, en una palabra como *pato*, existen tanto dos morfemas como dos sílabas, pero unos y otros no coinciden exactamente: las sílabas son *pa + to* (unidades fónico-gráficas), mientras que los morfemas son *pat + o* (unidades de significado).

Ejercicio

1. Identifica los morfemas y las sílabas de estas palabras como en el ejemplo.

→ Ejemplo: *pianista*. Morfemas: *pian-ista*; sílabas: *pia•nis•ta*

canté
gata
boliviano
autores
jardinera
marino
incapaz
sin
barcelonés
expatriado

10.2 Raíces y afijos

Dentro de la morfología del español, las palabras pueden estar integradas por morfemas, pero en su interior también pueden descubrirse otro tipo de unidades, dependiendo de los criterios que se adopten. Esos criterios no son incompatibles ni contradictorios, sino complementarios. Según uno de estos criterios morfológicos, las palabras pueden estar formadas por una **raíz** y unos **afijos**. Una y otros son morfemas, pero su concepción responde a una perspectiva distinta a la que hemos seguido hasta ahora.

Una **raíz** es la parte de la palabra que porta el significado léxico; en este sentido, equivaldría a 'morfema léxico'. Sin embargo, se habla de 'raíz' para hacer referencia al segmento que queda de una palabra cuando se han eliminado los demás tipos de morfemas. De este modo, en una palabra como *leones*, si eliminamos los morfemas de género y número contenidos en *-es*, encontraríamos que su raíz es *león*. La raíz se caracteriza por no variar en su significado principal. En los ejemplos siguientes, la raíz *perr-*, a pesar de la variación morfológica, mantiene su significado principal:

perr + o; *perr + as*; *perr + era*; *perr + uno*; *perr + ería*

Un **afijo**, por su parte, es una unidad morfológica que se añade a la raíz. Cuando los afijos se añaden después de la raíz, reciben los nombres de **sufijos** o **desinencias**. En el ejemplo anterior (*leones*), *-es* sería el sufijo, que en este caso sería indicador de género y número; en el caso de una forma verbal como *cantaría*, el sufijo o desinencia sería *-ía*, que sería indicador de tiempo, número y persona. El significado de los afijos suele ser gramatical (morfemas gramaticales) y se añade al significado principal aportado por la raíz. Asimismo, cuando los afijos van antes de la raíz, se denominan **prefijos** (*pre* + *escolar*) y, cuando van en interior de palabra, se denomina **interfijos** o **infijos** (*nación* + *al* + *izar*). Estos infijos son relativamente frecuentes en español, mientras que apenas aparecen en otras muchas lenguas. Al proceso que implica el uso de prefijos se le da el nombre de **prefijación**. Al proceso que implica el uso de sufijos se le da el nombre de **sufijación**.

Ejercicio

2. Identifica las raíces y los afijos (sufijos, prefijos e interfijos) de las palabras siguientes. Observa el ejemplo:

→ Ejemplo: *desigualdad*: *des-* prefijo; *-igual-* raíz; *-dad* sufijo

    cristianismo
    atardecer
    humareda
    reunión
    botellita
    comercializar
    excarcelado
    estructurado
    reciclaje
    archiduque

10.3 Morfemas dependientes y libres

Otro modo de clasificar los morfemas tiene que ver con la forma en que aparecen dentro de la oración, en su relación con las demás palabras que la integran. Cuando los morfemas pueden aparecer de forma aislada, constituyendo por sí mismos una palabra y, por lo tanto, con la capacidad de constituir incluso una oración o un enunciado, se los denomina **morfemas libres**. Eso ocurre con morfemas como los siguientes: *sí*; *no*; *hoy*; *nunca*; *quizá*.

Cuando los morfemas no son libres ni autónomos, sino que deben aparecer unidos en su forma a otros morfemas, se habla de **morfemas dependientes**. Dentro de estos últimos debe distinguirse entre los que forzosamente han de aparecer ligados en su forma a otros morfemas y los que pueden aparecer tanto unidos a otros morfemas como de manera aislada. En el primer caso, se habla de **morfemas ligados**, en referencia a su unión formal con otros; en el segundo caso, se habla de **morfemas dependientes**, propiamente dichos, ya que dependen de otra forma, aunque no siempre van ligados a ella.

Morfema ligado: *-s* (*casas*); *-íamos* (*reiríamos*), *-é* (*comeré*).
Morfema dependiente: *se* (*verse* / *se ve*); *nos* (*mirarnos* / *nos miramos*).

Este tipo de morfemas dependientes son una característica muy interesante del español que hay que tener en cuenta a la hora de construir las estructuras gramaticales. Cuando un mismo morfema puede anteponerse o posponerse, en el primer caso suele aparecer desligado, pero, si se pospone, aparece ligado (*le dijo* / *díjole*).

10.4 Morfemas flexivos y derivacionales

Entre las distintas formas de caracterizar los morfemas de la lengua española, hay una de especial relevancia, pues se refiere a las funciones que los morfemas cumplen dentro de la morfología. Desde esta perspectiva, existen dos tipos fundamentales de morfemas afijos:

Morfemas flexivos. Son morfemas que completan y concretan el significado léxico de la palabra, sin modificarlo, aportando significados de naturaleza gramatical. Formalmente, constituyen clases cerradas, integradas por un número limitado de elementos. El proceso morfológico que generan los morfemas flexivos se denomina **flexión**. En español, los morfemas flexivos suelen ir al final de la palabra y son de tres tipos:

De género: masculino / femenino (*blanco* / *blanca*; *tigre* / *tigresa* o *tigra*)
De número: singular / plural (*blanco* / *blancos*; *come* / *comen*)
Verbales (desinencias): modo / tiempo / persona (*viene* / *venga*; *vine* / *vendré*; *vienes* / *venimos*)

Morfemas derivativos. Son morfemas que sirven para crear palabras nuevas o derivadas con un significado léxico diferenciado. El proceso morfológico que protagonizan los morfemas derivativos se denomina **derivación**. Los morfemas derivativos pueden ser de varios tipos según su posición en la palabra:

Derivativos en forma de prefijos: delante del morfema léxico (**extra** + *ordinario*; **trans** + *continental*; **pre** + *industrial*)
Derivativos en forma de sufijos: detrás del morfema léxico (*contesta* + **ción**; *moned* + **ero**); incluidos los aumentativos (*cabez* + **ón**), diminutivos (*naranj* + **ita**) y despectivos (*cabez* + **ota**).

Mediante la derivación se pueden crear familias de palabras:

tierra, terrestre, terráqueo, terroso, terrón, terraplén, terrícola . . .
mar, marino, submarino, marea, mareaje, marinero, marinear . . .

En la formación de derivados también pueden utilizarse interfijos (infijos). El uso de los interfijos puede deberse a razones históricas, a razones formales o a convenciones sociales. Así, la palabra *pie* puede tener dos diminutivos, *piecito* (*pie* + **c** + *ito*) o *piececito* (*pie* + **cec** + *ito*), cuyo uso responde a razones geográficas o de estilo, como también ocurre con el diminutivo de *viejo* (*viej* + *ito* / *viej* + **ec** + *ito*). El uso de los derivados con interfijo *burg* + **al** + *és* y *vin* + **aj** + *era*, sin embargo, responde a razones históricas.

La historia de la lengua puede afectar a la naturaleza y el significado de los morfemas gramaticales, ya que están condicionados por la frecuencia de su uso social. Por este motivo, algunos morfemas que pudieron ser prefijos en un momento dado pueden dejar de serlo en otro. Esto ocurre en palabras como *profesional, promesa* o *protector*, donde *pro-* ya no funciona como prefijo, aunque sí pueda funcionar como tal en otras palabras más recientes como *pro* + *amnistía* o *pro* + *gubernamental*. En el caso del prefijo *re-*, su uso es muy frecuente como intensificador del significado de adjetivos, como *re* + *bueno* o *re* + *malo*, en el habla coloquial o popular. Finalmente, el prefijo *súper*, que, a lo largo de la historia del español, se ha utilizado con el significado de 'sobre', dando lugar a palabras como *sobredimensionar* o *sobreactuar*, se utiliza más recientemente con el significado de 'superior' o 'extraordinario': *superalimento, superabundancia, superhombre*.

Ejercicio

3. Identifica los morfemas de las palabras siguientes como en el ejemplo. Indica si los afijos corresponden a morfemas flexivos o morfemas derivativos, y si estos últimos funcionan como prefijos, sufijos o interfijos.

→ Ejemplo: *hospitalización*: *hospital-* raíz; *-iza-* interfijo; *-ción* morfema derivativo sufijo

almohadas
empuñaba
redacción
arquitectónico
buena
espionaje
suavecito
pronombre
transporté
impracticable
relojes

10.5 Palabras simples y compuestas

La morfología de la palabra, como hemos visto, incluye interesantes procesos, no siempre sencillos, como el de la flexión, la derivación, la prefijación o la sufijación. Sin embargo, la palabra es especial protagonista de un proceso muy productivo en la lengua que consiste en unir dos palabras para formar una nueva: la **composición**. Este proceso obliga a establecer una primera distinción fundamental, entre **palabras simples** y **palabras compuestas**.

Una **palabra simple** es aquella que se construye en torno a un morfema léxico principal, acompañado de los morfemas gramaticales que la completan (por ejemplo, *pájaro* o *botella*). La **palabra compuesta**, en cambio, se construye mediante la integración de dos (o más) morfemas léxicos, cuya unión puede producirse con formas diferentes. Estos son algunos ejemplos de palabras compuestas:

saca + corchos
mata + gigantes
espanta + pájaros
abre + botellas
balón + cesto
agri + dulce

Como puede observarse, hay varias combinaciones posibles para formar una palabra compuesta. Una de las combinaciones más productivas es la de "verbo + sustantivo" (*sacacorchos, matagigantes, abrebotellas, abrecartas, cumpleaños* . . .), pero también son frecuentes otras combinaciones, como "sustantivo + sustantivo" (*baloncesto, astronauta, radioaficionado* . . .) o "sustantivo + adjetivo" (*aguardiente, automóvil, caradura, puntiagudo*). En español, como en otras lenguas, también es frecuente la creación de palabras compuestas a partir de palabras cultas de origen grecolatino (por ejemplo, *ortotipografía, caleidoscopio, electromagnetismo, fotografía*).

Además de la derivación y la composición, existe en español otro interesante mecanismo para la formación de nuevas palabras: la **parasíntesis**. Se trata de un proceso en el que un morfema léxico recibe un morfema derivativo y, además, otros morfemas, que pueden ser prefijos o sufijos. La parasíntesis también puede explicarse como un mecanismo de formación de palabras mediante la acción simultánea de la derivación y la composición. Generalmente, las formas en parasíntesis no tienen uso por separado. Por ejemplo, una palabra como *encañonar* no supone la existencia de unas formas previas **encañón* ni **cañonar*. He aquí varios ejemplos de palabras formadas por parasíntesis:

adormecimiento
anaranjado
atardecer
avivar
desalmado
descafeinado
desmaquillante
desvivirse
empapelar
ennoblecer
entrecomillar
envejecer
multipartidista

Ejercicio

4. Indica si estas palabras se han formado por un proceso de composición o de parasíntesis.

matamoscas
enrojecer
agridulce
rompecabezas
alucinar
filantropía
submarinismo
telaraña

10.6 Cuestiones de ortografía: acentuación y silabeo

La ortografía de las palabras es fundamental para una escritura adecuada. Hay que tener en cuenta que, en ocasiones, dos palabras distintas pueden tener exactamente la misma ortografía. En estos casos, se trata de **homónimos** que pueden reconocerse fácilmente mediante la consulta del diccionario. Veamos los siguientes ejemplos:

nada (verbo *nadar*) / *nada* (pronombre)
sobre (nombre) / *sobre* (preposición)
calle (verbo *callar*) / *calle* (sustantivo)
amo (verbo *amar*) / *amo* (sustantivo)

Cuando dos palabras distintas tienen exactamente la misma pronunciación, aunque su forma escrita no coincida, se habla de **homófonos**: por ejemplo, *ola* y *hola*, *abría* y *habría*, *caza* y *casa* (en pronunciación seseante), *cien* y *sien* (en pronunciación seseante). Pero la ortografía de la palabra ofrece mayores dificultades en lo que se refiere a dos aspectos concretos: la acentuación y el silabeo.

10.6.1 Acentuación

La acentuación es la mayor fuerza con que se pronuncia una sílaba, especialmente dentro de una palabra. A esta fuerza se le da el nombre de **acento fonético** o **de intensidad**, que se hace evidente en el habla y no siempre queda representado en la escritura. En los siguientes ejemplos, la sílaba que recibe la acentuación se presenta con mayúscula:

CA-*sa*
a-CEN-*to*
me-NOR

Dependiendo de dónde recaiga la acentuación, se habla en español de palabras agudas, llanas y esdrújulas. Las agudas llevan el acento de intensidad en la última sílaba; las llanas, en la penúltima sílaba; y las esdrújulas, en la antepenúltima sílaba.

Palabras agudas: *a*-MAR; *pa*-PEL; *ce-lu*-LAR.
Palabras llanas: LO-*co*; PAR-*que*; SO-*lo*.
Palabras esdrújulas: MÉ-*di-co*; TRÁ-*fico*; MÚ-*si-ca*.

En la escritura, la acentuación se representa mediante el **acento ortográfico** (también llamado **tilde**), que solo tiene una forma: " ´ ", y que se usa o no de acuerdo con unas normas propuestas por las Academias de la Lengua Española. Las normas de acentuación ortográfica del español son muy simples comparadas con muchas lenguas y algo más complicadas si se comparan con las lenguas que no usan el acento ortográfico.

Las normas parten de dos criterios básicos y relativos a las formas que no llevan acento:

1) Las palabras de una sola sílaba no llevan acento ortográfico, a menos que se den casos de homonimia, en los que el acento ayuda a distinguir los homónimos: por ejemplo, *te* (pronombre) / *té* (nombre); *el* (artículo) / *él* (pronombre); *mi* (posesivo) / *mí* (pronombre personal); *si* (conjunción) / *sí* (pronombre; adverbio); *de* (preposición) / *dé* (verbo *dar*); *se* (pronombre) / *sé* (verbo *saber*); *mas* (conjunción adversativa) / *más* (adverbio); *tu* (posesivo) / *tú* (pronombre personal); también se acentúan los exclamativos o interrogativos monosílabos *qué, cuál, cuán, quién*.

2) Las palabras llanas tampoco llevan acento ortográfico cuando terminan en *-n, -s* o vocal. Así pues, no se acentúan ortográficamente palabras como *gato, lata, moneda, mesa, comen, saltan, ratones, plumas* o *aplicaciones*. Sí se acentúan, en cambio, palabras llanas como *árbol, cárcel, cónsul, fácil, mármol, móvil, cráter, láser, zénit* o *fénix*.

Las palabras agudas, con la acentuación en la última sílaba, se acentúan ortográficamente cuando terminan en *-n, -s* o vocal. Así pues, no se acentúan palabras como *acabar, bedel, calor, capaz, reloj* o *virtud*. En cambio, se acentúan ortográficamente palabras como *así, bambú, bebé, José, Panamá, además, adiós, francés, interés, veintidós, acción, avión, razón, visión* o *votación*.

Las palabras esdrújulas se escriben todas ellas, sin excepción, con acento ortográfico, tanto si son palabras simples (*aéreo, ánimo, británico, cárceles, crédito, gélido, pórtico, título*), como si son compuestas (*marcapáginas, monógamo, otorrinolaringólogo*). Cuando la acentuación recae más allá de la penúltima sílaba, se habla de palabras sobreesdrújulas, que también llevan acento obligatoriamente. Esto puede ocurrir cuando un verbo recibe varios pronombres pospuestos (por ejemplo, *ábremelo*; *júramelo*; *pídeselo*). En los casos de palabras sobreesdrújulas formadas por un adjetivo seguido del sufijo *-mente*, el adverbio resultante mantiene la misma acentuación ortográfica que el adjetivo original. Por ejemplo: si el adjetivo es *ágil* o *cortés*, el adverbio de modo se escribe *ágilmente* o *cortésmente*, con acento ortográfico; si el adjetivo es *tranquilo* o *feliz*, sin acento, el adverbio tampoco lo lleva (*tranquilamente*; *felizmente*).

10.6.2 Silabeo

Se llama **silabeo** o división silábica a la pronunciación o la escritura por separado de las sílabas de una palabra. En la lengua hablada, no es frecuente pronunciar separadamente las sílabas, salvo en algunos casos de habla especialmente lenta o para poner énfasis en una expresión. En la lengua escrita tampoco es frecuente escribir por separado las sílabas, salvo cuando hay que dividir una palabra a final de línea por medio del uso del guion: por ejemplo, *separadamen-te*. Sin embargo, es importante conocer cómo funciona el silabeo por varias razones, además de la división gráfica a final de línea:

a) para comprender cómo se producen los procesos morfológicos de derivación, composición y parasíntesis;
b) para saber cuándo deben acentuarse las vocales cerradas (*i*; *u*) en caso de que aparezcan junto a otra vocal dentro de una misma palabra (*baúl*; *caída*); de otra manera, esas vocales formarían un diptongo y no llevarían acento gráfico.

En español, la estructura silábica más frecuente es "consonante + vocal". La vocal constituye el núcleo de la sílaba, su elemento fundamental. La estructura más compleja que puede tener la sílaba en español es la siguiente:

consonante + consonante + vocal + consonante + consonante

Esa estructura se encuentra en una sílaba como *trans* (*trans-porte*). Esto significa que, si dentro de una palabra encontramos tres consonantes seguidas después de una vocal, la tercera consonante ha de pertenecer necesariamente a la sílaba siguiente: por ejemplo, *ins-pi-rar*. Si dentro de una palabra encontramos cuatro consonantes seguidas después de una vocal, la tercera y la cuarta consonantes han de pertenecer de manera obligatoria a la sílaba siguiente: por ejemplo, *trans-cri-bir*.

En lo que se refiere a las vocales, la unión de una o más vocales cerradas (*i*, *u*) o de una de ellas junto a una vocal abierta (*a*, *e*, *o*) suele dar lugar a **diptongos** o **triptongos**, que siempre constituyen una sola sílaba:

Diptongos: *cien*; *ca-lien-te*; *al-muer-zo*; *cua-dra-do*; *ciu-dad*.
Triptongos: *buey*; *co-piáis*; *miau*; *o-pioi-de*; *U-ru-guay*.

Como hemos visto, los casos en que las vocales no pertenecen a la misma sílaba (sean estas cerradas o abiertas) quedan marcados con acento ortográfico: *re-í-do*; *Sa-úl*; *le-ón*. En estos casos se habla de vocales en **hiato**. Para indicar que las vocales no forman parte de la misma sílaba, se usa el acento ortográfico sobre la vocal más cerrada (*i*; *u*). Así ocurre también en palabras como *búho*, aunque entre las dos vocales se escriba *h*, que no tiene pronunciación. Este último caso muestra la importancia que tiene en español el silabeo. Cuando las dos vocales más cerradas (*ui* o *iu*) van en secuencia, siempre forman diptongo: *fui, cui-do, triun-fo*.

Ejercicio

5. Separa en sílabas las palabras siguientes.

> *Luis*
> *aviación*
> *guion*
> *cambiáis*
> *maestra*
> *aspirina*
> *eurodiputado*
> *alcohol*
> *aeropuerto*
> *guau*

Cuestiones para reflexionar y debatir

1. El género femenino presenta diversos alomorfos: además de -*a*, están -*esa*, -*ina*, -*ora*, -*triz*. Desde un punto de vista formal, estos últimos alomorfos muestran más parecido con los morfemas derivacionales que con los flexivos. Teniendo esto en cuenta, ¿habría que considerar el género como un rasgo más propio de la derivación que de la flexión?
2. En español hay palabras que incluyen dos o más vocales seguidas que los hablantes pueden considerar como pertenecientes a la misma sílaba o a sílabas diferentes. Por ejemplo: *bioingeniería* o *semiautomático*. En estos casos, la duda nace del origen compuesto de la palabra (*bio-ingeniería*; *semi-automático*), aunque la ortografía y la pronunciación indiquen que se trata de una sola sílaba. ¿Cuál sería la separación silábica más adecuada?

Actividades de clase

1. En grupo, a partir de las siguientes palabras, deben ir proponiéndose palabras progresivamente más complicadas, mediante los procesos de flexión, derivación y composición. Por ejemplo, *buscar, buscados, buscador, búsqueda, rebuscado, rebuscamiento, buscapersonas*.

> *agua*
> *aire*
> *amor*
> *calor*
> *claro*
> *flor*
> *niño*
> *sal*
> *sexo*

2. Por parejas, una persona lee en voz alta el siguiente texto, marcando en la pronunciación la división silábica de todas las palabras.

Perseguido por tres libélulas gigantes, el cíclope alcanzó el centro del laberinto, donde había una clepsidra. Tan sediento estaba que sumergió irreflexivamente su cabeza en las aguas de aquel reloj milenario. Y bebió sin mesura ni placer. Al apurar la última gota, el tiempo se detuvo para siempre.

(Javier Puche. *La clepsidra.* 2011)

Capítulo 11

Morfología de la palabra

Resumen

Este capítulo presenta la morfología de diferentes clases de palabras del español, con especial atención a los nombres y a los verbos. La morfología ayuda a reconocer las distintas clases de palabras y sus funciones, de igual manera que su posición dentro de los enunciados. Los apartados que componen el capítulo son los siguientes:

Nombres
Adjetivos
Verbos
Adverbios
Preposiciones y conjunciones
Cambios de categoría

La lectura y comprensión de este capítulo permitirán:

- Conocer las formas que adoptan los nombres y los adjetivos según los morfemas gramaticales que reciben.
- Conocer las formas que adoptan los verbos según los morfemas gramaticales que reciben.
- Conocer los principales rasgos formales de los adverbios.
- Conocer la morfología de las preposiciones y las conjunciones.
- Saber cómo la morfología permite el cambio de una clase de palabras a otra.

11.1 Nombres

Los nombres son una clase de palabras que pueden reconocerse por su función y por su significado (§ 2.2.), pero que también pueden conocerse por su forma. Como ya se ha explicado, desde un punto de vista formal, el nombre se reconoce porque tiene género (*lápiz* es masculino y *pluma*, femenino) y número (*silla* está en singular y *sillas*, en plural), así como por ser objeto tanto de procesos de derivación (*maletero < maleta*), como de composición (*rompecabezas < rompe + cabezas*). Además, la posición que ocupan los nombres dentro de la oración también posibilita su reconocimiento: los nombres aparecen detrás de los artículos, no antes (*el aire, la alarma, un papel, una pluma*, pero no **aire el, *alarma la, *papel un, *pluma una*), lo que no significa que todos los nombres deban ir precedidos siempre por artículos. Esta sencilla caracterización, sin embargo, no es suficiente para conocer bien la morfología de los nombres.

11.1.1 El género de los nombres

La expresión del género en los nombres no se limita al uso del morfema *-o* para el masculino y del morfema *-a* para el femenino. Esta es una deducción simplificadora que oculta la auténtica complejidad del género, dado que, por ejemplo, existen nombres masculinos terminados en *-a* (*el problema, el vigía*) y nombres femeninos terminados en *-o* (*la mano, la moto*), así como nombres masculinos y femeninos que terminan en otras vocales y consonantes.

El género es una categoría gramatical, vinculada a los procesos de flexión, que aporta diversos significados y que adopta diferentes formas. Los géneros en español son dos, como se ha explicado: masculino y femenino. Sin embargo, existen otras posibilidades, aunque su productividad es mucho menor.

Género común: lo tienen nombres de una sola terminación, que indican seres animados; el género se identifica por medio del uso de un artículo o un adjetivo: *el pianista* m. / *la pianista* f.; *buen periodista* m. / *buena periodista* f.; *el rehén* m. / *la rehén* f. La forma de estos nombres, pues, es común para el masculino y para el femenino.

Género ambiguo: lo tienen nombres de una sola terminación, que indican realidades asexuadas y que pueden ir acompañados por artículo masculino o femenino sin que ello implique un cambio de significado: *el / la mar*; *el / la vodka*; *el / la azúcar*. Estos nombres pueden utilizarse, por tanto, bien en masculino bien en femenino, aunque en algunos casos (como *el mar*, en masculino) haya un uso más generalizado que el otro.

Género epiceno: lo tienen los nombres de una sola terminación, que indican seres animados sexuados que solo reciben un género (masculino o femenino): por ejemplo, *el lince*; *el personaje*; *el tiburón*; *la hormiga*; *la codorniz*. Cuando se trata de nombres epicenos de animales, puede especificarse su sexo añadiendo las palabras *macho* o *hembra*, siempre en singular: *los linces macho*; *el tiburón hembra*; *la codorniz macho*. Cuando se trata de nombres epicenos referidos a personas, puede especificarse el sexo añadiendo las palabras *masculino* o *femenino*, esta vez en concordancia con los nombres: por ejemplo, *los personajes femeninos*.

En ocasiones, se habla de la existencia de un género neutro en español. Efectivamente, puede decirse que algunas palabras específicas son neutras: los demostrativos *esto, eso, aquello*, el artículo *lo* y los pronombres personales *ello* y *lo*. Sin embargo, en español no existen nombres neutros o con género neutro, como sí existen en otras lenguas.

En relación con los géneros masculino y femenino, debe tenerse en cuenta que una parte muy importante de los nombres del español son palabras con una forma única (masculina o femenina) y que muchas veces su género solo se conoce a través de los artículos o los adjetivos que los acompañan:

la casa: femenino
el metro: masculino
la mano: femenino
el árbol: masculino
buen aprendiz: masculino
alta cumbre: femenino

Cuando los nombres se refieren a realidades animadas y sexuadas, se suele oponer una forma masculina, con los morfemas gramaticales *-o, -e, -n, -dor* (por ejemplo, *gato, sacerdote, león, comprador*, aunque existen numerosas excepciones), a una femenina con los morfemas gramaticales *-a, -esa, -isa, -dora, -triz* (por ejemplo, *gata, alcaldesa, sacerdotisa, compradora, emperatriz*, aunque existen numerosas excepciones). Además, existen nombres masculinos o femeninos cuyo género no se expresa mediante morfemas gramaticales, sino en el propio morfema léxico: por ejemplo, *el caballo / la yegua*; *el toro / la vaca*; *el padre / la madre*; *el yerno / la nuera*.

Por otro lado, cuando los nombres se refieren a realidades sexuadas, tanto varones o machos como mujeres o hembras, la terminación masculina adopta un valor genérico o inclusivo: por ejemplo, *Los leones* ('leones' y 'leonas') *están desapareciendo de la región*.

Sin embargo, cuando es necesario evitar la ambigüedad por razones de contexto, pueden utilizarse conjuntamente las formas masculinas y femeninas: por ejemplo, *Los niños y las niñas usarán pantalón deportivo*. Esto puede hacerse también en contextos donde se quiera o se requiera hacer una alusión específica a referentes tanto masculinos como femeninos: por ejemplo, *señoras y señores, bienvenidos y bienvenidas*.

En los casos de nombres que pueden recibir tanto morfemas masculinos como femeninos y no se refieren a realidades animadas o sexuadas, los significados que aporta la alternancia de género pueden ser muy variados. Estos son algunos ejemplos:

Dimensión

> *barco* (embarcación de tamaño mayor) / *barca* (embarcación de tamaño menor)
> *charco* (acumulación de agua menor) / *charca* (acumulación de agua mayor)
> *río* (mayor longitud) / *ría* (menor longitud)
> *cuba* (recipiente de mayor capacidad) / *cubo* (recipiente de menor capacidad)

Árbol y fruto

> *cerezo* (árbol) / *cereza* (fruto)
> *ciruelo* (árbol) / *ciruela* (fruto)
> *manzano* (árbol) / *manzana* (fruto)
> *naranjo* (árbol) / *naranja* (fruto)
> *peral* (árbol) / *pera* (fruto)

Formas y conceptos diferentes

> *bolso* (accesorio de vestir; bolsillo) / *bolsa* (recipiente de material débil; de mayor tamaño)
> *jarro* (recipiente con un asa) / *jarra* (recipiente con boca ancha y con una o dos asas)
> *fruto* (abstracto) / *fruta* (concreto; genérico)
> *leño* (objeto concreto) / *leña* (colectivo)
> *brazo* (parte del cuerpo) / *braza* (medida)
> *palmo* (medida de la mano) / *palma* (parte de la mano)

Asimismo, hay unos pocos criterios generales que pueden ayudar a conocer mejor cómo funciona el género de los nombres:

- En español, los accidentes geográficos, los días de la semana, los meses del año, los puntos cardinales y los números son masculinos.
- Las letras del abecedario son femeninas: *la a, la ene, la u*.
- Los nombres terminados en *-dad, -ez, -ie, -ión, -tad* o *-sis* son femeninos: *la bondad, la vejez, la calvicie, la discusión, la pubertad, la sintaxis*. Hay, no obstante, excepciones, como *el análisis, el énfasis, el juez*.
- Las siglas tienen el género de la palabra que constituye el núcleo del grupo de palabras abreviado: *la OEA* (Organización de los Estados Americanos); *el FMI* (Fondo Monetario Internacional).

En lo que se refiere a la concordancia de los artículos con los nombres (§ 3.2.1.), generalmente se produce en el género correspondiente (artículo masculino = nombre masculino). Sin embargo, los artículos femeninos *la* y *una* adoptan la forma *el* y *un* (aparentemente masculina) cuando se usan delante de nombres femeninos que comienzan por una vocal *a-* acentuada prosódicamente (§ 6.1.1.), como en los ejemplos siguientes:

el agua, el alma, un águila, el hada, el hacha

Este cambio en la forma del artículo no supone que los nombres cambien su género del femenino al masculino. Por ese motivo, si aparece un adjetivo entre el artículo y el nombre, o si se usa en plural, el artículo mantiene su forma femenina:

la gran hacha del leñador
la mayor águila de la región
la fresca agua de la fuente
las almas; las alas

En cuanto al artículo indeterminado, comparte con el determinado:

- la variación de formas para concordar en género (masculino / femenino) y número (singular / plural) con el nombre al que acompaña;
- la existencia de la forma femenina *un*, usada en los mismos casos explicados para el artículo determinado: **un** *aula* (no *__una__ aula*), **un** *área* (no *__una__ área*), **un** *hada* (no *__una__ hada*), **un** *habla* (no *__una__ habla*). No se utiliza la forma *un* cuando aparece un adjetivo entre el artículo y el nombre: **una** *amplia aula* (no *__un__ amplia aula*).

Asimismo, aunque es muy frecuente utilizar las formas *este*, *ese* y *aquel* ante nombres femeninos que empiezan por / a / tónica, debe evitarse este uso inadecuado: *__este__ aula*, *__ese__ agua*, en vez del correcto: **esta** *aula*, **esa** *agua*. La regla explicada solo se aplica a los artículos determinado e indeterminado.

Ejercicios

1. Indica el género de estos nombres y construye una oración con cada uno.

   abad
   mapa
   arpa
   bendición
   problema
   emperatriz

2. Observa estos pares de palabras, identifica el género de cada una y aporta una breve descripción de los conceptos que designan. Si lo necesitas, puedes ayudarte del diccionario. Observa también el ejemplo.

   → Ejemplo: *blusa / blusón. Blusa* es femenino y designa una prenda de vestir similar a la camisa; *blusón* es masculino y se refiere a una blusa larga y holgada.

> *papayo / papaya*
> *caballo / caballa*
> *manta / manto*
> *cero / cera*
> *suela / suelo*
> *medallón / medalla*

11.1.2 El número de los nombres

El morfema gramatical de número resulta fácil de usar si se entiende que las reglas principales son dos: a) los nombres en singular no llevan ninguna forma gramatical específica que lo indique; b) para crear plurales, debe añadirse -s a los nombres en singular:

> *cama* sing. > *camas* pl.
> *sofá* sing. > *sofás* pl.
> *pase* sing. > *pases* pl.
> *café* sing. > *cafés* pl.
> *taxi* sing. > *taxis* pl.
> *esquí* sing. > *esquís* pl.
> *faro* sing. > *faros* pl.
> *tribu* sing. > *tribus* pl.
> *tabú* sing. > *tabús* pl.

Efectivamente, los plurales se forman así cuando las palabras en singular terminan en vocal. Sin embargo, muchos nombres en singular terminan en consonante, incluida la ye ("y"). En estos casos, el plural se forma añadiendo el morfema gramatical -es, como en los siguientes ejemplos:

> *álbum* sing. > *álbumes* pl.
> *árbol* sing. > *árboles* pl.
> *león* sing. > *leones* pl.
> *rapaz* sing. > *rapaces* pl.
> *buey* sing. > *bueyes* pl.
> *ley* sing. > *leyes* pl.

Entre los nombres terminados en vocal acentuada, pueden encontrarse plurales dobles: por ejemplo, *esquís / esquíes*; *tabús / tabúes*. En estos casos, sin embargo, el uso favorece claramente las formas con -s, como está ocurriendo también con los plurales de algunas palabras terminadas en consonante (*tarot* sing. > *tarós*). Asimismo, hay nombres que pueden aparecer tanto en su forma singular como en su forma plural sin que por ello cambie su referente ni su significado. Esto ocurre con *la tijera – las tijeras*; *el pantalón – los pantalones*; *el alicate – los alicates*; *la tenaza – las tenazas*.

Aunque estos son los criterios generales para la formación del plural en los nombres, existen algunos casos específicos, referidos a la morfología, que merecen tenerse en cuenta:

- Los nombres en singular terminados en -s y -x no varían su forma en plural: *el viernes / los viernes*; *el tórax / los tórax*. Pero si tienen una sola sílaba o son agudos añaden el morfema gramatical -es: *mes / meses*; *autobús / autobuses*.

- Hay nombres que solo admiten su forma en singular, nunca en plural: *el sur, la sed, la salud, el caos, la gravedad.*
- Hay nombres que solo admiten su forma en plural, nunca en singular: *los víveres, las facciones, las afueras, las nupcias, los enseres, las finanzas.*
- Las siglas no tienen forma específica para el plural: *la / las* ONG (Organización No Gubernamental); *el / la // los / las* ATS (Asistente Técnico Sanitario); *el / los* DNI (Documento Nacional de Identidad); *el / los* NIF (Número de Identificación Fiscal); *la / las* PYME (Pequeña y Mediana Empresa).
- Los apellidos familiares no tienen forma específica para el plural: *los Pérez; las García.*
- Los nombres terminados en *-z* cambian esta consonante por *-c-* cuando se construyen en plural: *lápiz / lápices; pez / peces.*

Por último, en cuanto al número, de igual manera que el masculino es el género inclusivo o no marcado en su oposición gramatical con el femenino, el singular puede funcionar como número no marcado en su oposición gramatical con el plural. Esto ocurre cuando se habla, por ejemplo, de *el lobo* para referirse a una colectividad de lobos: *El lobo no baja de esa montaña hasta el invierno; El alumno es la parte más importante de esta escuela.* El empleo de las formas no marcadas de género y número dependerá de la intención de los hablantes para marcar diferencias cuando lo consideren necesario.

Ejercicio

3. Forma el plural de los nombres siguientes y cambia el número del artículo según corresponda.

   el altavoz
   el lunes
   la bicicleta
   el examen
   el suéter
   la cárcel
   el menú
   el póster

11.2 Adjetivos

La morfología del adjetivo está estrechamente conectada con la de los nombres o sustantivos, aunque también presenta sus particularidades. El adjetivo es una palabra variable que recibe morfemas gramaticales de género y de número, pero lo hace como consecuencia de la concordancia con el nombre al que se refiere (§ 2.3.). Esta característica la comparte con los artículos determinados (*el, la, los, las*) e indeterminados (*un, una, unos, unas*).

Para expresar la concordancia entre nombres y adjetivos, no hay especiales dificultades cuando un adjetivo está vinculado a un solo nombre. Ahora bien, si el adjetivo acompaña a dos o más nombres debe ir en plural, sea cual sea el número del nombre más cercano: por ejemplo, *La lluvia y el viento son insoportables.* Cuando los nombres tienen distinto género, el adjetivo tomará el género masculino, por funcionar como forma inclusiva o no marcada: *El día y la noche pasados fueron cálidos.*

Por otro lado, hay numerosos adjetivos que presentan una forma invariable en cuanto al género, pero variable en cuanto al número. Estos son algunos ejemplos:

ágil / ágiles
azul / azules
alegre / alegres
baladí / baladíes
caló / calós
común / comunes
difícil / difíciles
fácil / fáciles
fatal / fatales
feliz / felices
fuerte / fuertes
hábil / hábiles
hindú / hindúes ~ hindús
particular / particulares
triste / tristes
veloz / veloces

La posición que ocupan los adjetivos dentro del grupo nominal también afecta a la forma que estos adoptan. El proceso morfológico que los adjetivos pueden experimentar en estos casos es el de la **apócope** o supresión de un elemento final. Esto no ocurre con todos los adjetivos, sino fundamentalmente con unos pocos, como *bueno, ciento, grande, malo, primero* o *tercero*, que se apocopan como *buen, cien, gran, mal, primer* o *tercer*, respectivamente.

hombre bueno / buen hombre
casa grande / gran casa
año malo / mal año
día primero / primer día
año tercero / tercer año

En casos como estos, además, la apócope ocurre cuando el nombre es masculino y singular y no cuando es femenino o plural, si es que presenta la doble posibilidad:

niño bueno / buen niño // niña buena / buena niña
niños buenos / buenos niños

Junto a estas palabras, de uso muy frecuente, también se acortan o apocopan:

- El adjetivo indefinido *cualquiera*, tanto si acompaña a nombres masculinos como femeninos: *cualquier niño / niña*. La apócope, sin embargo, no se produce en plural: *cualesquiera: cualesquiera niños / niñas*.
- Los adjetivos indeterminados *alguno* y *ninguno*, cuando acompañan a un nombre en masculino y singular: *algún hombre; ningún hombre*.

Estos criterios generales pueden tener excepciones en algunas comunidades hispano-hablantes donde el uso de las formas apocopadas también aparece cuando el adjetivo acompaña a un nombre en femenino y singular: *la primer mujer*; *la tercer persona*.

Por último, los adjetivos pueden expresar en distinto grado las cualidades de los referentes de los nombres a los que acompañan. Este recurso gramatical recibe el nombre de **gradación del adjetivo**. Los grados del adjetivo son tres:

- *Positivo*. El adjetivo simplemente expresa una cualidad del nombre: *pintura roja*.
- *Comparativo*. El adjetivo expresa la cualidad del nombre comparando el referente de este con el de otro nombre: *Este vestido es más elegante que aquel*.
- *Superlativo*. El adjetivo expresa una cualidad del referente del nombre en su grado más alto: *Esta decisión es importantísima; El libro es muy divertido*.

El grado comparativo permite establecer tres formas de relación entre los términos comparados: de igualdad, de superioridad y de inferioridad. Cuando el primer referente comparado tiene una cualidad con el mismo grado o intensidad que el segundo, se habla de **comparación de igualdad**. En este caso, la comparación se establece expresando el adjetivo entre las formas *tan . . . como*: *Mi hija es tan alta como tu hijo*. Cuando el primer referente comparado tiene una cualidad con un menor grado o intensidad que el segundo, se habla de **comparación de inferioridad**. En este caso, la comparación se establece expresando el adjetivo entre las formas *menos . . . que*: *La costa es menos fría que la montaña*. Cuando el primer referente comparado tiene una cualidad con un mayor grado o intensidad que el segundo, se habla de **comparación de superioridad**. En este caso, la comparación se establece expresando el adjetivo entre las formas *más . . . que*: *Las ciudades son más caras que las aldeas*.

El grado superlativo expresa el alto grado de una cualidad del referente de un nombre de un modo absoluto o de un modo relativo. El **superlativo absoluto** se forma anteponiendo al adjetivo el adverbio *muy* (*Estoy muy contento*) o añadiéndole el sufijo *-ísimo* / *-ísima* (*Este pastel está riquísimo*). El **superlativo relativo** se forma expresando el adjetivo entre las formas *el* / *la más . . . (de x)*: *María es la más inteligente de todas*; *Pedro es el más listo de la clase*; *Antonio es el más cuidadoso*.

Ejercicio

4. Cambia el número de estos grupos nominales. Presta atención a la concordancia entre los nombres y adjetivos.

> *una técnica novedosa*
> *unos hábitos recomendables*
> *algunos fenómenos sobrenaturales*
> *el mejor champú*
> *los grandes músicos*
> *un domador francés*
> *una soldado capaz*
> *cualquier condición abusiva*

11.3 Verbos

El verbo es una de las unidades gramaticales más complejas del español. La mayor parte de las cuestiones relativas a su sintaxis y a los valores de los tiempos ya han sido explicadas en los capítulos 2 y 4. Ahora nos centraremos en cuestiones relativas a la morfología del verbo, aunque unas y otras están estrechamente relacionadas.

Desde un punto de vista morfológico, los verbos, en sus formas simples, están básicamente formados por una raíz o morfema léxico (**base**) y unos morfemas flexivos o **desinencias**. De este modo, las formas verbales *amo*, *peso* y *parto* tendrían la siguiente composición:

Raíz	Desinencia
am-	*o*
tem-	*o*
part-	*o*

En estos casos, la desinencia aglutina en un solo elemento los morfemas gramaticales que afectan al verbo: modo, tiempo, aspecto, persona y número. En otras formas, en cambio, pueden aparecer afijos diferentes con el valor de uno u otro morfema. Así ocurre en la forma *amaríamos*, en la que el segmento *-ría-* indicaría modo, tiempo y aspecto, y el morfo *-mos* indicaría persona y número. La segmentación morfológica de *amaríamos* podría hacerse, por tanto, de este modo:

Raíz			Desinencias	
		Modo + Tiempo + Aspecto		Persona + Número
am	*-a*	*-ría*		*-mos*

Cuando se enuncia o utiliza un verbo en sus diferentes formas, se habla de **conjugar** un verbo, y al conjunto de formas posibles de un verbo, así como a la acción de conjugar, se le da el nombre de **conjugación**.

En la morfología del verbo, hay una forma de descubrir cuál es la raíz o morfema léxico de un verbo, portador del significado léxico de la palabra, que consiste en desprenderla de todos sus morfemas gramaticales. Esta raíz o morfema léxico del verbo (base léxica) puede presentarse también con diferentes formas. En unos casos, la raíz se presenta de una forma regular y constante; en otros su forma es irregular. Esta forma de los verbos permite diferenciar tres tipos:

a) Verbos regulares: con idéntica base léxica en todas sus formas (*amar*, *beber*, *partir*).
b) Verbos irregulares: con variaciones en la base léxica, según las formas (*hacer*, *poder*, *caber*, *sentir*).
c) Verbos defectivos: con una conjugación incompleta (*amanecer*, *llover*, *nevar*, *soler*).

En cuanto a los verbos irregulares, las variantes o alomorfos del morfema léxico suelen deberse a razones históricas y pueden tener distintas formas:

hacer: **hag**-*o*, **ha**-*ré*, **hi**-*ce*
tener: **teng**-*o*, **tien**-*e*, **tend**-*ré*, **tuv**-*o*
sentir: **sient**-*o*, **sent**-*ía*, **sint**-*ió*

Algunos verbos pueden tener como base raíces diferentes, sin que su significado léxico varíe. Esto ocurre con los verbos *ser* o *ir*.

ser, *soy*, *eres*, *fui*
ir, *voy*, *vas*, *fuiste*

Asimismo, observamos que las formas verbales como *amarías*, *beberemos* o *partiremos* incluyen un elemento intermedio entre las desinencias y la raíz. Este elemento no es una anomalía, sino que aparece en la mayoría de las formas verbales. En los ejemplos, ese elemento serían las vocales *-a-*, *-e-* e *-i-*, que aparecen inmediatamente después de la raíz. Estas son las llamadas **vocales temáticas**.

*am-**a**-rías* – *beb-**e**-remos* – *part-**i**-ste*

La vocal temática es un morfema privativo del verbo, sin significado léxico o gramatical definido, que aparece después del morfema léxico y antes de los morfemas gramaticales, ayudando a su enlace. La vocal temática, por otro lado, nos permite clasificar los verbos en tres conjugaciones:

Primera conjugación: con vocal temática *-a-* (*amar, cantar, saltar*)
Segunda conjugación: con vocal temática *-e-* (*beber, correr, temer*)
Tercera conjugación: con vocal temática *-i-* (*partir, reír, vivir*)

Como se aprecia en los ejemplos, esta vocal temática se muestra con claridad en la forma verbal de infinitivo, que no indica persona. En las otras formas verbales que no indican persona (el gerundio y el participio), el elemento temático es el mismo si se trata de verbos de la primera conjugación, pero no cuando los verbos son de la segunda y la tercera conjugación. En estas últimas conjugaciones, la vocal temática coincide.

Infinitivo: *amar, beber, partir*
Gerundio: *amando, bebiendo, partiendo*
Participio: *amado, bebido, partido*

Junto a la vocal temática, indicadora de la conjugación a la que el verbo pertenece, la desinencia aporta información sobre los diversos contenidos gramaticales, como ya se ha comentado más arriba. Estos elementos gramaticales son persona, número, tiempo, aspecto y modo.

Ejercicio

5. Identifica la raíz y las desinencias de estas formas verbales. Señala también la vocal temática, cuando corresponda, e indica el infinitivo del verbo. Observa el ejemplo:

→ Ejemplo: *venderemos*. Raíz: *vend-*; vocal temática: *-e-*; desinencia (tiempo, modo y aspecto): *-re*; desinencia (número y persona): *-mos*. Infinitivo: *vender*.

bailen
permitirás
luchó
llovía
beban
comprabais

Modo (§ 4.3.). Las diferencias de contenido gramatical que aportan los modos verbales (indicativo, subjuntivo, imperativo) no suponen la existencia de diferencias formales específicas del modo, sino que estas diferencias se expresan a través de las que afectan específicamente a otras variantes formales del verbo. De esta manera, las diferencias entre las formas de indicativo y subjuntivo vendrán expresadas también en las diferencias de tiempo, número y persona. Por ejemplo: presente de indicativo: *yo como* / presente de subjuntivo: *yo coma*. Tan solo el modo imperativo, utilizado para la transmisión de órdenes o instrucciones, presenta formas específicas para la segunda persona del plural y, en algunos casos, del singular. Las demás formas del imperativo se toman del subjuntivo.

Imperativo

Segunda persona del plural: *amad, cantad, saltad, bebed, corred, temed, partid, salid, vivid*.
Segunda persona del singular: *di* (< *decir*), *haz* (< *hacer*), *pon* (< *poner*), *sal* (< *salir*), *ve* (< *ir*), *ven* (< *venir*), *ten* (< *tener*).

En las variedades del español que hacen uso socialmente amplio del voseo (§ 12.1.2.) (Argentina, Uruguay, América Central), el imperativo se construye de este modo:

Segunda persona del singular: *tomá* (< *tomar*); *poné* (< *poner*); *salí* (< *salir*).

En estas variedades, el plural del imperativo de segunda persona se construye con formas de tercera persona (*tomen* / *pongan* / *salgan ustedes*).

Otra particularidad formal del modo imperativo se encuentra cuando el verbo en segunda persona del plural va seguido por el pronombre *os*, también de segunda persona. En estos casos, el verbo, que debería terminar en *-d*, pierde esta consonante al unirse el pronombre *os*, como en los ejemplos siguientes:

amad > *amaos*
bebed > *bebeos*
decid > *decíos*
haced > *haceos*
partid > *partíos*
poned > *poneos*
venid > *veníos*

Todos estos casos, sin embargo, con baja frecuencia de uso y con forma un tanto irregular, muestran algunas alteraciones en la lengua hablada popular. Así, las formas de segunda persona a menudo cambian la *-d* por *-r*, haciendo que el verbo adopte la misma forma del infinitivo: *amad* > *amar*; *bebed* > *beber*; *decid* > *decir*. Esto lleva a que los imperativos acompañados por el pronombre *-os* adopten formas como las siguientes: *amaros, beberos, deciros, partiros, poneros, veniros*. En este mismo caso estaría la segunda persona del plural del verbo *ir*: *iros*.

Aspecto (§ 4.1.). Las diferencias de contenido gramatical referidas al aspecto (perfectivo, imperfectivo) no suponen la existencia de diferencias formales específicas, sino que estas diferencias se expresan a través de las que afectan a otras variantes formales del verbo. Tan solo cabe señalar que todas las formas simples, el infinitivo y el gerundio tienen aspecto imperfectivo (excepto el pretérito perfecto simple o indefinido), y que todas las formas compuestas, el perfecto simple y el participio tienen aspecto perfectivo.

Tiempo (§ 4.2.). Los tiempos verbales tienen formas diferentes entre sí y según el modo. Los tiempos fundamentales son tres: presente, pasado o pretérito y futuro. Estos tiempos pueden darse en modo indicativo o en modo subjuntivo; además, algunos de ellos pueden darse en forma simple o en forma compuesta. A estos tiempos habría que añadir el condicional, que es el futuro visto desde el pasado. La relación de tiempos verbales, según el modo, es la siguiente:

Indicativo

Presente (*amo, bebo, parto*)
Pretérito imperfecto (*amaba, bebía, partía*)
Pretérito perfecto simple o indefinido (*amé, bebí, partí*)
Pretérito perfecto compuesto (*he amado, he bebido, he partido*)
Pretérito pluscuamperfecto (*había amado, había bebido, había partido*)
Futuro imperfecto (*amaré, beberé, partiré*)
Futuro perfecto (*habré amado, habré bebido, habré partido*)
Condicional simple (*amaría, bebería, partiría*)
Condicional compuesto (*habría amado, habría bebido, habría partido*)

Subjuntivo

Presente (*ame, beba, parta*)
Pretérito imperfecto (*amara, bebiera, partiera ~ amase, bebiese, partiese*)
Pretérito perfecto compuesto (*haya amado, haya bebido, haya partido*)
Pretérito pluscuamperfecto (*hubiera amado, hubiera bebido, hubiera partido ~ hubiese amado, hubiese bebido, hubiese partido*)

En la relación anterior se marcan en negrita los elementos formales indicadores del tiempo. La clasificación de los tiempos verbales también podría hacerse según si se trata de formas simples o compuestas. Desde una perspectiva formal, observamos que algunos tiempos se expresan mediante formas verbales simples y otros mediante formas verbales compuestas. En subjuntivo, las formas de imperfecto y pluscuamperfecto es doble (*amara ~ amase; hubiera ~ hubiese amado*). Aunque el significado de ambas es exactamente el mismo, el uso mayoritario es español es el de las formas en *-ra*.[1]

Asimismo, se observa que, entre los modos indicativo y subjuntivo, no hay un total paralelismo, dado que el condicional tiene un valor temporal especial.

En amplios territorios hispanohablantes, el valor del pretérito perfecto compuesto no aparece con una forma específica, sino que es asumido por el pretérito indefinido o perfecto simple: *Hoy amé | bebí | partí.*

Persona. Las personas gramaticales son tres (primera, segunda y tercera) y adoptan formas diferentes cada una de ellas, aunque en sus **morfos** coincida la expresión de otras variantes formales del verbo. Cada una de esas formas puede expresarse en singular y en plural. Aunque las personas del verbo adoptan formas diferentes según el tiempo y el modo de que se trate, hay unos pocos rasgos que aparecen de forma recurrente:

- La primera persona del singular del presente de indicativo termina en *-o* (*amo, bebo, parto*).
- La segunda persona del singular de todos los tiempos, excepto del perfecto simple, termina en *-s* (*amas, bebes, partes; amabas, bebías, partías; has amado, has bebido, has partido; amarás, beberás, partirás*).
- En las variedades voseantes (§ 12.1.2.), la segunda persona del singular del presente de indicativo tiene forma aguda (*vos amás; vos bebés; vos partís*).

- La segunda persona del singular del perfecto simple termina en *-ste* (*amaste, bebiste, partiste*).[2]
- La primera persona del plural de todos los tiempos termina en *-mos* (*amamos, bebemos, partimos; amábamos, bebíamos, partíamos; hemos amado, hemos bebido, hemos partido; amaremos, beberemos, partiremos*).
- La segunda persona del plural de todos los tiempos termina en *-is* (*amáis, bebéis, partís; amabais, bebíais, partíais; habíais amado, habíais bebido, habíais partido; ameréis, beberéis, partiréis*).
- La tercera persona del plural de todos los tiempos termina en *-n* (*aman, beben, parten; amaban, bebían, partían; habían amado, habían bebido, habían partido; amarán, beberán, partirán*).

En la mayoría de los territorios hispanohablantes, excepto en la España peninsular, la segunda persona del plural no se utiliza con una forma específica, sino que sus valores son asumidos por la tercera persona: *ustedes aman / beben / parten*.

Número. Como ocurre en los nombres, existen dos números para los verbos: el singular y el plural. El número del verbo muestra una morfología específica, pero en coincidencia con la morfología de la persona. De este modo, como ya se ha explicado, los morfemas de persona y número podrían representarse de esta forma esquemática:

Singular

Primera persona: *-o*
Segunda persona: *-s / -ste*
Tercera persona: *-a / -e*

Plural

Primera persona: *-mos*
Segunda persona: *-is / -steis* (en España) /*-n* (en toda América, Canarias y zonas de Andalucía)
Tercera persona: *-n*

La morfología de las formas simples del verbo es fundamental para comprender cómo se forman dos tipos de construcciones verbales: las formas compuestas y la voz pasiva.

Formas compuestas

Las formas compuestas son aquellas que expresan unos tiempos y aspectos específicos recurriendo a la siguiente composición:

Verbo *haber*   **+**   **participio del verbo conjugado**
he / había / habré / haya / hubiera   *amado / bebido / partido*
has / habías / habrás / hayas / hubieras
ha / había / habrá / haya / hubiera
hemos / habíamos / habremos / hayamos / hubiéramos
habéis / habíais / habréis / hayáis / hubierais
han / habían / habrán / hayan / hubieran

En estos casos el verbo *haber* recibe el tratamiento de verbo auxiliar y el participio aparece con forma invariable, independientemente del modo, el tiempo, la persona y el número. Es el verbo *haber*, por tanto, el que recibe la conjugación con todas sus variaciones. En las formas compuestas no personales, el verbo *haber* es el que aparece en infinitivo o en gerundio: **haber** *amado / bebido / partido*; **habiendo** *amado / bebido / partido*.

Voz pasiva

En español, el verbo puede expresarse en dos voces: activa y pasiva (§ 5.1.2.). La morfología de la voz verbal activa es la que se ha presentado hasta ahora. La forma de la voz pasiva, en aquellos verbos que la admiten, responde al siguiente esquema

Verbo **ser** + **participio** del verbo conjugado
Los alimentos **son servidos** *por el personal del restaurante.*
Las máquinas **son manejadas** *por expertos.*
El cuadro **fue pintado** *por Francisco de Goya.*
La mentira **había sido difundida** *por las redes sociales.*

En estos casos el verbo *ser* recibe el tratamiento de verbo auxiliar y el participio aparece con género y número en concordancia con el sujeto del verbo. Es el verbo *ser*, por tanto, el que recibe la conjugación con todas sus variaciones, mientras que el participio recibe en este caso género y número variables de acuerdo con las formas generales de estas categorías.

Finalmente, existen verbos, llamados **verbos pronominales**, que se conjugan obligatoriamente en todas sus formas con los pronombres *me / te / se / nos / os / se*. Estos pronombres no tienen una función sintáctica específica, pero han de concordar en persona y número con el sujeto del verbo.

arrepentirse: yo me arrepiento, nosotros nos arrepentimos, ella se arrepintió
atreverse: yo me atrevo, nosotros nos atrevemos, ella se atrevió
quejarse: yo me quejo, nosotros nos quejamos, ella se quejó
rebelarse: yo me rebelo, nosotros nos rebelamos, ella se rebeló

En estos casos, los pronombres aparecen unidos al verbo cuando este se usa en infinitivo (*quejarse*) o en gerundio (*quejándose*). En los casos en que los pronombres aparecen separados del verbo, suelen anteponerse en el uso hablado común.

Ejercicios

6. Analiza estas formas verbales. Para cada una, anota el infinitivo del verbo e indica la persona, el número, el tiempo, el modo, el aspecto y la voz, como en el ejemplo.

    → Ejemplo: *habíais venido*. Verbo *venir*: segunda persona; número plural; pretérito pluscuamperfecto; modo indicativo; aspecto perfectivo; voz activa.

    vencerán
    hubiera terminado
    llegues
    haya sido visto
    recibí
    han sido rotos

7. Escribe la forma verbal correspondiente en cada caso, igual que en el ejemplo.

→ Ejemplo. *Verbo **dormir*** : segunda persona; número singular; condicional simple; modo indicativo; aspecto imperfectivo; voz activa > *Dormirías*.

Verbo ***pensar*** : tercera persona; número singular; presente; modo subjuntivo; aspecto imperfectivo; voz activa > . . . .

Verbo ***sentir*** : tercera persona; número plural; futuro compuesto; modo indicativo; aspecto perfectivo; voz activa > . . . .

Verbo ***levantarse*** : primera persona; número singular; pretérito perfecto compuesto; modo subjuntivo; aspecto perfectivo; voz activa > . . . .

Verbo ***tener*** : segunda persona; número plural; condicional compuesto; modo indicativo; aspecto perfectivo; voz activa > . . . .

Verbo ***celebrar*** : tercera persona; número singular; pretérito perfecto simple o indefinido; modo indicativo; aspecto perfectivo; voz pasiva > . . . .

Verbo ***sentarse*** : primera persona; número plural; presente; modo subjuntivo; aspecto imperfectivo; voz activa > . . . .

Verbo ***recibir*** : segunda persona; número singular; pretérito imperfecto; modo subjuntivo; aspecto imperfectivo; voz activa > . . . .

11.4 Adverbios

La morfología del adverbio es mucho más simple que la de los nombres o los verbos, pero también han de tenerse en cuenta algunos aspectos de interés. En general, los adverbios son palabras invariables que no cuentan con flexión. Incluso los adverbios que se forman mediante la unión de un adjetivo y el sufijo *-mente* adquieren una forma invariable: *buenamente, tontamente, prudentemente, constantemente*.

Unos pocos adverbios, sin embargo, pueden recibir morfemas de grado o apreciativos (§ 11.2.). Es el caso de *tardísimo* (< *tarde*), *tempranísimo* (< *temprano*), *prontísimo* (< *pronto*), *cerquísima* (< *cerca*), *lejísimos* (< *lejos*), *tempranito* o *cerquita*. Estos mismos valores podrían expresarse a través del adverbio *muy* acompañando a los adverbios de referencia: *muy tarde, muy temprano, muy pronto, muy cerca, muy lejos*.

Existen otras características relativas a la morfología y a la sintaxis de los adverbios que deben tenerse en cuenta a la hora de utilizarlos. Estas son algunas de las más importantes:

● Cuando se usan varios adverbios que terminan en *-mente*, solo el último de la serie tiene que recibir este sufijo: *Pensó su decisión muy detenida, serena y concienzudamente*.

● Los adverbios *adelante, adentro, arriba* y *abajo* no se usan precedidos de la preposición *a*: *tú vas *a adelante / adentro / arriba / abajo*.

● El adverbio *recién* puede usarse con participios, así como con verbos en forma personal: *Está recién llegado; Recién llegó; Recién sale del cine*.

● Existen adverbios que tienen forma de adjetivos, pero que se usan con forma invariable en masculino singular (*Corren rápido; Habla claro; Camina lento; Juega sucio; Sabe rico*). Si muestran concordancia, no se están usando como adverbios, sino como adjetivos (*Las espinacas saben ricas*). El adverbio *medio*, que complementa a adjetivos y participios, ha de usarse preferentemente de forma invariable, aunque en amplias zonas americanas se usa como adjetivo con flexión: *Están medio dormidas / Están medias dormidas; Los chicos llegaron medio tristes / Los chicos llegaron medios tristes*.

Ejercicio

8. Forma adverbios terminados en *-mente* a partir de los siguientes adjetivos.

> *cortés*
> *rápido*
> *sano*
> *sabio*
> *ágil*
> *suave*
> *honesto*
> *veloz*

11.5 Preposiciones y conjunciones

Las preposiciones y las conjunciones son palabras invariables cuya morfología no presenta especiales dificultades. Ambas clases de palabras, además, pertenecen a inventarios cerrados, son morfemas libres y no reciben acentuación. No obstante, han de tenerse en cuenta algunas particularidades formales, tanto en unas como en otras.

Las preposiciones *a* y *de*, por ejemplo, se presentan en forma de contracción cuando preceden al artículo *el: al, del*. En la lengua hablada, esta contracción es natural y general, pero en la lengua escrita puede olvidarse: *Voy al teatro; El sombrero del militar*. Al margen de este caso particular, las preposiciones se presentan individualmente (§ 2.4.), aunque en ocasiones puede utilizarse más de una para matizar un significado: *Mi papá es muy amable **para con** sus colegas; El perrito apareció **por entre** los árboles*.

La forma de las conjunciones, por su parte, presenta pocas peculiaridades o anomalías. Como ya se ha indicado a propósito de las conjunciones *y* y *o* (§ 8.3.1.), si estas aparecen delante de una vocal que suena como ellas, han de cambiar su forma a *e* y *u*, respectivamente (*y > e; o > u*): por ejemplo, *Nico **e** Irene; Tengo tos **e** hipo; Irene **u** Óscar; mujer **u** hombre*.

11.6 Cambios de categoría

El empleo de morfemas gramaticales derivativos (como *-dad, -ura, -oso / a, -aje, ción* . . .) puede provocar un cambio de categoría gramatical de las palabras que los incorporan. Estos son algunos de los cambios más habituales:

- De adjetivos a nombres:

  - *alto* (adj.) > *altura* (n.)
  - *bello* (adj.) > *belleza* (n.)
  - *bueno* (adj.) > *bondad* (n.)

- De adjetivos a adverbios:

  - *pobre* (adj.) > *pobremente* (adv.)
  - *grosero* (adj.) > *groseramente* (adv.)

- De nombres a adjetivos:

  - *regla* (n.) > *regular* (adj.)
  - *culpa* (n.) > *culpable* (adj.)
  - *vista* (n.) > *vistoso* (adj.)

- De verbos a nombres:

  ○ *llamar* (v.) > *llamamiento* (n.)
  ○ *contratar* (v.) > *contratación* (n.)
  ○ *vencer* (v.) > *vencedor* (n.)
  ○ *embalar* (v.) > *embalaje* (n.)

Ejercicio

9. Forma palabras derivadas, cambiando su categoría gramatical, a partir de la siguiente información.

   preferir (verbo) > . . . . (nombre)
   brusco (adjetivo) > . . . . (adverbio)
   tranquilo (adjetivo) > . . . . (nombre)
   atraer (verbo) > . . . . (nombre)
   flor (nombre) > . . . . (adjetivo)
   común (adjetivo) > . . . . (adverbio)
   hermoso (adjetivo) > . . . . (nombre)
   cultura (nombre) > . . . . (adjetivo)

Cuestiones para reflexionar y debatir

1. La dificultad para aprender una lengua depende de las características de la lengua nativa de la persona que aprende, así como de la lengua aprendida. No existen unas lenguas más difíciles de aprender que otras de una forma absoluta y objetiva. Suele decirse que la morfología del español es muy difícil, especialmente por la conjugación de los verbos. ¿Es así necesariamente? ¿En qué consiste esta dificultad y a qué puede deberse?
2. La conveniencia de dar visibilidad social a la figura de la mujer ha llevado a diversos agentes sociales a promover el uso sistemático de nombres y adjetivos desdoblados por su género: *ciudadanos y ciudadanas*; *profesores y profesoras*; *alumnos y alumnas*; *todos y todas*. ¿Piensas que este uso continuado o constante es necesario o conveniente?

Actividades de clase

1. A partir de la siguiente lista de nombres de animales, machos o hembras, organicen grupos de estudiantes para proponer las palabras que designan los animales de sexo macho y hembra. Por ejemplo: *canaria > canario / canaria*; *cebra > cebra macho / cebra hembra*; *hipopótamo: hipopótamo / hipopótama*; *vaca: toro / vaca*. Puede consultarse el diccionario.

   ### GRUPO A
   abeja
   águila
   araña
   ballena
   bisonte
   búfalo
   burro
   caballo

camello

canaria

GRUPO B

cangrejo

canguro

cebra

cerdo

chimpancé

ciervo

cisne

cocodrilo

elefante

GRUPO C

foca

gallina

gato

hipopótamo

hormiga

jabalí

jirafa

león

loro

mosca

GRUPO D

mosquito

oso

oveja

perro

pingüino

pollo

serpiente

tigre

tortuga

vaca

2. Por parejas, una persona lee en voz alta el siguiente poema (Jorge Luis Borges. *La lluvia.* 1960), y entre las dos localizan los verbos y analizan su forma.

Bruscamente la tarde se ha aclarado
porque ya cae la lluvia minuciosa.
Cae o cayó. La lluvia es una cosa
que sin duda sucede en el pasado.

Quien la oye caer ha recobrado
el tiempo en que la suerte venturosa
le reveló una flor llamada rosa

y el curioso color del colorado.

Esta lluvia que ciega los cristales
alegrará en perdidos arrabales
las negras uvas de una parra en cierto

patio que ya no existe. La mojada
tarde me trae la voz, la voz deseada,
de mi padre que vuelve y que no ha muerto.

3. Las Academias de la Lengua Española explican que el género masculino tiene un carácter no marcado en la oposición masculino-femenino, por lo que puede utilizarse como forma que incluye a ambos géneros: por ejemplo: *Los perros acompañan a los humanos.* Comenta con tus compañeros qué formas podrían utilizarse como alternativa a estas formas en género masculino.

NOTAS

1. En España, predominan las formas en *-se* en muchos contextos y en la escritura.
2. En todas las áreas hispanohablantes es posible encontrar el uso de formas de segunda persona del singular del pretérito perfecto simple terminadas en *-s* (*amastes, comistes, vivistes*). A pesar de su frecuencia, su uso no es aconsejable en los estilos cultos y cuidados.

Capítulo 12

Pronombres

Resumen

Este capítulo presenta la mayor parte de las palabras que constituyen la clase de los pronombres.[1] Se explican los pronombres personales, en los que se incluyen los reflexivos y los recíprocos; los demostrativos; los posesivos; los interrogativos; y algunos cuantificadores. El capítulo está formado por los siguientes apartados:

Pronombres personales
Pronombres demostrativos
Pronombres posesivos
Pronombres interrogativos
Pronombres cuantificadores

La lectura y compresión de este capítulo permitirán:

- Conocer las formas y los valores de los pronombres personales.
- Utilizar adecuadamente los pronombres personales.
- Distinguir los pronombres personales reflexivos y recíprocos.
- Conocer las formas y las funciones de los pronombres demostrativos.
- Conocer las formas y la función de los pronombres posesivos.
- Conocer las formas, las funciones y los usos de los pronombres interrogativos.
- Conocer las formas y la función de los pronombres cuantificadores.

12.1 Pronombres personales

Las lenguas disponen de distintos procedimientos para no repetir continuamente las mismas palabras. Uno de ellos es el uso de los pronombres. Como muestra este capítulo, la clase de los pronombres es muy variada. En este primer apartado, vamos a ver los pronombres personales, aquellos que se refieren a las personas que participan en el discurso, por eso se llaman **pronombres personales**. Así pues, pueden referirse:

- al hablante: **Yo** *quería ayudar a tu hijo.*
- al oyente: *¿***Tú** *trabajas también en el ministerio?*
- a la persona de la que se habla en el discurso, aunque a veces se habla de un animal, de una cosa o del suceso expresado en una oración:

  ○ *Cuando estaba sola,* **ella** *se iba a la calle.*
  ○ *Han certificado la calidad de este vino y han apostado por* **él** (este vino).
  ○ *Es muy valiente y su hijo también presume de* **ello** (de ser muy valiente).

12.1.1 Formas de los pronombres personales

Las formas del pronombre personal son las siguientes:

Tabla 12.1

Persona gramatical Función sintáctica		Primera persona	Segunda persona	Tercera persona
Sujeto	Singular	*yo*	*tú – vos usted*	*él, ella, ello*
	Plural	*nosotros, nosotras*	*vosotros, vosotras – ustedes*	*ellos, ellas*
Objeto directo	Singular	*me*	*te*	*lo, la, se*
	Plural	*nos*	*os – los, las*	*los, las, se*
Objeto indirecto	Singular	*me*	*te*	*le, se*
	Plural	*nos*	*os – les, se*	*les, se*
Complemento con preposición	Singular	*mí, conmigo*	*ti – vos, contigo*	*él, ella, ello*
	Plural	*nosotros, vosotros*	*vosotros, vosotras – ustedes*	*ellos, ellas*

La tabla anterior muestra que el pronombre personal varía, tiene formas distintas, según la persona gramatical a la que se refiera: el hablante, 1.ª persona; el oyente, 2.ª persona; o aquello de lo que se habla, 3.ª persona. Se modifica también según el número singular o plural expresado. Por otra parte, algunas formas indican género: masculino, femenino y neutro. Y, por último, presenta también variación o flexión relacionada con la función que desempeña: sujeto, objeto directo, objeto indirecto y complemento con preposición. A continuación, vamos a ver el valor de todas estas variaciones.

12.1.2 Valores de los pronombres personales

Persona

Ya se ha dicho que los pronombres personales sirven para referirse a los participantes en un acto de comunicación. Así, por ejemplo, *yo* es el hablante, *tú* es el oyente y *él* o *ella* se refiere a una entidad que no participa en la comunicación, sino que se habla de ella. Esa entidad puede corresponder a una persona, a un animal, a una cosa:

> **Yo** *creo lo que Juan dice.*
> **Tú** *crees lo que Juan dice.*
> **Ella** *cree lo que Juan dice / Ha puesto un cartel en la puerta y en* **él** *(el cartel) escribe los avisos.*

Además de establecer una referencia hacia los participantes en el acto de habla, las oraciones con el verbo *creer* muestran que los pronombres personales pueden referirse también a las personas gramaticales expresadas en el morfema de persona del verbo: *Yo creo / Tú crees / Ella cree.* Entre el pronombre y el morfema de persona del verbo debe existir concordancia, coincidencia en la persona expresada: **Yo** *creo /* **Ella** *cree* (no **Ella creo*).

Hay una excepción a esta concordancia. El pronombre de respeto utilizado para dirigirse al oyente: *usted / ustedes*, concuerda con el verbo en tercera persona, no en segunda (§ 11.3.):

> **¿Usted cree** *que yo soy tonto?*, no *¿Usted crees* que yo soy tonto?
> **Ustedes abonarán** *todos los gastos del viaje*, no *Ustedes abonaréis* todos los gastos del viaje.[2]

Asimismo, en los países americanos y en España (zonas de Andalucía y Canarias) las formas del pronombre personal referidas a la segunda persona del singular son *tú*, forma de confianza, y *usted*, forma de cortesía. Pero para el plural hay una única forma *ustedes*, utilizada tanto familiarmente como de manera cortés:

> **Ustedes van** *a hacer una actividad para ayudar a sus compañeros de*
> *la clase con el vocabulario* (uso familiar).
> **Beban ustedes** *todo lo que quieran* (uso familiar).
> *Mañana* **ustedes van** *a recibir una carta del Gobierno* (uso cortés).

Finalmente, en gran parte de América se utiliza otra forma de dirigirse a un solo interlocutor en situaciones de confianza: el pronombre *vos*. Este uso se conoce como **voseo** y tiene mayor presencia y prestigio social en Argentina, Uruguay y América Central. El voseo se corresponde con modificaciones en la forma del verbo, las cuales, generalmente, consisten en la utilización de las desinencias verbales de la 2.ª persona del plural para la 2.ª persona del singular: *vos tenés*. Las formas verbales de 2ª persona más utilizadas con el pronombre *vos* son agudas (*vos tomás*; *vos tenés*; *vos vivís*). En imperativo singular, se usa una forma específica del voseo: *cantá vos, bebé vos, viví vos* (§ 11.3.).

Número

La tabla incluida en el apartado 12.1.1. indica, asimismo, que el pronombre personal presenta modificaciones según exprese bien sea una persona o una entidad (*yo / tú / él / ella*), bien sea una pluralidad de personas o entidades (*nosotros / nosotras / vosotros / vosotras (ustedes) / ellos / ellas*).

En la expresión del número plural, hay que tener en cuenta estos aspectos:

- El pronombre *nosotros* puede referirse a:

  - yo + tú; es decir, a los dos interlocutores: el hablante y el oyente.
  - yo + tú + tú + tú . . .; o sea, al hablante más varios oyentes.
  - yo + él / ella / ellos / ellas; dicho de otro modo, al hablante más una 3.ª persona o varias.

- El pronombre *vosotros* y el pronombre *ustedes* con valor de 2.ª persona del plural pueden referirse a:

  - tú + tú; es decir, a dos oyentes.
  - tú + tú + tú . . .; o sea, a más de dos oyentes.
  - tú + él / ella / ellos / ellas; es decir, al oyente más una 3.ª persona o varias.

Por otra parte, la flexión de número del pronombre personal exige las variaciones correspondientes en los verbos o en los adjetivos con los que se combina:

> **Él** *llegará mañana de Quito.*
> **Ellos** *llegarán mañana de Quito.*

Tú llegas *cansado del viaje* / **Vos** llegás *cansado del viaje.*
Nosotros llegamos *cansados del viaje.*

Género

Varias formas del pronombre personal muestran modificaciones de género masculino / femenino. Por ejemplo, en la función de sujeto están *nosotros / nosotras, vosotros / vosotras, ellos / ellas*; en la función de objeto directo, *lo / la, los / las* en ejemplos como:

— *¿Encontraste el libro que estabas buscando?* —*Sí,* **lo** *(el libro) encontré ayer.*
— *¿Has visto su última película?* —*No, todavía no* **la** *(su última película) he visto.*
— *¿Quién irá al colegio a recoger a los niños?* —*Irá mi padre a recoger***los** *(a los niños).*
— *¿Has encargado ya las pizzas?* —*Todavía es pronto.* **Las** *(las pizzas) encargaré dentro de un rato.*

En el pronombre personal existen también formas de género neutro (*ello y lo*) (§ 11.1.1.).[3]

Función sintáctica

Los pronombres personales presentan variaciones formales relacionadas con las funciones sintácticas. Se diferencian cuatro funciones: el sujeto y el complemento con preposición, que corresponden a formas tónicas del pronombre, y el objeto directo y el indirecto, relativos a formas átonas:

- sujeto: **Yo** *soy argentino y* **ella,** *uruguaya.*
- complemento con preposición: *He traído un regalo para* **ti / vos** .
- objeto directo: **Los** *vi en el aeropuerto.*
- objeto indirecto: **Me** *preguntaron por mis estudios.*

A continuación, se presentan diversas cuestiones relativas a las distintas funciones sintácticas.

Función de sujeto

Las formas para esta función están recogidas en la siguiente tabla:

Tabla 12.2

	Persona	Pronombre
Singular	1.ª	*yo*
	2.ª	*tú – vos* *usted*
	3.ª	*él, ella, ello*
Plural	1.ª	*nosotros, nosotras*
	2.ª	*vosotros, vosotras* *ustedes*
	3.ª	*ellos, ellas*

Estas formas son propias, pues, de la función sintáctica de sujeto y también de la de atributo:

- sujeto: **Vosotros** *sois los próximos en entrar* / **Ustedes** *son los primeros en entrar.*
- atributo: *Los testigos de lo que ocurrió somos* **nosotros.**

No obstante, hay que tener en cuenta que, en español, frente a otras lenguas, no es obligatoria la presencia del pronombre personal sujeto en una oración. La mayor parte de las veces las terminaciones de los verbos son suficientes para distinguir si el sujeto corresponde a la 1.ª, la 2.ª o la 3.ª persona y para saber si se trata de una sola persona o entidad (singular) o de varias (plural):

- *Trabajo de camarero / camarera en un hotel:* 1.ª persona del singular, sujeto *yo.*
- *¿Trabajas de camarero / camarera en un hotel?:* 2.ª persona del singular, sujeto *tú.*
- *Trabaja de camarero / camarera en un hotel:* 3.ª persona del singular, sujeto *él / ella.*
- *Trabajamos de camareros / camareras en un hotel:* 1.ª persona del plural, sujeto *nosotros / nosotras.*
- *¿Trabajan de camareros / camareras en un hotel?:* 2ª persona del plural, sujeto *ustedes.*
- *¿Trabajáis de camareros / camareras en un hotel?:* 2.ª persona del plural, sujeto *vosotros / vosotras* (en España).
- *Trabajan de camareros / camareras en un hotel:* 3.ª persona del plural, sujeto *ellos / ellas.*

A pesar de que lo normal es que el pronombre personal sujeto se omita, hay distintos casos en que está presente:

- Cuando se quiere resaltar una persona en relación con otra: *Mientras* **tú** *haces la compra,* **yo** *me quedo con el niño.*
- Cuando lo que se ha dicho en una oración se repite en la siguiente aplicado a otra persona, esta se menciona explícitamente, y no se repite el verbo de la primera oración: *Los vecinos se van de vacaciones y* **nosotros** *también (nos vamos de vacaciones).*
- Cuando la terminación del verbo no es suficiente para distinguir qué persona es el sujeto porque la terminación es la misma para varias personas: *Mi hija no contaba nada, pero* **yo** *notaba que le pasaba algo.* Si no estuviera el pronombre *yo,* podría interpretarse que el sujeto de *contaba* y *notaba* es el mismo: *Mi hija no contaba nada, pero (mi hija) notaba que le pasaba algo.* La coincidencia en la terminación de 1.ª y 3.ª persona del verbo se da, especialmente, en el imperfecto y el pluscuamperfecto de indicativo; en el condicional simple y compuesto; y en los tiempos de subjuntivo (§ 4.2.; § 4.3.; § 11.3.).
- Cuando el sujeto va acompañado de adjetivos u oraciones de relativo: **Yo misma** *iré a llevarle el paquete;* **Él, que** *siempre ha sido una persona muy activa, ahora no sale de casa.*
- Cuando el sujeto de la oración principal y el de la subordinada son distintos: **Tú** *dijiste que* **ella** *se ocuparía de todo.*

Función de objeto directo

Las formas para la función de objeto directo están incluidas en la siguiente tabla:

Tabla 12.3

	Persona	Pronombre
Singular	1.ª	me
	2.ª	te
	3.ª	lo, la lo
Plural	1.ª	nos
	2.ª	os – los, las
	3.ª	los, las

Es importante observar, sobre todo, que hay formas invariables en género: *me* / *te* / *nos* / *os*, que se utilizan tanto para el masculino como para el femenino, y formas que varían según el género de la persona o la entidad designada: *lo* / *los* para el masculino y *la* / *las* para el femenino. Además, hay una forma neutra de tercera persona: *lo*. Como se ha indicado, estas formas son átonas, por eso se pronuncian ligadas al verbo.

Las formas para la función sintáctica de objeto directo sirven para referirse:

- al hablante: **Me** *viste, pero no* **me** *saludaste.*
- al oyente: **Te** *vi, pero no* **te** *saludé.*
- a una 3.ª persona: **La** *vi, pero no* **la** *saludé.*
- a una entidad distinta de una persona: —*No has fregado los platos.* —**Los** *fregaré cuando termine la película.*

Por su parte, la forma neutra *lo*:

- funciona como objeto directo y se refiere a una oración dicha previamente: —*¿Sabías que comer deprisa es perjudicial para la salud?* —*Sí,* **lo** *(que comer deprisa es perjudicial para la salud) sabía.*
- funciona como atributo y se refiere a un atributo anterior para evitar repetirlo:
  - *Nuestro equipo estaba* **feliz***, pero el equipo que perdió no estaba* **feliz***.*
  - *Nuestro equipo estaba* **feliz***, pero el equipo que perdió no* **lo** *estaba.*

Los pronombres personales en función de objeto directo se colocan junto al verbo de la oración, unas veces antepuestos y otras pospuestos:

- Van antepuestos cuando el verbo está conjugado en forma simple o en forma compuesta; en este caso, además, se escriben separados del verbo conjugado:
  - **Los** *conocí cuando estudiaba en la universidad.*
  - **La** *he escuchado varias veces.*

● Van pospuestos cuando el verbo está en infinitivo, gerundio o imperativo; además, se escriben unidos al verbo conjugado. Por otra parte, con los infinitivos y gerundios compuestos, el pronombre va también pospuesto, pero unido al verbo *haber*:

  ○ *Me alegro de verlos / veros.*
  ○ *Viéndolas juntas, se comprueba su gran parecido.*
  ○ *Déjalos sobre la mesa del despacho.*
  ○ *De haberlo sabido hubiera ido a recogerte a la estación.*
  ○ *Podrán concursar las mujeres de nacionalidad africana o las que habiéndola tenido puedan acreditarla.*

El último ejemplo sirve también para tratar la posición del pronombre personal objeto directo en las perífrasis verbales de infinitivo y de gerundio. Su posición puede ser antepuesta o pospuesta; no obstante, si el pronombre va antepuesto se escribe separado del verbo conjugado y, si va pospuesto a la perífrasis, se escribe unido al infinitivo o al gerundio. Constituye una excepción la perífrasis *hay que* + verbo en infinitivo; en este caso, el pronombre personal objeto directo se coloca pospuesto al infinitivo y unido a él en la escritura:

> *La pueden acreditar ~ Pueden acreditarla.*
> *La acabó haciendo ~ Acabó haciéndola.*
> *Hay que recogerla todos los días* (no **La hay que recoger todos los días*).

Función sintáctica de objeto indirecto

Las formas de esta función están incluidas en la siguiente tabla:

Tabla 12.4

	Persona	Pronombre
Singular	1.ª	*me*
	2.ª	*te/le*
	3.ª	*le*
Plural	1.ª	*nos*
	2.ª	*os – les*
	3.ª	*les*

Estas formas presentan solo variaciones de persona y de número. Como las del pronombre personal objeto directo, también las formas del objeto indirecto son átonas, de manera que su pronunciación se apoya en la del verbo. La relación entre los pronombres personales del objeto directo e indirecto se da en otro aspecto: hay algunas formas (*me, te, le, nos, os, les*) que son idénticas para ambas funciones:

● objeto directo: **Nos** *visitarán la próxima semana.*
● objeto indirecto: **Nos** *traerán un regalo sorpresa.*

Las formas del objeto indirecto sirven para referirse:

- al hablante: **Me** *trajo un vestido precioso.*
- al oyente: **Te** *he traído un vestido que te gustará.*
- a una 3.ª persona: *La modista* **le** *probó el vestido.*
- a una entidad distinta de una persona: *El pabellón tiene mucha altura y* **le** (referido al pabellón) *han construido otra planta.*

La posición de los pronombres personales en función de objeto indirecto es la misma que ocupan los pronombres objeto directo en combinación con el verbo:

- Antepuesta al verbo conjugado y separada de él:

  ○ **Nos** *ha pedido ayuda.*
  ○ **Os** *prometió ayuda* / **Les** *prometió ayuda* (a ustedes).

- Pospuesta al verbo en infinitivo, gerundio o imperativo y unida a él:

  ○ *Fue capaz de nega***rle** *el saludo.*
  ○ *Comprándo***les** *todo lo que piden, se volverán unos malcriados.*
  ○ *Por favor, indíque***me** *la dirección de la escuela.*

- Antepuesta y separada del verbo auxiliar de las perífrasis o pospuesta y unida al verbo auxiliado de las perífrasis:

  ○ **Le** *pude enviar la carta* / *Pude envia***rle** *la carta.*
  ○ *Hace tiempo que* **me** *anda diciendo estas tonterías* / *Hace tiempo que anda diciéndo***me** *estas tonterías.*

Hay otra cuestión que afecta por igual a los pronombres personales de 3.ª persona en función de objeto indirecto o directo. Cuando el objeto indirecto o el directo de una oración no es un pronombre personal, sino un nombre o un grupo nominal que, además, va antepuesto al verbo, es obligatoria la presencia del pronombre personal, referido al nombre o al grupo nominal que ha aparecido previamente. En las siguientes oraciones están ejemplificadas las distintas posibilidades:

- para la función de objeto indirecto:
  ○ *A los* **alumnos les** *advertí que no llegaran tarde a clase.*
- para la función de objeto directo:
  ○ *La* **tarta la** *haremos de nata y chocolate.*

La colocación del objeto indirecto (*A los alumnos*) o del directo (*La tarta*) antepuesto al verbo conlleva dos efectos: que el peso de la información transmitida por la oración recaiga sobre el objeto y que este se duplique mediante la aparición del pronombre personal de objeto indirecto (*les*) o directo (*la*).

Los pronombres personales objeto directo e indirecto se combinan en ocasiones en una misma oración. Si ocurre esto, el orden de los grupos de pronombres debe respetar las siguientes condiciones:

- El pronombre que funciona como objeto indirecto precede al pronombre que funciona como objeto indirecto:

  ○ Ya *te los* *han enviado* ~ *Consiguió enviártelos ayer.*
  ○ *Se lo* *han vendido muy barato* (a ustedes) ~ *No ha querido vendérselo* (a ustedes).

- Existe un orden de preferencia en relación con las distintas personas: 2.ª > 1.ª > 3.ª:

  ○ *Os lo* *ha vendido muy barato* ~ *No ha querido vendéroslo.*
  ○ *Nos lo* *ha vendido muy barato* ~ *No puede vendérnoslo.*

Por otra parte, es importante saber que, cuando se combinan dos pronombres de 3.ª persona, uno en función de objeto indirecto y el otro en función de objeto directo, el pronombre personal de objeto indirecto no presenta las formas *le* / *les*, sino que tiene la forma *se*. Las posibilidades que se pueden dar son las siguientes:[4]

- *le* / *les* + *lo* → *se lo*: **Le lo contaré otra vez* → *Se lo contaré otra vez.*
- *le* / *les* + *la* → *se la*: **Les la prestaré un día más* → *Se la prestaré un día más.*
- *le* / *les* + *los* → *se los*: **Le los daré mañana* → *Se los daré mañana.*
- *le* / *les* + *las* → *se las*: **Les las regalé ayer* → *Se las regalé ayer.*

Una última cuestión relativa a los pronombres objeto indirecto y directo se refiere al fenómeno denominado **leísmo**, que consiste en el uso de los pronombres de objeto indirecto *le* / *les* en función de objeto directo, de manera que sustituyen a las formas *lo* / *los* / *la* / *las*. Los tipos más extendidos de leísmo son:[5]

- Uso del pronombre *le* / *les* en función de objeto directo cuando el pronombre se refiere a una persona de sexo masculino. Este uso se considera correcto, pero no se recomienda en plural:

  ○ **Roberto** *está mal. Yo* **le** *vi anoche cuando llegó y se* **le** *veía completamente hundido.*
  ○ **Los cuatro candidatos** *llegaron puntuales,* **les** *encontré muy nerviosos* / **Los cuatro candidatos** *llegaron puntuales,* **los** *encontré muy nerviosos.*

Función de complemento con preposición

Las formas del pronombre complemento introducido por una preposición están recogidas en la siguiente tabla:

Tabla 12.5

	Persona	Pronombre
Singular	1.ª	*mí, conmigo*
	2.ª	*ti – vos* *contigo*
	3.ª	*él, ella, ello*
Plural	1.ª	*nosotros, nosotras*
	2.ª	*vosotros, vosotras – ustedes*
	3.ª	*ellos, ellas*

Su característica consiste en que siempre van precedidas de preposición. También se caracterizan por ser formas tónicas, como las del pronombre en función de sujeto. Puede ayudar a recordarlas el que son iguales a las formas del pronombre personal en esta función, excepto las de la 1.ª y 2.ª persona del singular: *mí, ti*. Por otra parte, para estas mismas personas, combinadas con la preposición *con*, las formas son *conmigo, contigo*.

La combinación de estas formas del pronombre personal con las preposiciones explica que pueden desempeñar distintas funciones:

- objeto directo: *Te ha preferido **a ti** / **a vos***.
- objeto indirecto: *Me ha prestado **a mí** el celular*.
- complemento de régimen: *¿Te acuerdas **de mí**?*
- complemento agente: *Este inmueble fue comprado **por nosotros** hace diez años*.
- complemento circunstancial: *Hay ciudades que pagan por vivir **en ellas**; No vive ya **conmigo**; Debes recortar el exceso de grasas animales. **Para ello** utiliza la dieta mediterránea*.
- complemento del grupo nominal: *La carretera está en buen estado, no tendrás ningún problema si haces un viaje **por ella***.

En el conjunto de ejemplos anteriores, hay que prestar atención especial a los dos primeros. Cuando el pronombre tónico, precedido de la preposición *a*, funciona como objeto directo o indirecto, es obligatoria la aparición del pronombre átono: ***Te** ha preferido **a ti**; **Me** ha prestado **a mí** el celular*.

12.1.3 Los pronombres personales reflexivos y recíprocos

En el conjunto de los pronombres personales se incluyen los denominados pronombres reflexivos y recíprocos. Estas son las formas de los reflexivos, que coinciden con las del pronombre en función de objeto indirecto excepto en la 3.ª persona del singular y del plural:

Tabla 12.6

	Persona	Pronombre
Singular	1.ª	*me*
	2.ª	*te/se*
	3.ª	*se*
Plural	1.ª	*nos*
	2.ª	*os – se*
	3.ª	*se*

El pronombre personal tiene valor reflexivo cuando el sujeto de la oración realiza sobre sí mismo la acción designada por el verbo; dicho de otro modo, la acción expresada recae sobre la persona a la que se refiere el sujeto:

*Normalmente **me** ducho antes de tomar un café.*
*¿Normalmente **te** duchas antes de tomar un café?*
*Normalmente **se** ducha antes de tomar un café.*

*Normalmente **nos** duchamos antes de tomar un café.*
*¿Normalmente **os** ducháis antes de tomar un café?*
*Normalmente **se** duchan antes de tomar un café.*

La diferencia entre las formas reflexivas y no reflexivas de los pronombres personales se observa fácilmente comparando oraciones con el pronombre en 3.ª persona. En la primera de las dos siguientes, el pronombre reflexivo se refiere a la misma persona designada por el sujeto *la mamá*; en la segunda, el pronombre personal *lo* se refiere a una persona distinta a la designada por el sujeto *la mamá*, por ejemplo, a un bebé, un niño, etc.:

*Después del baño **la mamá se** seca muy bien.*
*Después del baño **la mamá lo** seca muy bien.*

El pronombre reflexivo puede desempeñar la función de objeto directo y de objeto indirecto.

*Pierde mucho cabello cuando **se** (OD) cepilla.*
***Se** (OI) cepilla **el cabello** (OD) por la mañana.*

Si en la oración no aparece un objeto directo, el pronombre reflexivo desempeña esa función, es lo que ocurre en la oración *cuando se cepilla*. En cambio, si en la oración hay un grupo nominal en función de objeto directo, el pronombre reflexivo es el objeto indirecto, como en *Se cepilla el cabello por la mañana*.

El pronombre personal puede tener también valor recíproco. Es así cuando la acción expresada por el verbo la realizan dos o más personas, las unas sobre las otras: *El profesor y los alumnos se hablan de usted*. Una oración de este tipo hay que interpretarla en el sentido de que el profesor se dirige a los alumnos hablándoles de usted y, de manera recíproca, los alumnos se dirigen al profesor tratándolo de usted. Para que una forma del pronombre personal tenga valor recíproco, el sujeto de la oración debe estar en plural o tiene que estar formado, al menos, por dos grupos nominales en singular unidos por la conjunción *y*:

***Mis padres se** conocieron en la universidad.*
***Mi papá y mi mamá se** conocieron en la universidad.*

Esto implica que el valor recíproco solo lo tienen las formas pronominales *nos*, *os* y *se*.

De igual manera que en el caso de los pronombres reflexivos, los que tiene valor recíproco funcionan como objeto directo o como objeto indirecto:

***Nos** (OD) vemos solo los fines de semana.*
***Nos** (OI) enviamos **correos electrónicos** (OD) todos los días.*

El valor recíproco de un pronombre personal puede deducirse fácilmente si en la oración aparecen o se pueden incluir elementos como *mutuamente*, *entre ellos* o *uno* y *otro* separados por una preposición:

***Se** apoyan **mutuamente**.*
*No **se** relacionan **entre ellos**.*
***Se** ayudan **el uno al otro**.*

Ejercicios

1. Observa los pronombres de los fragmentos siguientes y realiza estas dos tareas:

   a) Analiza la forma del pronombre (persona, número y género), señala a qué unidad se refiere e indica su función sintáctica.

   b) Comenta la posición que ocupan los pronombres destacados en negrita a partir de las explicaciones de los apartados anteriores.

   El precio de la vivienda subirá el próximo año. Lo he leído en el periódico.

   *Cuando cometes un error, debes corregir**lo**.*

   Cuando el periodista anunció su enfermedad, sus compañeros publicaron en las redes este mensaje de apoyo: "Todos estamos contigo".

   La situación económica de mi amigo era complicada, pero su familia le ha pagado las deudas que tenía.

   *Lucía, esa sortija parece cara. Si **te la** ha regalado, es porque gana mucho dinero.*

   *Soy una persona honesta y generosa. **Me** puedes pedir cualquier cosa que necesites.*

   Carlos Vives es un gran artista. Nosotras lo hemos visto actuar en varias ocasiones.

   *Sabía que estaba prohibido entrar a la iglesia por la noche. Aun así, Jaime insistió: "Escúch**eme**, por favor, necesito pasar. Serán solo cinco minutos".*

2. Explica si los pronombres personales destacados corresponden al pronombre en función de objeto indirecto o si tienen valor reflexivo o recíproco y, además, realizan la función de objeto directo o indirecto.

   *La actriz y el cantante celebran diez años de matrimonio. **Se** conocieron en una gala benéfica y, desde entonces, son inseparables.*

   *Les dije a mis compañeros que era tarde. **Se** lo dije varias veces, pero no me hicieron caso.*

   *Su hermana **se** tiñe el pelo en casa una vez al mes.*

   *Cuando **nos** abrazamos, reducimos los niveles de angustia, y nuestra salud mejora.*

   *Los miembros de la asociación **se** ayudan entre ellos en la lucha conjunta contra sus competidores.*

   *La modelo habló de sus secretos de belleza en la entrevista y confesó: "**Me** maquillo y **me** pinto los ojos todos los días".*

   *Normalmente **se** peina el cabello mojado con un peine muy fino.*

   *Te recomiendo la novela Como agua para chocolate de Laura Esquivel. **Se** la regalé a Juan para su cumpleaños.*

12.2 Pronombres demostrativos

Los pronombres demostrativos se corresponden con los determinantes demostrativos (§ 6.1.2.), a los que se añaden las forman neutras del pronombre:

Tabla 12.7

	Singular	Plural
Masculino	este, ese, aquel	estos, esos, aquellos
Femenino	esta, esa, aquella	estas, esas, aquellas
Neutro	esto, eso, aquello	

La diferencia entre determinantes y pronombres consiste en que los primeros acompañan a un nombre, mientras que los segundos aparecen solos, no se combinan con ningún nombre. No obstante, es necesario que, en el contexto en el que se utiliza el pronombre demostrativo, haya un nombre al que el pronombre se refiere y con el que establece la concordancia en género y número: *Me senté al lado del **director** porque era **este** quien iba a dirigir la reunión.* En la oración anterior, el pronombre *este* se refiere al nombre *director* y por eso tiene la forma de masculino singular.

Los pronombres demostrativos sirven para identificar personas, animales, cosas, acontecimientos, y, además, localizan en el espacio o en el tiempo la entidad identificada. De este modo, pueden, por ejemplo:

- Identificar a una persona y situarla cerca del oyente: *¿**Esa** con quien hablabas es tu abuela?*
- Identificar a un animal y situarlo cerca del hablante: *Señalando a su perro, María dijo: "**Este** es mi mejor amigo".*
- Identificar un acontecimiento y situarlo cerca del hablante: ***Esta** ha sido una guerra inútil.*
- Identificar un periodo de tiempo en el que vive el hablante: ***Esta** ha sido la mejor semana de mi vida.*
- Identificar un periodo de tiempo y situarlo alejado del presente del hablante: *Siempre he creído que **aquellos** fueron unos maravillosos años.*

Por su parte, los pronombres neutros sirven para referirse a una entidad que no se quiere nombrar o cuyo nombre no se conoce:

Esto es muy bonito. Estoy encantada de que el centro de salud esté en el barrio.
*¿Qué es **aquello** que se ve allí?*

Además de identificar una entidad, los pronombres demostrativos sirven también para referirse a palabras dichas anteriormente en el discurso del hablante o a las que aparecen inmediatamente después. Estos usos se conocen con el nombre de *anafórico* y *catafórico*, respectivamente:

- *Me han llamado Elías y José Ramón. A **este** (José Ramón) le devolveré la llamada, a **aquel** (Elías) no le haré caso.* En la referencia anafórica, *aquel* se asocia a las palabras más alejadas y *este,* a las más cercanas.
- *"Dios perdona siempre, los hombres a veces y la naturaleza nunca". **Eso** le ha dicho el papa al presidente francés.* El pronombre neutro *Eso* se refiere a las palabras entrecomilladas emitidas por el papa. Como las palabras van delante del pronombre, la referencia es anafórica.
- ***Esto** es lo que el entrenador ha dicho sobre él: "Es un jugador que lo da todo en el campo".* El pronombre neutro *Esto* se refiere a las palabras entrecomilladas atribuidas al entrenador. Como las palabras aparecen después del pronombre, la referencia es catafórica.

12.3 Pronombres posesivos

Además de los determinantes posesivos (6.1.3.), existen también pronombres posesivos. Estas son las formas del pronombre posesivo:

Tabla 12.8

		1.ª pers.	2.ª pers.	3.ª pers.
Un solo poseedor	Singular	*mío, mía*	*tuyo, tuya –* *suyo, suya* (de usted)	*suyo, suya* (de él/ella)
	Plural	*míos, mías*	*tuyos, tuyas –* *suyos, suyas* (de usted)	*suyos, suyas* (de él/ella)
Varios poseedores	Singular	*nuestro, nuestra*	*vuestro, vuestra –* *suyo, suya* (de ustedes)	*suyo, suya* (de ellos /ellas)
	Plural	*nuestros, nuestras*	*vuestros, vuestras* *– suyos, suyas* (de ustedes)	*suyos, suyas* (de ellos/ellas)

La tabla muestra que el pronombre posesivo varía en género y número. De este modo, se establece la concordancia con el nombre al que se refiere el pronombre y que indica la entidad poseída. Por otra parte, el pronombre posesivo tiene formas distintas para señalar el poseedor o los poseedores, que pueden ser el hablante (1.ª persona), el oyente (2.ª persona) o una 3.ª persona. Los siguientes ejemplos presentan varias de estas posibilidades:

- *Podemos quedar a medio camino entre tu casa y la **mía***. El pronombre posesivo concuerda en género (femenino) y número (singular) con el nombre *casa*; por otra parte, el poseedor es el hablante y la entidad poseída una.
- *Mis perritas ladran en medio de la noche sin que pase nada. No sé qué hacen las **suyas*** (de ustedes), *pero las **mías** se quedan paralizadas ladrando*. El primer pronombre posesivo concuerda en género (femenino) y número (plural) con el nombre *perritas*; además, indica que los poseedores corresponden a la 2.ª persona y que son varios, igual que las entidades poseídas. El segundo pronombre se diferencia del primero por señalar que el poseedor es solo uno, el hablante.
- *Mis dedos se entrelazaban con los **suyos*** (de él / ella). El pronombre concuerda en género (masculino) y número (plural) con el nombre *dedos*. La interpretación más natural de la oración conduce a pensar que el poseedor corresponde a la 3.ª persona (de él o de ella); por otra parte, las entidades poseídas son varias.

Como se deduce de los ejemplos anteriores, el pronombre posesivo permite no repetir un nombre que ya se ha dicho anteriormente. El nombre sustituido se refiere a una entidad identificada, por eso el pronombre posesivo debe ir acompañado del artículo determinado: —*Tu coche es precioso*. —**El vuestro** *también*. No obstante, cuando el pronombre posesivo en función de atributo se combina con el verbo *ser*, no necesita ir precedido del artículo: *El error ha sido **nuestro***. Lo mismo ocurre cuando se utiliza el posesivo como respuesta a preguntas sobre el propietario de alguna cosa; en este caso, incluso es posible que no aparezca el verbo *ser*: —*¿De quién es este cuaderno?* —**Suyo** ~ —*Es* **suyo** (de él / ella).

Ejercicio

3. Señala los pronombres demostrativos y posesivos de los fragmentos siguientes y realiza estas dos tareas:

    a) Analiza la forma del pronombre (persona en el caso de los posesivos, y número y género en los demostrativos y los posesivos) e indica la unidad a la que se refiere.

    b) Explica para qué se utilizan los pronombres que has señalado.

La niña se enfadó con su mamá porque esta no quería darle las buenas noches a su osito.

Marta miraba fijamente los ojos oscuros de Mateo. Cuando las manos del chico tocaron las suyas, ella se quedó inmóvil.

Aquellos eran días dedicados exclusivamente al descanso y la reflexión.

El soldado buscó rápidamente el apoyo de sus compañeros. Estos, sin embargo, empezaron a retroceder.

"Yo sé que fuisteis al bosque y no me llevasteis con vosotros". Eso es lo que les dijo Alejo a sus padres.

Nuestros apartamentos no pueden compararse. El tuyo está en el casco antiguo de la ciudad y el mío está en la periferia.

Raúl y tú se han esforzado muchísimo en la construcción del edificio. Es suyo.

¿Aquella es Diana? Ha cambiado mucho con el paso de los años, pero juraría que es ella.

12.4 Pronombres interrogativos

Las formas de los pronombres interrogativos son:

- *Qué*; tiene una forma invariable, no presenta modificaciones de género ni de número.
- *Quién / quiénes*; con flexión solo de número.
- *Cuál / cuáles*; también con flexión de número.
- *Cuánto / cuánta / cuántos / cuántas*; con variación de género y número.

Todos ellos tienen unas características comunes:

- Son palabras tónicas que se escriben con tilde.
- Su presencia es necesaria para constituir enunciados interrogativos (§ 3.5.2.; § 14.3.2.), y en ellos ocupan el primer lugar.
- Introducen oraciones subordinadas sustantivas indirectas (§ 9.2.).
- Se refieren a una palabra o a un grupo nominal que desempeña una función sintáctica:

    ○ —*Queríamos* **tres caramelos**. —*¿***Qué** *quieren? No he oído lo que me pedían.* El pronombre *qué* se refiere a *tres caramelos*, objeto directo en su oración.

    ○ —**Tú** *irás a esperar a mamá.* —*¿***Quién** *irá? Pues yo no pienso ir.* El pronombre interrogativo *quién* se refiere al pronombre personal *Tú*, sujeto de su oración.

    ○ —*Tengo* **un mensaje importante** *para ti.* —*¿***Cuál** *es ese mensaje tan importante?* El pronombre *cuál* se refiere a *un mensaje importante*, grupo nominal que funciona como objeto directo en su oración.

○   —*Nosotros somos* **diez hermanos**. —*¿***Cuántos** *son? Vaya familia más numerosa.* El pronombre *cuántos* se refiere a *diez hermanos*, que es el atributo de su oración.

● Desempeñan, asimismo, una función sintáctica en su oración:

○   El pronombre *qué* puede ser sujeto: *¿***Qué** *pasa?*; objeto directo: *¿***Qué** *hay hoy para comer?*; o atributo: —*¿***Qué** *es eso?* —*Eso es un regalo para tu madre*, entre otras funciones.

○   El pronombre *quién* puede funcionar como sujeto: *¿***Quién** *ha llamado?*; objeto directo: *¿A* **quién** *has visto en el cine?*; objeto indirecto: *¿A* **quién** *le gusta madrugar?*; complemento de régimen: *¿De* **quién** *se acordó al verte?*; u otros complementos: *¿Con* **quién** *se ha ido a Las Vegas?*

○   El pronombre *cuál* puede ser, entre otras funciones, objeto directo: *¿***Cuál** *quieres?*; atributo: —*¿***Cuáles** *fueron sus explicaciones?* —*Sus explicaciones fueron estas.*

○   El pronombre *cuánto* desempeña la función de sujeto: *¿***Cuántos** *se han ido ya?*; objeto directo: *¿A* **cuántas** *veremos?*, entre otras funciones.

Existen también diferencias entre ellos:

● Algunos de ellos pertenecen a la clase de los pronombres y a otras clases de palabras:

○   Las formas *qué*, *cuál* y *cuánto*, además de ser pronombres, son adjetivos interrogativos cuando van seguidas de un nombre: *¿***Qué** *deberes te ha puesto el maestro?*; *¿***Cuál** **torneo** *es más prestigioso?*; *¿Durante* **cuántos años** *viviste en América?*

○   Por otra parte, *cuánto* puede ser también adverbio interrogativo: —*¿***Cuánto** *debo dormir cada noche?* —*Depende de tu edad.*

● Permiten hacer preguntas sobre distintas entidades:

○   Mediante el pronombre *qué* se pregunta por cosas, no por personas: —*¿***Qué** *te ha regalado?* —**Una novela** *de García Márquez que no había leído*; o por sucesos: —*¿***Qué** *ocurrió ayer?* —**Se produjo un grave accidente de tráfico.**

○   En cambio, con el pronombre *quién* se pregunta por personas, no por cosas: —*¿***Quién** *recibirá a los nuevos alumnos?* —**El director**. Por otra parte, *quién* puede utilizarse para preguntar por una persona o por una parte de las personas de un conjunto: *¿A* **quién** *quieres más? ¿A papá o a mamá?*

○   Con los pronombres *cuál* y *cuánto* se pregunta por personas: *¿***Cuál** *es la mujer que quiere hablar conmigo?*; *¿***Cuántos** *quieren ir al concierto?*; o por cosas: *¿***Cuál** *has vendido?*; *¿***Cuántas** *has suspendido?* E igual que pasa con *quién*, con estos dos pronombres se pregunta por un elemento o por una parte de los elementos de un conjunto: —*¿***Cuál** *te gusta más?* ~ —*¿***Cuál de los dos vestidos** *te gusta más? ¿El rojo o el amarillo?* —*Me quedaré el rojo*; —*¿A* **cuántas de ellas** *contratarás?* —*Solo hay trabajo para tres.*

12.5 Pronombres cuantificadores

Los pronombres cuantificadores, además de referirse a un nombre, evitando su repetición, sirven también para expresar cantidad. A continuación, se tratan algunos de los pronombres pertenecientes a esta clase.

Cuantificadores numerales cardinales

En los determinantes cuantificadores (§ 6.1.4.), se han visto los cuantificadores numerales cardinales y ordinales. Solo los primeros pueden funcionar como pronombres:

— Hay 5 patitos en el barco. Caen **2** al agua. ¿Cuántos patitos quedan en el barco? —Quedan **3**.

Los cardinales 2 y 3, referidos al nombre *patitos*, son pronombres cuantificadores numerales. Estos pronombres pueden ir seguidos de un grupo preposicional (§ 6.3.), introducido por la preposición *de*, que funciona como complemento del pronombre. Se indica así la cantidad exacta que se toma de un conjunto de elementos:

El autobús realizaba el trayecto Madrid-Alcalá de Henares cuando se salió de la vía. **Cuatro de los pasajeros** fallecieron en el acto.

El pronombre cuantificador todo

Las formas del pronombre cuantificador no numeral *todo* son las siguientes:

Tabla 12.9

	Masculino	Femenino
Singular	todo	toda
Plural	todos	todas

A ellas hay que añadir la forma neutra *todo*. La elección de una forma u otra depende del nombre al que se refiera el pronombre:

Le doy unas cuantas cucharadas de **puré** de alguna verdura y pollo, y no le entran más de cuatro, pero ayer se lo comió **todo**.
La primera **parte** de la serie se llama La Señora. Yo la vi **toda** en internet.
Convocamos una sesión de cuentos, y hubo una buena respuesta por parte de los **niños**. Cuando la sesión finalizó, **todos** se marcharon felices después de pasar un ratito con nosotros.
Yo escogí la obra y la sometí a votación entre un grupo de nueve **amigas**. **Todas** quisieron verla, y el resultado fue muy bueno. Nos reímos mucho y pasamos un rato muy agradable y divertido.
Es lector de novela negra, sobre todo de Agatha Christie, de quien se lo ha leído **todo**.

En los enunciados con el pronombre *todo* en plural, este cuantificador no numeral sirve para referirse a la totalidad de elementos de un conjunto identificado (los niños que asistieron a la sesión de cuentos y el grupo de amigas). En el último fragmento, la forma neutra *todo* se utiliza para referirse de manera general a un conjunto de cosas en su totalidad, a todas las cosas comprendidas en aquello de lo que se está hablando. En este caso, se trata de todas las novelas escritas por Agatha Christie.

Los pronombres cuantificadores poco, mucho, demasiado, bastante

Como los determinantes correspondientes (§ 6.1.4.), *poco*, *mucho* y *demasiado* varían en género y número; por su parte, *bastante* solo presenta modificación de número. Como los pronombres cuantificadores ya vistos, estos también se utilizan para referirse a un nombre del discurso, si bien designan una cantidad o un número en el conjunto de entidades designadas por el nombre. Además, igual que los determinantes correspondientes, establecen una valoración de la cantidad designada desde lo más bajo a lo más alto:

$$- \xrightarrow{\hspace{4cm}} +$$

Figura 12.1

La valoración de la cantidad y su ordenación están ejemplificadas en los siguientes enunciados:

> — *¿Cuántos* **días** *faltan para la llegada de los Reyes Magos?* —*Faltan* **pocos**.
> — *¿Los alumnos plantearon* **preguntas** *sobre el tema de la conferencia?* —*Sí, hicieron* **bastantes**.
> — *Ya no tienes casi* **granitos** *en la cara.* —*Ahora no, pero me salen* **muchos**.
> — *La reforma del puente durará 18* **meses**. —*Son* **demasiados** *con el tráfico cortado.*

En los ejemplos anteriores, el pronombre cuantificador aparece después del nombre al que se refiere; se trata, pues, de una referencia anafórica. No obstante, hay casos en los que la referencia es catafórica; esto es, primero aparece el pronombre y después el nombre introducido por la preposición *de*:

> **Muchos de los invitados** *llevaron platos de comida típica de Perú.*

Los pronombres cuantificadores alguno, ninguno

El pronombre *alguno* presenta las siguientes formas:

Tabla 12.10

	Masculino	Femenino
Singular	*alguno*	*alguna*
Plural	*algunos*	*algunas*

La variación formal depende del nombre al que se refiere el pronombre:

> *Los* **clientes** *están contentos, aunque* **alguno** *se ha quejado por los retrasos.*
> *Los personajes de los cuentos son* **mujeres**, *de* **alguna** *incluso se podría hacer una película.*
> *Invité a todos mis* **amigos** *a la fiesta y solo vinieron* **algunos**.
> *Faltan datos de varias* **candidatas** *porque* **algunas** *olvidaron anotarlos.*

Por su parte, el pronombre *ninguno* se emplea solo en singular, de manera que tiene únicamente flexión de género: *ninguno / ninguna*:

> *Los dos* **equipos** *empataron en una competición que* **ninguno** *quiso perder.*
> *Había* **mujeres** *con traje formal, con vestido corto no vimos* **ninguna**.

Los dos pronombres se utilizan para referirse a un nombre. En los ejemplos anteriores se observa que el nombre aparece antes del pronombre; en otros casos, el pronombre va primero y después está el nombre, precedido por la preposición *de*:

> En esta web puedes ver **algunos de los apartamentos** más atractivos de Madrid.

La función del pronombre *alguno* en singular es indicar un elemento no especificado de los posibles designados por el nombre al que se refiere. Si está en plural, su función es indicar una porción o un porcentaje del conjunto designado por el nombre al que se refiere:

> Escuchó las **preguntas** de los periodistas y respondió a **alguna**.
> El centro ofreció diez **asignaturas** optativas, pero solo se impartieron **algunas**.

Por su parte, la función del pronombre *ninguno* es negar la existencia de un elemento del conjunto designado por el nombre con el que se relaciona:

> Por más que busco los **fallos**, todavía no he encontrado **ninguno**.
> —Hay a la venta varias **plazas** de garaje. —No me interesa **ninguna**, son todas pequeñas.

En relación con la utilización del pronombre *ninguno*, hay que tener en cuenta que, si precede al verbo, este no lleva ninguna forma negativa; si se coloca después del verbo, este va con una negación:

> **Ninguno** de los profesores entrevistados **aprueba** a los alumnos que escriben con faltas de ortografía.
> La propuesta **no ha sido aceptada** por **ninguno** de los miembros del comité.

Los pronombres cuantificadores alguien, algo, nadie, nada

Estos pronombres son invariables, no presentan modificación de género ni de número. Entre ellos existen diferencias:

- *alguien* y *nadie* se refieren a personas; por su parte, *algo* y *nada* designan cosas:
  - —¿Conoces a **alguien** que me pueda traducir el texto? —Conozco a un **traductor** muy bueno.
  - Desde esta distancia no distingo a **nadie** / Desde esta distancia solo distingo a **mamá**.
  - Tráete **algo** de la cocina / Tráete unas **cervecitas** para todos.
  - No vi **nada** que pudiera comprar / Compré unas **muñecas** flamencas de recuerdo.

- *alguien* y *algo* se utilizan para indicar la existencia de una persona o una cosa en relación con lo que se dice en un enunciado:
  - ¿Ha venido **alguien** preguntando por mí? / ¿Han venido unos **alumnos** preguntando por mí?
  - Prepararé **algo** para cenar / Prepararé una **tortilla** de patatas para cenar.

- *nadie* y *nada* niegan la existencia de una persona o una cosa respecto a lo que se expresa en el enunciado:
  - No ha entrado **nadie** en la tienda / Han entrado dos **clientes** en la tienda.
  - No encontré **nada** que me llamara la atención / Encontré dos **juegos** que me llamaron la atención.

Por otra parte, cuando *nadie* y *nada* van antes del verbo, el enunciado no lleva ningún adverbio negativo; por el contrario, si estos dos pronombres van después del verbo, en el enunciado hay algún elemento de negación:

o **Nadie** *me* **ha acompañado** al médico; **Nada pude hacer** por ella.
o **No** *me* **ha acompañado nadie** al médico; **No pude hacer nada** por ella.

Ejercicio

4. Señala los pronombres interrogativos y cuantificadores de los fragmentos siguientes. A continuación, analiza la forma del pronombre, indica la unidad a la que se refiere y explica para qué sirve.

— *¿Con quiénes hablabas tan animadamente durante la fiesta?* —*Eso no es asunto tuyo.*
El accidente ha generado grandes retenciones. Dos de los heridos quedaron atrapados dentro del vehículo.
Siempre conseguía sorprender a los espectadores. Todos estaban entusiasmados con su fuerza y su energía.
— *Nosotros nos vamos de vacaciones la semana que viene. ¿Quieren venir?* —*¿Cuántos son en total?*
— *¿Cuántas investigaciones demuestran que el destino final de esa mercancía es Indonesia?* —*Hay bastantes.*
— *¿Cuántos años han pasado desde que Julia regresó de Argentina?* —*No lo recuerdo. Muchos.*
Tras las súplicas del indigente, los policías se miraron. Buscaron en sus bolsillos por si alguno llevaba un par de monedas.
¿Cuál es el precio mínimo de los vuelos directos desde Gran Canaria?
Vi muchísimos peces, pero no pude pescar ninguno.
— *Rodrigo, hoy te tocaba a ti buscar a las niñas en el colegio.* —*¿A quién le tocaba? Eso no es cierto, yo me ocupé ayer.*

Cuestiones para reflexionar y debatir

1. En la gramática española, los pronombres en función de sujeto, de objeto directo y de objeto indirecto se denominan también pronombres de **caso nominativo**, de **caso acusativo** y de **caso dativo**. Estos términos son herencia de la gramática latina. ¿Te parecen apropiados?
2. El pronombre personal *ustedes* se utiliza en algunas zonas como forma familiar y como forma cortés. ¿Te parece que ese uso crea confusión para saber si el hablante se dirige al oyente de manera familiar o de manera cortés y para que el oyente sepa, a su vez, cómo dirigirse al hablante?

Actividades de clase

1. Por parejas, lean los fragmentos siguientes. ¿Creen que hay problemas de ambigüedad para identificar las unidades a las que se refieren los pronombres destacados en negrita? Expliquen a qué unidades se pueden referir y, a continuación, comenten la respuesta con la clase.

La policía recogió los restos de comida de los dos apartamentos y luego **los** *examinó.*
Susana solía escribirle a su amiga Laura todos los domingos cuando **esta** *se mudó a Tejas.*

Los empleados se enteraron ayer mismo de que debían inscribirse en un curso que se celebra este fin de semana. **Eso les molestó muchísimo.**

2. Por parejas, observen los dos pares de enunciados siguientes. En cada par, indiquen cuál es el enunciado incorrecto, expliquen el error y corríjanlo.

   a) *Ninguno de ustedes quiso ayudar a Samuel.*
   b) *Quiso ayudar a Samuel ninguno de ustedes.*

   a) *En nuestra relación, nada tenía sentido.*
   b) *En nuestra relación, tenía sentido nada.*

3. En pequeños grupos, busquen un texto que contenga, al menos, cinco pronombres personales diferentes. Reescriban el texto, sustituyendo los pronombres por las unidades a las que se refieren. Observen las repeticiones que se producen y reflexionen sobre la importancia del uso de los pronombres en español.

NOTAS

1. Los pronombres relativos se tratan en el capítulo 6 (§ 6.4.).
2. No obstante, en algunas zonas de España (parte de Andalucía) y en el español de Guinea se utilizan los pronombres *usted* y *ustedes* con la segunda persona del verbo:

   Dime usted *qué quieres*; **Ustedes haréis** *lo que yo ordene.*

   en vez de:

   Dime tú *qué quieres* ~ **Dígame usted** *qué quiere*; **Vosotros haréis** *lo que yo ordene* ~ **Ustedes harán** *lo que yo ordene.*

3. Se tratan en el punto *Función sintáctica*, que figura a continuación.
4. Está muy difundido en América, cuando hay varios interlocutores, usar en plural el objeto directo *lo*, cuando gramaticalmente sería invariable: *se los dije*, en lugar de *se lo dije* (*a ustedes*).
5. El uso del pronombre *le / les* en función de objeto directo cuando el pronombre se refiere a una cosa. Este uso, extendido por el área central y noroccidental de Castilla y por zonas de América en las que el español está en contacto con otras lenguas, no se corresponde con la norma general.

   A ver si puedo cambiar de **coche**, *que* **le** *tengo ya muy viejo* / *A ver si puedo cambiar de* **coche**, *que* **lo** *tengo ya muy viejo.*
   Sabía que **los beneficios** *no eran para rechazarles* / *Sabía que* **los beneficios** *no eran para rechazarlos.*

   Por otro lado, resulta desaconsejable utilizar el pronombre *le* en lugar de *la* como objeto directo en femenino: *a Ana le veo cansada.*

Parte V

Gramática y escritura

Capítulo 13

Gramática y puntuación

Resumen

Este capítulo presenta el modo en que la gramática fundamental del español se refleja y representa en la lengua escrita, especialmente a través de la puntuación. Los apartados que componen el capítulo son los siguientes:

Los signos de puntuación
Usos obligatorios y opcionales de los signos
El establecimiento de conexiones
Estructuras esenciales y no esenciales
El énfasis

La lectura y comprensión de este capítulo permitirán:

- Conocer los signos de puntuación con función delimitadora y su uso.
- Conocer los signos de puntuación indicadores de modalidad y su uso.
- Conocer los signos indicadores de estructuras no esenciales o de discurso secundario.
- Conocer recursos para expresar énfasis.
- Advertir las principales diferencias entre la puntuación en español y en otras lenguas.

13.1 Los signos de puntuación

Los signos de puntuación son las marcas ortográficas que permiten organizar y caracterizar los enunciados con el fin de hacer posible su comprensión. Mediante los signos ortográficos se hacen visibles las relaciones gramaticales entre los componentes de un texto. Estas relaciones gramaticales, especialmente las sintácticas, suelen reflejar la disposición lógica de los elementos que constituyen un texto. Sin embargo, la puntuación no es un recurso puramente lógico, sino lingüístico.

Mediante los signos de puntuación se ordena y se categoriza la información del discurso o texto, se evitan ambigüedades y se marcan elementos lingüísticos específicos, como la reproducción literal del discurso de un hablante, entre otros. En la lengua española, como en muchas lenguas del mundo, las funciones principales de los signos de puntuación son las siguientes:

- Indicar los límites de las unidades del discurso o del texto. Estas unidades pueden ser enunciados, oraciones, grupos de palabras o partes de ellos.
- Indicar la modalidad de los enunciados. Las modalidades principales son tres: enunciación o aseveración (*Hace calor*), interrogación (*¿Hace calor?*) y exclamación (*¡Hace calor!*) (§ 3.5.).
- Indicar la omisión de una parte del enunciado (*A quien madruga . . .*).[1]

El uso de los signos de puntuación tiene que ver, pues, con criterios gramaticales y semánticos y no con características fonéticas de la lengua hablada. Hay quienes piensan que las pausas, la respiración o la entonación de la lengua hablada son las marcas que indican dónde deben utilizarse los signos de puntuación. Sin embargo, esto no es así, ya que tales signos no dependen de la pronunciación, sino de la gramática de los enunciados y oraciones, así como de su significado. A modo de ejemplo, esta es la razón por la que nunca debe escribirse coma (,) entre un sujeto y su predicado, aunque en la lengua hablada pueda hacerse una pausa interna:

Quienes quieren participar en el sorteo **[Ø]** *deben apuntar su nombre en un papel.*

En todo caso, la pronunciación de un texto escrito sí depende de cómo se haya utilizado la puntuación.

Ejercicio

1. En los enunciados siguientes, añade los puntos, las comas y los signos de interrogación y de exclamación, según las funciones que correspondan.

> *Había visitado los museos más importantes de Europa sabía de arte y conocía las obras de los autores clásicos*
> *Aunque no firmen el acuerdo mantendrán las relaciones comerciales*
> *Si vienes tarde no podremos ir al cine*
> *Qué susto me has dado*
> *Quién es tu jugador favorito*
> *Lo siento Alexandra no podemos confiar en ti*
> *Como no estaba seguro preguntó: cuántos días faltan para Navidad*
> *Cuánto tiempo hace que trabajas para esta compañía No lo recuerdo*

13.2 Usos obligatorios y opcionales de los signos

El uso de los signos de puntuación es obligatorio en la mayor parte de las ocasiones, aunque también hay usos opcionales. El uso obligatorio afecta a la marca de límite final de las oraciones, así como al límite inicial y final de los enunciados interrogativos y exclamativos, y de los elementos en función de vocativo:

- *Hoy es viernes.* Límite final indicado mediante punto (.)
- *¿Hoy es viernes?* Límite inicial y final de interrogación (¿?)
- *¡Hoy es viernes!* Límite inicial y final de exclamación (¡!)
- *Mira, Luisa, por la ventana.* Límite del vocativo mediante coma (,)

En muchas lenguas del mundo no se usa el signo de apertura de la interrogación y de la exclamación, sino solamente el de cierre. En español, sin embargo, el signo de apertura es obligado porque es la única marca que indica, desde el comienzo, de qué modalidad de enunciado se trata. En un enunciado como *¿Hoy es viernes?*, si no se usa el signo de inicio de interrogación o de exclamación, no se sabe hasta el final del enunciado con qué entonación debe leerse. Si la oración es breve, no supondría un problema grave prescindir de la marca inicial, pero puede haber dificultades cuando los enunciados son largos. En cuanto a los vocativos, la coma que marca su inicio no es necesaria cuando estos van al comienzo del enunciado: *Luisa, mira por la ventana.*

Por otra parte, los signos de puntuación que son opcionales tienen un uso que depende de razones personales de quien escribe, tanto para su aparición o ausencia, como para la elección entre posibles alternativas. En este caso, el uso de la puntuación no responde a razones estrictamente gramaticales o semánticas, sino a razones de estilo.

Ejercicio

2. Observa el uso de los signos de puntuación de este texto y distingue los que son obligatorios de los opcionales.

   Ausencias

   Ellos siempre llegan antes de la hora para coger sitio, todo el mundo sabe que el día que viene el médico hay mucho ambiente y tienes que estar atento para que no te quiten la vez. Además de que, si te despistas y llegas un poco más tarde, puede que los sanitarios hayan partido al galope al siguiente pueblo. Es una carrera a contrarreloj.

   — Hola, Emilia, ¿qué tal estás? Hace tiempo que no nos vemos, ¿han venido los nietos este año? —gorjea un anciano que, a pesar de apenas poder moverse por la deformación de sus piernas que lo convierten en permanente jinete, sonríe a través de unas gafas de culo de vaso.

   — Hola, hijo. Sí, mis niños han venido, ya sabes que en esta época Madrid es un infierno. Han crecido tanto. . . Y yo, aquí, parezco un pajarito de lo débil que estoy —ríe con tristeza—, estoy muy mal.

   (Clara Nuño. El reverso. 2018)

13.3 El establecimiento de conexiones

La puntuación constituye un sistema de marcas que permite establecer conexiones entre distintas partes de una oración, un enunciado, un discurso o un texto. De esta manera, se contribuye a saber qué tipo de relación establecen unas partes con otras. Esto se consigue de diferentes formas, entre las que destaca la identificación de los límites de cada parte o unidad gramatical y discursiva. La función delimitadora de unidades gramaticales es una de las más importantes de los signos de puntuación. Esta función supone marcar los límites entre distintos tipos de unidades de los discursos: enunciados, oraciones o esquemas oracionales, grupos de palabras . . . Los signos delimitadores fundamentales son el punto (.), la coma (,), el punto y coma (;) y los dos puntos (:).

13.3.1 Límites y conexiones gramaticales

El punto

El punto (.) sirve para marcar el final de una oración, un enunciado, un párrafo o un texto. El uso del punto obliga a que la letra inicial siguiente se escriba siempre con una mayúscula:

   Hoy es domingo. Mañana es lunes.

Existen varias clases de puntos, dependiendo del tipo de unidad que se cierra.

- *Punto y seguido*: cuando finaliza una unidad y en la misma línea de escritura se inicia otra unidad. Generalmente, las ideas transmitidas por ambas unidades presentan una clara conexión.
- *Punto y aparte*: cuando finaliza una unidad y la unidad siguiente inicia párrafo nuevo.
- *Punto final*: cuando finaliza un texto o una de sus partes principales (por ejemplo, un capítulo de un libro; una cita larga de un discurso).

Existen casos de final de unidad en los que no es necesario utilizar el punto final. Esto puede ocurrir en el título de un texto, en el nombre del autor de un texto en portadas, cubiertas o firmas, en el título de cuadros o ilustraciones, en los eslóganes publicitarios o en las direcciones electrónicas, entre otros. Existen asimismo casos en los que el punto no marca el final de una unidad gramatical o discursiva: en las abreviaturas (*p.e.*; *pág.*; *EE. UU.*), en las enumeraciones (*a.*, *b.*, *c.*) o en la separación de sílabas (*gra.má.ti.ca*), entre otros.

En los casos en que el punto aparece junto a otro signo de puntuación, debe tenerse en cuenta lo siguiente:

- Cuando el punto aparece junto a un paréntesis, una raya, un corchete o unas comillas de cierre, el punto ha de escribirse detrás de ellos, no delante:

  ○ *Mañana va a hacer frío (creo).*
  ○ *En la puerta había un cartel que decía: "Se buscan empleados/as. (A tiempo parcial)".*
  ○ *No quiero verte —me dijo enfadado—.*

- Detrás de los signos de cierre de interrogación (?) y de exclamación (!), así como detrás de los puntos suspensivos (. . .), nunca se escribe punto, ya que esos mismos signos lo incluyen en su forma:

  ○ *¿Vienes? ¡Qué bien! Cuando se lo diga a los demás . . .*

- Ahora bien, si detrás de los signos de cierre de interrogación y exclamación, o de los puntos suspensivos, se usa un paréntesis, una raya, un corchete o unas comillas de cierre, el uso del punto es obligado, ya que estos últimos no incluyen un punto en su forma:

  ○ *La jefa dijo: "¡Vámonos! ¿Quién quiere salir primero?".*

La coma

La coma (,) es el signo de puntuación que más dudas origina en su uso, dadas sus excepciones y alternativas. Es un signo cuya función no es marcar dónde debe respirar el hablante, sino ayudar a identificar unidades gramaticales y semánticas.

En español, la coma tiene entre sus fines principales el de delimitar oraciones subordinadas (causales, finales, condicionales, concesivas, consecutivas, comparativas). En estos casos, el lugar en que debe escribirse la coma es delante de la conjunción correspondiente, cuando no se inicia con ella el enunciado, y al final de la oración, cuando la coma no concluye el enunciado.

*Los niños, **puesto que** querían divertirse, salieron a la calle.*
*Tengo que trabajar por las noches, **ya que** la empresa ofrece un nuevo servicio.*
Aunque siempre llega tarde, nunca se enfadan con él.

En el caso de las oraciones causales introducidas por la conjunción *porque*, no se usa la coma cuando se expresa la causa real de la oración principal, pero sí cuando la explica o justifica.

> *Bebo porque tengo sed* (sin coma).
> *Quiere venir, porque así me lo ha dicho* (con coma).

Algo similar ocurre con las oraciones finales, condicionales y concesivas: no se usa coma si expresan la finalidad, la condición o el impedimento de la oración principal, pero sí cuando se expresa la finalidad, la condición o el impedimento con que se ha emitido la oración principal y la subordinada va pospuesta:

> *Tienes que practicar para tocar bien el piano / Para tocar bien el piano, tienes que practicar.*
> *Se presentará al concurso, para que lo sepas.*

> *Riega las flores si no quieres que se mueran / Si no quieres que se mueran, riega las flores.*
> *Dime la verdad, si no te importa.*

> *Te compraré un vestido aunque sea caro / Aunque sea caro, te compraré un vestido.*
> *Ha conseguido el primer premio, aunque no te lo creas.*

Las oraciones comparativas no llevan coma entre los dos miembros que las componen. Sin embargo, en las oraciones consecutivas siempre se usa coma.

> *Deseaba **tanto** volver a casa **como** continuar la reunión.*
> *Todos aprobaron el examen, **así que** se fueron de fiesta.*

Por otra parte, la coma sirve también para marcar relaciones y límites entre otros elementos gramaticales. Así, puede aparecer delimitando adverbios, grupos adverbiales y grupos preposicionales:

> *Generalmente, los veranos son calurosos.*
> *Con seguridad, los diplomas se repartirán el último día del curso.*
> *Respecto a las redes sociales, su difusión ha crecido en todos los continentes.*
> *En cuanto a tus padres, diles que me gustaría saludarlos.*
> *Estas mesas, según mi criterio, son muy pequeñas.*

La coma también puede aparecer separando elementos coordinados en una serie, si bien en este caso el último elemento **no** debe ir precedido de coma, sino solamente de la conjunción correspondiente:

> *Me gustan las naranjas, las manzanas, las peras* [Ø] *y las ciruelas.*

A todos estos usos de la coma hay que añadir otros, como los siguientes:

- Marcar elisiones verbales (por ejemplo, *Dos por dos, cuatro ~ Dos por dos son cuatro; a Álex le gusta el piano y a Carlos, la guitarra ~ A Álex le gusta el piano y a Carlos le gusta la guitarra*).

- Marcar el lugar en las fechas (por ejemplo, *Madrid, 26 de julio*).
- La coma puede usarse detrás del punto de las abreviaturas y de los signos de interrogación y exclamación (por ejemplo, *Lunes, martes, etc., son días de la semana; ¿Vienes conmigo?, pues dame la mano*).

De acuerdo con la *Ortografía* de las Academias de la Lengua, si no se plantean dudas o problemas de segmentación, las comas son opcionales, aunque siempre es preferible ponerlas, como en este ejemplo: *¿Cómo, si no, reconoceríamos al culpable? ~ ¿Cómo, si no fuera por esta información, reconoceríamos al culpable?*

El punto y coma

De forma general, el punto y coma (;) cumple funciones similares a la coma, aunque la relación de significado entre las unidades gramaticales conectadas suele ser menos fuerte que en los casos en que se usa la coma. El punto y coma, a su vez, supone un límite final menos marcado que en el caso del punto. Por lo tanto, muchas comas podrían ser sustituidas por punto y coma, sin que ello suponga más diferencia que la de marcar una pausa de forma más o menos intensa:

Pedro viene a visitarme los jueves; generalmente.

A la vez, algunos puntos y seguido podrían ser sustituidos por punto y coma, sin que exista más diferencia que la de marcar una pausa de manera algo menos intensa:

Cada vez que los vecinos se veían, discutían; no se sabe por qué.

Esta similitud con los usos de la coma explica que el punto y coma comparta con ella algunas de sus dificultades. Téngase en cuenta, además, que el grado de relación o disociación entre dos unidades puede responder a intenciones y percepciones subjetivas de la persona que escribe. La letra que sigue al punto y coma es minúscula, salvo en los casos de uso obligatorio de la mayúscula.

Cuando varios grupos de palabras u oraciones aparecen coordinados, el punto y coma se utiliza para separar cada uno de ellos, si tienen cierta longitud y, a su vez, incluyen comas. En estos casos, también puede usarse punto y coma si el último componente de la serie es la palabra *etcétera* o su abreviatura (*etc.*):

Los equipos ciclistas se distribuyeron de esta forma: los alemanes, en primer lugar; los españoles, en segundo lugar; y los franceses, en tercer lugar.

Las cigarras cantan durante toda la estación del verano; pero, cuando llegan las lluvias, dejan de cantar.

Las tareas asignadas a los niños incluían: recoger los utensilios de pintura; lavarse las manos; ordenar las sillas; etc.

Finalmente, el punto y coma también puede usarse delante de conectores del discurso, cuando las oraciones conectadas no son demasiado largas, ya que en su lugar se utiliza el punto:

El enfermo debía tomar la medicina durante dos meses; sin embargo, no pudo comprar pastillas suficientes.

El nuevo empleado conocía muy bien el oficio; así pues, no tuvo que recibir una formación previa.

Los dos puntos

Los dos puntos (:) son un signo que permite delimitar unidades gramaticales, pero que, al mismo tiempo, tiene un valor anunciativo. En español, detrás de los dos puntos se escribe minúscula, salvo que se trate de una cita literal y esta se inicie con mayúscula:

Estas serán tus obligaciones: fregar y barrer.
Como dijo Cervantes Quijote: "la experiencia, madre de las ciencias".

Los dos puntos no deben utilizarse si no aparece una oración anticipadora previa ni para separar dos elementos de un mismo grupo u oración, a menos que el segundo se disponga en forma de listado:

Las mañanas vamos a dedicarlas a:

- *asearnos,*
- *hacer ejercicio físico,*
- *leer.*

Los dos puntos no deben utilizarse en oraciones o enunciados consecutivos. Sí se utilizan, en cambio, detrás de algunas locuciones anticipadoras específicas como las siguientes: *a saber*; *es decir*; *en conclusión*; *más aún* . . . También son de uso frecuente en los títulos como separadores de dos elementos (por ejemplo, *La revolución tecnológica: aspectos sociales*). Y los dos puntos son de uso tradicional y obligado en cierto tipo de documentos: certificados (seguidos de aparte y de inicial en mayúscula, como en *El decano CERTIFICA: Que*); saludos en cartas y correos (seguidos de aparte y de inicial en mayúscula, como en *Querido amigo: Espero que te encuentres bien*). Téngase en cuenta que, en inglés, tras los saludos en cartas y correos se utiliza coma, mientras que en español se usan dos puntos.

Ejercicio

3. Lee estos fragmentos y añade los signos de puntuación (punto, coma, punto y coma o dos puntos) donde corresponda.

Las primeras palabras entre Montaner y Hurtado fueron poco amables Montaner hablaba con una seguridad de todo algo ofensiva se creía sin duda un hombre de mundo Hurtado le replicó varias veces bruscamente Los dos condiscípulos se encontraron en esta primera conversación completamente en desacuerdo Hurtado era republicano Montaner defensor de la familia real Hurtado era enemigo de la burguesía Montaner partidario de la clase rica y de la aristocracia
(Pío Baroja. *El árbol de la ciencia*. 1911. Adaptado)

El té matcha siempre ha sido caro debido a su larga y delicada manufactura pero se puede encontrar de distintos precios y clases incluso de origen orgánico Considerado el té más potente del mundo su sabor es muy especial herbáceo amargo y con un "posgusto" dulzón Entre todos los tés verdes el mejor sin duda.
(Ana Marcos. *Té matcha, oro verde*. Tiempo. 2017. Adaptado)

13.3.2 Puntuación y modalidad

Además de la función delimitadora, los signos de puntuación también pueden ser identifica-dores de modalidad (§ 3.5.); es decir, pueden marcar los enunciados informando al lector sobre la actitud e intención con que se han escrito. Esta intención puede ser la de aseverar o enunciar (afirmando o negando), la de preguntar, la de exclamar (para mostrar sorpresa, admiración, indignación . . .) o la de omitir u ocultar una información. Para ello se utilizan tres tipos de signos fundamentalmente:

- los signos de interrogación (¿?)
- los signos de exclamación (¡!)
- los puntos suspensivos (. . .)

Los signos de interrogación y de exclamación

La función principal de estos signos es representar las modalidades enunciativas de la interro-gación y la exclamación en su forma directa. Al mismo tiempo, estos signos permiten delimitar este tipo de enunciados marcando su inicio y su final. Por esta razón son signos dobles (de apertura y de cierre), y no se recomienda prescindir de la apertura por comodidad o imitación de las normas ortográficas de otras lenguas.

En las oraciones interrogativas directas, se puede prescindir del signo doble cuando estas forman parte de un título (por ejemplo, *Cómo dejar de fumar*) o cuando se trata de preguntas retóricas, cuya intención no es realmente preguntar (por ejemplo, *Quién te va a querer más que yo*). En las oraciones exclamativas, se puede prescindir del signo doble cuando la exclamación está integrada en un enunciado más amplio (*Uy, no sabía que estabas aquí* ~ *¡ Uy!, no sabía que estabas aquí*).

En la escritura de los signos dobles de interrogación y exclamación, además de la necesidad de su uso, hay que tener en cuenta:

- que no se escribe espacio entre estos signos y las letras que van inmediatamente delante o detrás (*¿ Vienes ?*);
- que los signos han de escribirse en los lugares exactos en que terminan tales enunciados (*En cuanto a Alejandro, ¿cuándo crees que llegará?*; *Si vamos al cine juntos, ¡cuánto nos vamos a divertir, ya verás!*);
- que, cuando el enunciado interrogativo o exclamativo aparece tras las conjunciones y u o, estas también se escriben entre los signos dobles (por ejemplo, *¿Y qué te dijo el profe-sor?*); sin embargo, cuando aparece tras la conjunción *pero*, esta puede escribirse tanto antes del signo de apertura, seguida de coma como después (**Pero,** *¡quién te has creído que eres!* / *¡Pero quién te has creído que eres!*);
- que, cuando se escriben dos o más de estas oraciones seguidas, se pueden considerar, bien como enunciados independientes y, por lo tanto, comenzar con mayúscula *¿Quién ha dicho eso? ¿Cómo te has enterado de eso?*); bien como oraciones de un mismo enunciado y, por lo tanto, separarse mediante comas y comenzar con minúscula (*¡Qué raro eres!, ¡qué cosas tan extrañas dices!*);
- que los signos de interrogación y exclamación pueden combinarse cuando la actitud del que escribe sea ambigua entre esas modalidades (*¿¡Cómo has podido saltar tan alto?!*; *¿¡Pero qué dices?!*);

- que en enunciados con una especial expresividad (en publicidad, literatura . . .) pueden usarse varios signos (*¡¡¡Mentiroso!!!*);
- que los signos son incompatibles con el punto, pero no con la coma, el punto y coma o los dos puntos, que aparecen pospuestos a los signos de interrogación o exclamación (*¿Sabes?, hoy me acostaré temprano*).

Así pues, para usar apropiadamente los signos de modalidad, deben recordarse las siguientes orientaciones generales:

- En español se utilizan dos signos de interrogación y exclamación, uno de apertura y otro de cierre. No es recomendable usar solo el de cierre:
  - *¿Qué tiempo hace?*, no **Qué tiempo hace?*
  - *¡Por fin hace sol!*, no **Por fin hace sol!*
- Entre los signos de interrogación o exclamación y las palabras que los siguen o los preceden no debe dejarse ningún espacio en blanco:
  - *¿**Te** vienes a la **cafetería**?*, no **¿ Te vienes a la cafetería ?*
  - *¡**Hemos** pasado un día **estupendo**!*, no **¡ Hemos pasado un día **estupendo** !*
- Detrás de un signo de interrogación o exclamación de cierre no debe escribirse un punto, puesto que el punto ya está incluido en el mismo signo:
  - *¿Has saludado a Pedro?*, no **¿Has saludado a Pedro?.*
  - *¡Me he cansado mucho!*, no **¡Me he cansado mucho!.*

Los puntos suspensivos

Los puntos suspensivos (. . .) expresan una omisión voluntaria o una suspensión del contenido del enunciado. La suspensión puede deberse a fines expresivos, de suspense, de insinuación, de duda . . . En las series de oraciones o grupos, los puntos suspensivos también pueden equivaler al uso de la abreviatura "*etc.*".

Los puntos suspensivos son tres y la palabra siguiente se escribe con mayúscula inicial. En este sentido, funcionan como un punto: por eso son incompatibles los puntos suspensivos y el punto. Sin embargo, en aquellos enunciados en los que no existen dos enunciados, sino solamente uno, detrás de los puntos suspensivos se escribe minúscula:

*Para mi cumpleaños, quiero que me regales . . . **No** sé realmente lo que quiero.*
*Para mi cumpleaños, quiero que me regales . . . **un** libro.*

13.4 Estructuras esenciales y no esenciales

Los signos de puntuación ayudan a identificar, delimitar y establecer las conexiones entre los elementos gramaticales de los enunciados y las oraciones. Algunos de esos elementos resultan esenciales para la comunicación, puesto que no puede prescindirse de ellos si se quiere que los lectores interpreten de forma completa y adecuada un enunciado. De este modo, una oración subordinada, marcada por comas, resulta esencial para la información transmitida en un texto.

En el discurso, sin embargo, se recurre con frecuencia a estructuras que no son esenciales para la información que se transmite, pero que ayudan a completarla, explicarla o matizarla. Este es el caso de las aposiciones explicativas, de las oraciones de relativo explicativas y, muy especialmente, de los incisos, que se intercalan en un enunciado para aportar una información marginal, complementaria o explicativa (§ 6.5.). También es el caso de elementos que aportan información subjetiva, como duda, ironía, sospecha, atenuación: por ejemplo, *Este sobre,* **creo***, está cerrado;* **Bueno***, siempre se sale con la suya.*

Además de las comas, los signos de puntuación que se suelen utilizar para marcar las estructuras no esenciales son los paréntesis (( )), los corchetes ([ ]) y la raya (—). Estos signos interrumpen un enunciado principal para introducir un componente diferente.

Los paréntesis y los corchetes

Los paréntesis "( )" son un signo doble, con apertura y cierre, y sirven para enmarcar una información secundaria dentro de un enunciado:

> *La reunión será en Madrid* **(España)** *durante el mes de enero.*

Sin embargo, los paréntesis también ofrecen algunos usos auxiliares. Uno de estos usos es el de marcar elementos alternativos a los principales utilizados en un discurso (por ejemplo, *Dime el* **(los)** *año***(s)** *en que conviviste con ella.*

En español, cuando los paréntesis se usan junto al punto, la coma, el punto y coma y los dos puntos, estos se escriben siempre después del paréntesis de cierre, incluso cuando el texto entre paréntesis sea un enunciado o una oración completa:

> *El paquete llegará el lunes* **(***si no me han engañado***).**
> *El teléfono se calentaba mucho.* **(***Tenía un problema de batería***).**

El enunciado u oración incluidos dentro de un paréntesis siempre lleva su propia puntuación, que se ajusta a los criterios generales.

Los corchetes "[ ]", por su parte, son un signo doble que sigue los criterios generales que se aplican a los paréntesis. Sin embargo, presentan algunas peculiaridades:

● Se usan si es necesario introducir alguna información complementaria dentro de un enunciado que ya va entre paréntesis: *(Dos años más tarde [2012] publicó un nuevo libro).*
● Se usan enmarcando tres puntos para señalar la omisión de un fragmento en la transcripción de un texto: *"Después de varios días [. . .], decidió escapar".*

La raya

La raya "—" es un signo ortográfico que puede usarse como doble o como simple. Cuando el signo es doble, apertura y cierre, sus funciones son similares a las de los paréntesis, ya que introduce un enunciado secundario o una información complementaria respecto de una principal.

> *Los países europeos en el Mediterráneo occidental —España, Francia, Italia— son exportadores de vino.*
> *"Es necesario —declaró el presidente del gobierno— invertir más fondos en servicios sociales".*

La forma de la raya no debe confundirse con la del guion "–" ni con el signo matemático menos "-", ambos de menor tamaño. Cuando se trata de textos narrativos, la raya sirve para introducir o delimitar los comentarios y las intervenciones de cada personaje:

> —Sus ejercicios me han decepcionado —dijo la profesora con gesto serio.
> —Dame la mano —añadió la mamá—. No quiero que te pierdas.
> —¡Vaya problema! —exclamó el alcalde—. No debí autorizar esa obra . . . —comentó.

Ejercicio

4. Explica el uso de la raya, los paréntesis y los corchetes en las oraciones siguientes.

> —¿Y a aquella joven? —le preguntó—. ¿Se la acusa de algo? —insistió el hombre.
> El presidente retirará el Grupo de Operaciones Especiales (GOPE) de la zona del conflicto.
> Una mañana [. . .], desapareció sin avisar.
> Su hermano trabajaba en la Universidad de Cardiff (Reino Unido).
> Una de las últimas novelas de Benito Pérez Galdós (algunos consideran su obra Fortunata y Jacinta [1886-1887] la mejor novela española del siglo XIX) fue El caballero encantado.
> Este festival de cine es —¡cómo ponerlo en duda!— el acontecimiento cinematográfico más importante del año.
> Vendemos aceite, vino, miel y todo tipo de cereales (trigo, arroz, mijo y cebada).
> Tiene dudas sobre el(los) beneficio(s) de pertenecer a la asociación.

13.5 El énfasis

La escritura permite la identificación de intenciones, percepciones y emociones que la persona que escribe ha querido transmitir para llamar la atención o para dar énfasis a determinados elementos del texto. Con este fin existen signos de puntuación diferentes, que cumplen funciones particulares. Entre esos signos pueden incluirse las comillas, los dos puntos, los asteriscos, los signos de exclamación, las mayúsculas o tipos de letras diferenciados, entre otras marcas. Todas ellas, de un modo u otro, le dan énfasis a un enunciado o a una parte de él.

Las comillas son un signo doble, apertura y cierre, que indica que el discurso enmarcado por ellas tiene un valor especial. Muy frecuentemente, marcan un discurso diferente del principal, emitido supuestamente por otro interlocutor; se trata de citas de enunciados producidos por emisores diferentes al autor del texto. Las comillas también se usan para la reproducción de pensamientos.

> Como dijo García Márquez: "El amor es eterno mientras dura".
> "Esta es mi gran oportunidad", pensó el joven principiante.

En español se emplean tres tipos de comillas: las angulares, también llamadas latinas o españolas (« »), las inglesas (" ") y las simples (' '). En los textos impresos en español, se recomienda utilizar las comillas angulares, mientras que los otros tipos se utilizan para entrecomillar un fragmento ya entrecomillado. En cualquier caso, en la escritura a mano o en medios informáticos, las comillas inglesas (" ") son de uso más frecuente. Las comillas simples se utilizan también para definir una palabra o explicar su significado (bebida: 'líquido que se bebe').

Además de las comillas, también sirven para llamar la atención del lector algunos signos ya explicados, como los dos puntos, que resaltan el enunciado siguiente, o los signos de exclamación, que expresan con énfasis la sorpresa, el enfado u otras actitudes.

La persona que escribe también puede resaltar elementos gramaticales o llamar la atención del lector mediante otros recursos gráficos:

Tipos de letras: *cursiva*, **negrita** . . .

Asterisco (*): generalmente, sirve de llamada para una información que se ofrece en forma de nota.[2]

MAYÚSCULAS: no es un recurso aconsejado en alternancia con las minúsculas.

Subrayado: recurso casi exclusivo de la escritura a mano.

Cuestiones para reflexionar y debatir

1. Los signos de apertura de interrogación y exclamación son de uso obligado en español. Sin embargo, el manejo de dispositivos electrónicos parece favorecer el uso exclusivo de los signos de cierre. ¿Sería conveniente prescindir de los signos de apertura en la escritura? ¿Consideras que el uso de esos signos es una marca de formalidad en el mensaje?
2. La ortografía, incluida la puntuación, no es inalterable a lo largo del tiempo, sino que está sujeta a modificaciones y reformas. De hecho, muchos de los criterios ortográficos no están fijados de modo absoluto, admiten variación. Teniendo en cuenta la importancia de los signos de puntuación para la organización gramatical y para la comprensión de un texto, ¿crees que hay aspectos ortográficos que deberían reformarse? ¿Cuáles serían?

Actividades de clase

1. Escoge un artículo de un periódico y marca todas las comas que aparezcan. Intenta identificar qué funciones cumplen las comas del texto y a qué tipo de unidades gramaticales afectan.
2. Por parejas, una persona lee un texto en voz alta y la otra intenta escribir el texto marcando todos los signos de puntuación del texto leído.

NOTAS

1. Esta expresión forma parte del refrán *A quien madruga, Dios le ayuda*, que se interpreta como 'Hay que actuar o trabajar con rapidez y cuidado para conseguir lo que se pretende'.
2. En lingüística el asterisco, antepuesto a una construcción, sirve para indicar que es incorrecta.

Capítulo 14

Gramática y retórica

Resumen

Este capítulo presenta el modo en que la gramática del español se refleja y representa en el discurso, especialmente en la lengua escrita. Los apartados que componen el capítulo son los siguientes:

Gramática y escritura
Coherencia y cohesión
Retórica textual
Elementos de estilo

La lectura y comprensión de este capítulo permitirán:

* Reconocer la importancia de la escritura para la gramática de un texto.
* Construir estructuras discursivas con coherencia y cohesión.
* Apreciar la importancia del ritmo en la creación del discurso.
* Advertir las principales diferencias entre los estilos discursivos en español y en otras lenguas.

14.1 Gramática y escritura

La expresión escrita tiene muchos elementos en común con la expresión hablada, pero también elementos diferenciadores. Entre los elementos comunes a ambos modos de expresión, están el sistema de significados y el sistema gramatical. Entre los elementos diferenciadores de la escritura y la oralidad, están el soporte físico o la linealidad, dado que en la lengua hablada puede producirse superposición de mensajes, pero no en la escritura. De hecho, escritura y oralidad son dos manifestaciones de las lenguas naturales, aunque la primera sea subsidiaria de la segunda, dado que existen lenguas naturales sin escritura, pero no lenguas naturales sin oralidad.

La gramática de la lengua escrita y de la lengua hablada es fundamentalmente la misma. Esto quiere decir que el hablante puede utilizar los recursos de la gramática de su lengua indiferentemente del modo en que se materialice. Si entendemos la gramática como el sistema que organiza y distribuye los componentes de la lengua, puede decirse que la gramática es previa a la escritura. Si entendemos la gramática como un conjunto de normas que se aplican para un buen uso de la lengua, la invención de la escritura es anterior a la elaboración de las gramáticas.

La gramática mantiene una estrecha relación con la organización del pensamiento, por lo que la escritura también está vinculada con esa organización. De hecho, la relación entre pensamiento y gramática encuentra en la escritura una de sus expresiones. La escritura permite la expresión del pensamiento, a la vez que contribuye a su formación y organización. Generalmente, se acepta que quien piensa bien escribe bien; de la misma manera que el que escribe bien piensa bien.

El ejercicio de la escritura exige una ordenación y una claridad en los mensajes que desean comunicarse. Por lo general, aquellas personas que no organizan sus pensamientos de una forma ordenada y clara suelen producir textos escritos (notas, mensajes, discursos) menos claros, precisos y coherentes. Pero la escritura no es producto de una habilidad innata, sino que debe aprenderse y practicarse para conseguir los efectos deseados en la comunicación.

Para la práctica de la escritura o redacción, conviene conocer las marcas y elementos que le son propios. Estos elementos afectan a todos los niveles de la lengua y, aunque mantienen un vínculo con la lengua hablada, presentan peculiaridades. Es aconsejable escribir de manera natural; es decir, escribir como se habla. Sin embargo, esta recomendación debe entenderse de una forma apropiada, dado que los enunciados escritos no coinciden exactamente con los enunciados equivalentes de la lengua hablada. Escribir como se habla significa practicar la escritura sin complicar innecesariamente los mensajes que se quieren comunicar mediante enunciados.

Para hacer que un discurso sea eficaz en relación con la intención con que se produce (describir, explicar, persuadir, conmover) es importante que presente una retórica adecuada; es decir, que responda a una adecuada organización y a una buena elección de unidades gramaticales, de vocabulario y de elementos ortográficos.

14.2 Coherencia y cohesión en el discurso

El **discurso** puede definirse como la serie o conjunto de enunciados que sirve para comunicar un contenido lingüístico: un razonamiento, una descripción, un sentimiento, una intención, un deseo. . . La forma escrita de un discurso puede denominarse **texto**, que constituye una unidad *máxima* de comunicación. La unidad *mínima* de comunicación, con sentido completo e independencia gramatical, recibe el nombre de **enunciado** (§ 3.5.).

Los textos tienen una longitud y una complejidad muy diversas: desde una sola palabra, hasta miles de páginas. La longitud y la complejidad son cualidades que tienen que ver directamente con la gramática utilizada para la creación del texto. Cuanto mayor sea la complejidad del contenido que se quiere transmitir, cuanto más compleja sea su gramática, más importancia adquiere la estructura interna del texto.

La estructura general de un texto depende de su finalidad y sus destinatarios: las cartas, los informes, las instrucciones de un aparato, las recetas de cocina . . ., cada texto tiene una organización característica que se refleja claramente en la escritura. Precisamente por la diversidad de formas que un texto puede tener, es esencial que exista una adecuación al contexto y a la situación comunicativa en que se produce; en otras palabras, es esencial que la retórica de los textos sea la adecuada a cada circunstancia.

Las características que le dan "unidad" al texto son fundamentalmente dos: la **coherencia** y la **cohesión**. Un discurso o texto es coherente cuando presenta una unidad de significado; es decir, cuando presenta un conjunto de ideas o significados que establecen entre sí una conexión con referencia a un contenido principal. El texto siguiente forma una unidad coherente porque sus componentes tienen una misma referencia principal (las ovejas), aunque se refiera a una situación irreal o ilógica.

*La **oveja** negra*

*En un lejano país existió hace muchos años una **oveja** negra. Fue fusilada. Un siglo después, el **rebaño** arrepentido le levantó una estatua ecuestre que quedó muy bien en el parque. Así,* *en lo sucesivo, cada vez que aparecían* **ovejas** *negras eran rápidamente pasadas por las armas para que las futuras generaciones de* **ovejas** *comunes y corrientes pudieran ejercitarse también en la escultura.*

(Augusto Monterroso. *La oveja negra y demás fábulas*. 1969)

Las ideas y contenidos parciales de un texto deben establecer una relación entre sí que generalmente responde a un orden y a una lógica, aunque haya estilos literarios basados precisamente en la aparente falta de lógica. Normalmente, la relación entre los componentes de un texto y su organización permite comprender mejor su intención y contenido. La relación interna entre los componentes de un texto o discurso recibe el nombre de **cohesión**.

La cohesión es el sistema de relaciones de significado y de forma que se establecen dentro de un texto y que contribuyen a su coherencia. Estas relaciones se establecen en los niveles gramatical, semántico, fónico y ortográfico. Por lo general, los mecanismos de cohesión que se utilizan en español coinciden con los de otras lenguas occidentales, como el inglés o el francés.

Ejercicio

1. Identifica los mecanismos de cohesión de los textos siguientes y señala en qué nivel (gramatical, semántico u ortográfico) se establecen las relaciones entre sus elementos.

   Texto 1. *Ese chico*
   Ese chico no se me va de la cabeza. Hablo del muchacho que presenció sin hacer nada la agresión de la adolescente ecuatoriana en el tren. Hemos visto una y otra vez la espeluznante escena y verificado su pasividad, la bochornosa y patética manera en que se esforzaba en mirar para otro lado. Y digo bochornosa porque, al verlo, sentías vergüenza ajena y piedad por él; y también la enorme inquietud de preguntarte qué habrías hecho tú en su lugar.

   (Rosa Montero. *El País*. 30 de octubre de 2007)

   Texto 2. *El elefante*
   Mi abuelo era muy ingenioso. Cuando la zapatería en la que trabajaba necesitó publicidad, se le ocurrió traer un elefante. Esto fue en un tiempo en que los circos ambulantes eran casi inexistentes y ver a un elefante era tan probable como ver a un unicornio. Días antes de que llegara, la gente ya hablaba de ello en las calles: "¡Viene el elefante!". Cuando finalmente llegó, resultó ser un camión disfrazado. La gente estalló en carcajadas incrédulas y, siguiendo al camión en su paso, armaron un desfile improvisado. Durante años los niños dibujaron elefantes con ruedas.

   (Diego Molina. *Santiago en 100 palabras*. 2009)

14.3 Retórica textual

Las relaciones de forma y significado entre los componentes de un texto se establecen mediante el empleo de una serie de recursos formales que suelen aparecer combinados y que determinan la cohesión del texto. Estos recursos son la estructura, los conectores, las referencias, las repeticiones, las sustituciones y los signos de puntuación.

14.3.1 La estructura

La estructura de un texto es su organización interna y se refleja tanto en la disposición de sus partes, como en la distribución de su contenido. Las partes de un texto pueden ser extensas (capítulos, secciones) o cortas (párrafos, enunciados). Entre esas partes, el párrafo tiene una singular relevancia. La distribución del contenido se concreta en los párrafos de un texto, por lo que son fundamentales para una adecuada comprensión.

Una forma de distribuir el contenido dentro de un texto —o dentro de cada una de sus partes— consiste en presentar la información conocida y la información nueva de un modo bien ordenado (§ 14.4.2.). Existen muchas maneras de distribuir el contenido dentro de un texto. Una de ellas consiste en ir aportando información nueva a partir de una información previa, creando una secuencia encadenada del tipo A-B, B-C, C-D, como en el siguiente texto de Jorge Luis Borges.

> Un sueño
>
> En un desierto lugar del Irán hay una no muy **alta torre** de piedra, sin puerta ni ventana. En la **única habitación** (cuyo piso es de tierra y que tiene la forma de círculo) hay una mesa de maderas y un banco. En **esa celda** circular, **un hombre** que se parece a mí **escribe** en caracteres que no comprendo **un largo poema** sobre un hombre que en otra celda circular escribe un poema sobre un hombre que en otra celda circular. . . **El proceso** no tiene fin y nadie podrá leer lo que los prisioneros escriben.
>
> (Jorge Luis Borges. *La cifra*. 1981)

Otra forma de distribuir el contenido dentro de un texto consiste en aportar información nueva progresivamente, pero reiterando un elemento primero o central, creando una secuencia del tipo A-B, A-C, A-D, como en el siguiente texto de Azorín, donde la referencia a las puertas se va reiterando en alternancia con información nueva.

> Las puertas
>
> ¿Tienen alma **las puertas**? Un viento formidable hacia estremecer la casa; todas **las puertas** de las grandes salas vacías, las de las cámaras, las de los graneros, las de los corredores, las de los pequeños cuartos perdurablemente oscuros, todas, todas **las puertas** han lanzado sus voces en el misterio de la noche. **Una puerta** no es igual a otra nunca. [. . .] ¿No os dice nada una de estas **puertas** llamadas surtidores que dan paso de una alcoba ancha y sombría a un corredor sin muebles, con las paredes blancas? ¿Y esta otra dividida en pequeños cuarterones que da paso a una vieja cámara campesina [. . .]? [. . .] No hay **dos puertas** iguales: respetadlas todos.
>
> (Juan Martínez Ruiz, Azorín. *Confesiones de un pequeño filósofo*. 1904)

Por otro lado, el contenido de un texto puede también disponerse de acuerdo con los conceptos de tesis, antítesis y síntesis. La tesis propone un tema o asunto principal que se presenta de forma explícita o implícita y que da sentido general al texto. La antítesis sirve de contraste o de argumentación contraria y ayuda a apreciar o enriquecer la tesis general. La síntesis permite resumir los elementos principales de la tesis y la antítesis, ofreciendo una conclusión general. Estos elementos aparecen principalmente en los ensayos, pero también sirven para la construcción de otros muchos tipos de textos.

Finalmente, conviene insistir en la importancia del párrafo. Formalmente, un **párrafo** es un conjunto de líneas que puede identificarse como independiente porque antes y después aparece un espacio en blanco. En cuanto a su contenido, un párrafo es el conjunto de enunciados que comunica una idea principal o una serie de ideas relacionadas o afines. Los párrafos ayudan a configurar y visualizar la estructura de un texto. Generalmente, se aconseja que los párrafos no sean demasiado largos, dado que podrían proyectar una organización inadecuada del texto o una confusión de los principales componentes de su contenido.

14.3.2 Conectores

Los **conectores** son elementos muy breves que se usan al comienzo de una sección, un párrafo o una serie de enunciados y que sirven para enlazar distintas partes de un texto o establecer relaciones entre ellas. Generalmente, estos conectores son conjunciones simples, conjunciones compuestas o adverbios. En la lengua hablada, estos conectores discursivos o textuales pueden pronunciarse seguidos de una breva pausa. Las relaciones que los conectores establecen dentro del texto ayudan a construir su estructura aportando significados de diversos tipos. Las funciones y significados de los conectores del español no son muy diferentes de los utilizados en otras lenguas.

Conectores y significados que aportan

Secuencia temporal
a continuación; *seguidamente*; *finalmente*; *ahora*.

Secuencia de causa y efecto
así pues; *por tanto*; *por esta razón*; *en consecuencia*; *por este motivo*.

Secuencia adversativa o de contraste
sin embargo; *no obstante*; *en cambio*; *por el contrario*; *pero*; *a pesar de*.

Adición
asimismo; *además*; *por otra parte*; *por otro lado*.

Comparación
del mismo modo; *de la misma forma / manera*; *así como*; *tal como*; *igualmente*.

Reformulación
esto es; *es decir*; *en otras palabras*.

Énfasis
ciertamente; *sobre todo*; *por si fuera poco*.

Hay que tener en cuenta que ciertas conjunciones subordinantes, como *pues*, *porque*, *ya que*, *puesto que*, *luego*, *conque*, *así que* . . . pueden establecer relaciones, no entre oraciones, sino entre enunciados. En este caso, no nos situamos en el nivel oracional (§ 9.3.), sino en el del discurso o el texto.

—*¿Dime qué ocurrió realmente? —Pues no pienso decírtelo.*
Ya que hablamos de amistades, dime cuántos amigos tienes en tu red social.
Todos tienen hambre. Luego es importante comer.

Normalmente, estas conjunciones con valor discursivo suelen ir delimitadas por una pausa, por ser conectores textuales y asimilarse a las características de los marcadores discursivos.

Pensemos que un conector une partes de un texto y establece una relación lógica en las oraciones que lo componen, mientras que un marcador discursivo encadena diferentes fragmentos de un discurso señalando explícitamente el tipo de relación semántica que existe entre ellos, guiando así la interpretación del discurso.

14.3.3 Las referencias

En términos generales, una **referencia** consiste en establecer una relación entre dos partes o elementos del texto. Esto puede hacerse de diversas maneras. Una de ellas consiste en identificar el objeto de referencia (referente) y localizarlo dentro del texto. Este mecanismo de referencia, propiamente dicha, puede funcionar identificando el referente fuera del texto o en el interior del texto. En el ejemplo siguiente, estructurado con referencia a las manzanas, sus referentes son externos al texto, concretamente son tres conocidas "manzanas" de la cultura occidental: la manzana de Eva, la de Newton y la del legendario Guillermo Tell. Para comprender adecuadamente el texto, debe conocerse previamente la información básica acerca de esos referentes culturales.

> *La ubicuidad de las manzanas*
>
> *La flecha disparada por la ballesta precisa de Guillermo Tell parte en dos la manzana que está a punto de caer sobre la cabeza de Newton. Eva toma una mitad y le ofrece la otra a su consorte para regocijo de la serpiente. Es así como nunca llega a formularse la ley de gravedad.*
> (Ana María Shua. En Augusto Uribe (ed.). *Latinoamérica fantástica.* 1985)

Cuando los objetos de referencia, los referentes, se encuentran dentro del mismo texto, estos pueden estar situados antes de la mención específica, antes del elemento que se refiere a ellos (referencia anafórica), o después de la mención específica, después del elemento que se refiere a ellos (referencia catafórica).

- Referencia anafórica:
  - *A menudo un dictador es un revolucionario que hizo **carrera**. A menudo un revolucionario es un burgués que no **la** hizo.* (Mario Denevi. *Salón de lectura.* 1974). El referente es *carrera*, situado antes del pronombre *la*, el elemento que se refiere a *carrera*.
- Referencia catafórica:
  - *Te daré un consejo: las apariencias engañan.* El referente es la oración que aparece tras los dos puntos.

Otra forma de establecer relaciones dentro de un texto consiste en mostrar o señalar a otros elementos (personas, momentos, lugares) mediante formas gramaticales específicas, como los pronombres personales, los demostrativos, los posesivos y los adverbios. En el ejemplo siguiente, el pronombre *ello* señala o se refiere a toda la primera oración.

> *El hombre invisible*
>
> *Aquel hombre era invisible, pero nadie se percató de **ello**.*
> (Gabriel Jiménez Emán. *Los dientes de Raquel.* 1973)

14.3.4 Las repeticiones

La reiteración de algunas unidades dentro de un texto contribuye a darle cohesión y, por lo tanto, a configurar su estructura. En este microrrelato de Julio Cortázar se observa la repetición de verbos en forma pronominal.

> *Amor 77*
>
> *Y después de hacer todo lo que hacen* **se** *levantan,* **se** *bañan,* **se** *entalcan,* **se** *perfuman,* **se** *visten, y así progresivamente van volviendo a ser lo que no son.*
>
> (Julio Cortázar. Un tal Lucas. 1979)

14.3.5 Las sustituciones

Cuando se cambia o sustituye un elemento por otro dentro de un texto se está contribuyendo a reforzar su estructura y a darle cohesión. Unas veces, la sustitución consiste en emplear un elemento por otro de igual significado (sinónimos); otras veces, la sustitución se produce con elementos que tienen un significado más general (hiperónimos) o más específico (hipónimos): *pez* por *sardina* (hiperónimo por hipónimo) o *casa* por *construcción* (hipónimo por hiperónimo); otras veces, finalmente, la sustitución se produce mediante elementos con valor metafórico: *jarro de agua fría* por 'cosa que hace perder el entusiasmo o la esperanza'.

14.3.6 Signos de puntuación

Todos los elementos de cohesión comentados hasta ahora se apoyan de una forma fundamental sobre los signos de puntuación. La estructura general de un texto, la organización de sus partes o secciones, la delimitación de los párrafos, así como la organización interna de los párrafos y de los enunciados que los integran se realizan y manifiestan a través de los signos de puntuación (§ 13.1.).

Ejercicios

2. Identifica los conectores de este texto y explica el significado que aportan.

> *El portero del prostíbulo*
> *—¡Ah! ¡Cuánto lo siento! Como usted comprenderá, yo no puedo pagar a otra persona para que haga esto y tampoco puedo esperar hasta que usted aprenda a escribir, por lo tanto . . .*
> *—Señor, usted no me puede despedir, yo trabajé en esto toda mi vida, también mi padre y mi abuelo . . .*
> *No lo dejó terminar.*
> *—Mire, yo comprendo, pero no puedo hacer nada por usted. Lógicamente le vamos a dar una indemnización, esto es, una cantidad de dinero para que tenga hasta que encuentre otra cosa. Así que, lo siento. Que tenga suerte.*
> *Y sin más, se dio vuelta y se fue.*
>
> (Jorge Bucay. Cuentos para pensar. 1997. Adaptación)

3. Identifica las referencias en este texto. Para ello, señala la mención específica, el referente y el mecanismo utilizado para establecer la relación entre ambos elementos.

Samuel Rodin
Luego que había logrado salir de su nido de rata, la cosa era ya fácil: el horizonte que se le presentaba era inmenso, un horizonte bañado por nubes de color de rosa . . .

Su programa de nueva vida rezaba así: de Montmartre a la Opera, de la Opera a Londres, después a América y después . . . la corona de rosas blancas que ciñe en la cabeza el éxito, el bolsillo repleto de monedas de oro y el hambre en fuga; y Rodin reía, reía, pensando que ya iba a llegar el día en que se hiciera justicia a su talento.

Y ese día llegó. Y el gran visionario, con su violonchelo a la espalda y su rico arsenal de extrañas sinfonías, se encaminó al teatro de Montmartre. Y allí, donde él esperaba el primer triunfo de sus desvelos y de sus largos años de consagración al arte, no encontró en aquella noche luminosa de su alma, más que la rechifla y las risas irónicas de los estudiantes locos y de las cocottes medio borrachas.

(Rafael Ángel Troyo. *Terracotas: cuentos breves.* 2006. Adaptación)

14.4 Elementos de estilo

El estilo de un texto lo configuran todos los elementos formales y semánticos comentados hasta hora. La manera en que se organiza la estructura de un texto, la particular forma en que se manejan los elementos de coherencia y cohesión permiten hablar del estilo de un texto, que puede reflejar, a su vez, el estilo reconocible de un autor, de una época o de un movimiento intelectual.

Además de los rasgos comentados hasta aquí, hay otros que permiten darle al texto una forma y un estilo determinados, según la intención del autor o la autora. Entre esos otros elementos, vamos a destacar dos: el ritmo y el orden de palabras.

14.4.1 El ritmo

El ritmo de un texto es una característica compleja que viene dada por factores formales y de significado. Los factores formales que influyen en el ritmo de un texto son muchos, pero destacan sobre todo los relacionados con la longitud, el acento y las pausas. Las frases largas, los enunciados largos, los sintagmas largos o las palabras largas hacen que el ritmo de un texto sea más lento. Asimismo, un texto en el que aparecen muchos verbos en posición cercana posee un ritmo más dinámico que un texto en el que abundan los adjetivos en torno a una serie de nombres. El acento de las palabras de un enunciado también contribuye a su ritmo, como se observa en la escritura literaria y especialmente en la poética, como en estos versos de Rubén Darío, en los que se destacan las sílabas que reciben acento fonético:

Pórtico (fragmento)
Ese es el rey más hermoso del día,
Que abre a la musa la puerta de Oriente;
Ese es el rey del país Fantasía,
Que lleva un claro lucero en la frente.

(Rubén Darío. *Prosas profanas.* 1896)

Entre los factores semánticos que influyen en el ritmo, cabe destacar el tipo de léxico elegido y el modo en que se distribuye en los enunciados. De esta forma, si los verbos empleados son de movimiento, el ritmo del texto será más vivo, ya que la acción parecerá transcurrir de manera mucho más rápida. Al utilizar los verbos, la elección de unos tiempos u otros también influye en el ritmo final del texto: más rápido con verbos en pretérito perfecto simple; menos, con verbos en presente.

Así pues, en la redacción de un texto hay que prestar una especial atención a la longitud de las frases y enunciados, a la selección de las palabras y, por supuesto, al uso de la puntuación más de adecuada. La mejor forma de percibir el ritmo de un texto es leerlo en voz alta.

Generalmente, la longitud de los textos que expresan unos mismos contenidos no es la misma en todas las lenguas. Así, frecuentemente los textos en lengua inglesa suelen ser más breves que su correspondiente versión en español. Esto se debe a la particular configuración gramatical del español y del inglés, pero también a la tendencia a construir enunciados más breves en inglés. Aunque debe respetarse la naturaleza propia de cada lengua, es aconsejable que la longitud y la complejidad de los enunciados en español sea la estrictamente necesaria.

Ejercicio

4. Lee estas dos estrofas de un poema de Rubén Darío. Caracteriza su ritmo identificando los componentes formales y semánticos que se explican en este apartado.

> *El clavicordio de mi abuela*
> En el castillo, fresca, linda,
> la marquesita Rosalinda,
> mientras la blanda brisa vuela,
> con su pequeña mano blanca
> una pavana grave arranca
> al clavicordio de la abuela.
>
>
> ¡Notas de Lully y de Rameau!
> Versos que a ella recitó
> el primo rubio tan galán,
> que tiene el aire caprichoso,
> y que es gallardo y orgulloso
> como un mancebo de Rohán.

(Rubén Darío. *Poema del otoño y otros poemas.* 1910)

14.4.2 El orden de palabras

En la construcción de los enunciados es decisivo el orden que se dé a las palabras. Ese orden tiene que ver, en gran medida, con la disposición que se quiera dar a la información ya conocida y a la información nueva dentro de los enunciados (§ 5.3.; § 14.3.1.). Para ello hay que tener en cuenta que los elementos que aparecen en primer lugar dentro del enunciado se convierten en el principal foco de interés, mientras que los elementos que aparecen al final o en la segunda parte del enunciado reciben menor interés o se consideran como un comentario o una ampliación del foco principal.

En general, el orden de palabras en español tiende a respetar el orden *Sujeto-Predicado* o *Sujeto-Verbo-Complemento*. Sin embargo, la gramática del español permite alterar este orden dependiendo de qué parte de la oración deba recibir mayor atención. Si el foco o tópico de la oración es el sujeto, este permanecerá en la posición inicial. Si el verbo o el complemento se anteponen al sujeto, estos recibirán el foco de interés, especialmente porque de este modo se produce una ruptura del orden de palabras más habitual o neutro. Así, en el primer ejemplo se respeta el orden natural en el español, mientras que en el segundo ejemplo se rompe el orden natural produciendo un efecto de resalte de las palabras antepuestas.

> *Mi hermano Alberto cayó al pozo cuando tenía cinco años.*
> *Al pozo cayó mi hermano Alberto cuando tenía cinco años.*

El recurso de la ruptura del orden para destacar una parte de la oración distinta del sujeto es muy utilizado en los refranes populares:

> *No es oro todo lo que reluce.*
> *En boca cerrada no entran moscas.*
> *Del dicho al hecho, hay mucho trecho.*
> *Del árbol caído, todos hacen leña.*

Ejercicio

5. Lee estas oraciones y cambia el orden de las palabras. Comprueba que las nuevas oraciones también son correctas en español.

> *A caballo regalado no le mires el dentado.*
> *Sin esperarlo llegó mi primo Rubén.*
> *Decenas de corredores participaron en el maratón del sábado.*
> *Su cuñada ganó el último sorteo.*
> *Dos televisores nuevos compró ayer.*
> *La semana pasada empezaron las obras en el túnel.*
> *Agotados y desnutridos llegaron los supervivientes.*
> *En los restaurantes y cafeterías de la plaza se congregan muchos turistas.*

Cuestiones para reflexionar y debatir

1. La escritura de unos mismos contenidos en español y en inglés suele tener como resultado unos textos más largos en español. ¿A qué se debe esto? ¿Se debe a un deseo de no tratar directamente el asunto de interés principal en los textos en español y de ir directamente al punto de interés en los textos en inglés? Utiliza estos textos como referencia:

> *En la tarde, ya cuando el susto había pasado y el agua, gracias al efecto de los rayos del sol, se había evaporado, Nacha barrió el residuo de las lágrimas que había quedado sobre la loseta roja que cubría el piso. Con esta sal rellenó un costal de cinco kilos que utilizaron para cocinar bastante tiempo. Este inusitado nacimiento determinó el hecho de que Tita sintiera un inmenso amor por la cocina y que la mayor parte de su vida la pasara en ella, prácticamente desde que nació, pues cuando contaba con dos días de edad, su padre, o sea mi bisabuelo, murió de un infarto.*

That afternoon, when the uproar had subsided and the water had been dried up by the sun, Nacha swept up the residue the tears had left on the red stone floor. There was enough salt to fill a ten-pound sack—it was used for cooking and lasted a long time. Thanks to her unusual birth, Tita felt a deep love for the kitchen, where she spent most of her life from the day she was born. When she was only two days old, Tita's father, my great-grandfather, died of a heart attack.

(Laura Esquivel, *Como agua para chococolate / Like water for chocolate*. 1989)

2. Las repeticiones son un elemento que contribuyen a la cohesión de un texto. Sin embargo, ¿habría que evitarlas para que el texto no se convierta en algo pesado y aburrido?

Actividades de clase

1. En el siguiente microrrelato de Luis Mateo Díez, subraya todos los elementos que contribuyen a darle cohesión.

El pozo
Mi hermano Alberto cayó al pozo cuando tenía cinco años. Fue una de esas tragedias familiares que sólo alivian el tiempo y la circunstancia de la familia numerosa. Veinte años después mi hermano Eloy sacaba agua un día de aquel pozo al que nadie jamás había vuelto a asomarse. En el caldero descubrió una pequeña botella con un papel en el interior. "Este es un mundo como otro cualquiera", decía el mensaje.

(Luis Mateo Díez. *Albanito, amigo mío y otros relatos*. 1989)

2. Por parejas, una persona lee en voz alta el siguiente fragmento de un poema de Rubén Darío y la otra intenta escribir el texto marcando las sílabas que reciben acento fonético, para así descubrir más fácilmente su ritmo.

Marcha triunfal
¡Ya viene el cortejo!
¡Ya viene el cortejo! Ya se oyen los claros clarines.
La espada se anuncia con vivo reflejo;
ya viene, oro y hierro, el cortejo de los paladines,
Ya pasa debajo los arcos ornados de blandas Minervas y Martes,
los arcos triunfales en donde las Famas erigen sus largas trompetas,
la gloria solemne de los estandartes,
llevados por manos robustas de heroicos atletas.

(Rubén Darío. 1895)

Referencias bibliográficas

Alvar Ezquerra, Manuel (dir.) (1995). *Diccionario para la enseñanza de la lengua española*. Alcalá de Henares/Barcelona: Universidad de Alcalá de Henares/Biblograf.

Bosque, Ignacio y Demonte, Violeta (2000, 1.ª ed., 3.ª reimp.). *Gramática descriptiva de la lengua española*. Madrid: Espasa Calpe.

Broccias, Cristiano (2013). Cognitive Grammar. In T. Hoffmann y G. Trousdale (Eds.), *The Oxford Handbook of Construction Grammar* (pp. 191-210). Oxford: Oxford University Press.

Dozzier, Eleanor e Iguina, Zulma (1999). *Manual de gramática. Grammar Reference for Students of Spanish*. Boston: Heinle.

Gómez Torrego, Leonardo (2002, 8.ª ed.). *Gramática didáctica del español*. Madrid: Ediciones SM.

Ibarretxe-Antuñano, Iraide y Valenzuela, Javier (2012). Lingüística cognitiva: origen, principios y tendencias. In I. Ibarretxe-Antuñano y J. Valenzuela (Dirs.), *Lingüística cognitiva* (pp. 13-68). Barcelona: Anthropos.

Instituto Cervantes (2006). *Plan curricular del Instituto Cervantes. Niveles de referencia para el español*. Madrid: Instituto Cervantes/Biblioteca nueva. [http://cvc.cervantes.es/ensenanza/biblioteca_ele/plan_curricular/].

Kolln, Martha y Funk, Robert (2012, 9.ª ed.). *Understanding English Grammar*. Boston: Pearson.

Maldonado, Ricardo (2012). La gramática cognitiva. In I. Ibarretxe-Antuñano y J. Valenzuela (Dirs.), *Lingüística cognitiva* (pp. 213-247). Barcelona: Anthropos.

Martí Sánchez, Manuel (2010). Corrientes gramaticales actuales. In S. Gumiel Molina y M. Martí Sánchez (Eds.), *Síntesis actual de la gramática del español* (pp. 235-290). Alcalá de Henares/León: Servicio de Publicaciones de la Universidad de Alcalá/Editorial Universitaria, UNAN – León.

Martí Sánchez, Manuel, Penadés-Martínez, Inmaculada y Ruiz Martínez, Ana María (2008). *Gramática española por niveles*. Madrid: Edinumen.

Martí Sánchez, Manuel y Ruiz Martínez, Ana M.ª (2014). La gramática en la enseñanza del español como LE. In A. M. Cestero Mancera y M. Martí Sánchez (Eds.), *IV Jornadas de Lengua y Comunicación. Gramática: Enseñanza e Investigación*. Anexo monográfico de *Lingüística en la Red* XIV, 1-34. [www.linred.es/numero12_monografico.html].

Martí Sánchez, Manuel y Ruiz Martínez, Ana M.ª (2017). La enseñanza de la gramática. In A. M. Cestero Mancera e I. Penadés-Martínez (Eds.), *Manual del profesor de ELE* (pp. 155-258). Alcalá de Henares: Servicio de Publicaciones de la Universidad de Alcalá.

Matte Bon, Francisco (1995). *Gramática Comunicativa del español*. 2 vols. Nueva Edición Revisada. Madrid: Edelsa.

Paredes García, Florentino, Álvaro García, Salvador, Núñez Bayo, Zaida y Paredes Zurdo, Luna (2012). *El libro del español correcto. Claves para hablar y escribir bien en español.* Madrid/Barcelona: Instituto Cervantes/Espasa Libros.

Pastor Cesteros, Susana (2006). *Aprendizaje de segundas lenguas. Lingüística aplicada a la enseñanza de idiomas.* San Vicente del Raspeig: Publicaciones de la Universidad de Alicante.

Penadés-Martínez, Inmaculada (2002). *Diccionario de locuciones verbales para la enseñanza del español.* Madrid: Arco/Libros.

Penadés-Martínez, Inmaculada (2008). *Diccionario de locuciones nominales, adjetivas y pronominales para la enseñanza del español.* Madrid: Arco/Libros.

Penadés-Martínez, Inmaculada, Penadés-Martínez, Reme, He, Xiaojing y Olímpio de Oliveira Silva, M.ª Eugenia (2008). *70 refranes para la enseñanza del español.* Madrid: Arco/Libros.

Real Academia Española (2014, 23.ª ed.). *Diccionario de la lengua española.* Barcelona: Espasa Libros.

Real Academia Española y Asociación de Academias de la Lengua Española (2005). *Diccionario panhispánico de dudas.* Madrid: Santillana.

Real Academia Española y Asociación de Academias de la Lengua Española (2010a). *Nueva gramática de la lengua española.* Madrid: Espasa Libros.

Real Academia Española y Asociación de Academias de la Lengua Española (2010b). *Ortografía de la lengua española.* Madrid: Espasa Libros.

Real Academia Española y Asociación de Academias de la Lengua Española (2011). *Nueva gramática básica de la lengua española.* Barcelona: Espasa Libros.

Índice de materias y términos